# 法学专业

## 实践教学体系
## 构建与探索

雷厉 ◆ 编著

四川大学出版社
SICHUAN UNIVERSITY PRESS

图书在版编目（CIP）数据

法学专业实践教学体系构建与探索 / 雷厉编著 . 一
成都 ：四川大学出版社，2024.5
ISBN 978-7-5690-6747-7

Ⅰ．①法… Ⅱ．①雷… Ⅲ．①法学教育－教学模式－
研究 Ⅳ．① D90

中国国家版本馆 CIP 数据核字（2024）第 076462 号

书　　名：法学专业实践教学体系构建与探索
　　　　　Faxue Zhuanye Shijian Jiaoxue Tixi Goujian yu Tansuo
编　　著：雷　厉
--------------------------------------------------------------
选题策划：梁　平　李　梅
责任编辑：孙滨蓉
责任校对：吴连英
装帧设计：裴菊红
责任印制：王　炜
--------------------------------------------------------------
出版发行：四川大学出版社有限责任公司
　　　　　地址：成都市一环路南一段 24 号（610065）
　　　　　电话：（028）85408311（发行部）、85400276（总编室）
　　　　　电子邮箱：scupress@vip.163.com
　　　　　网址：https://press.scu.edu.cn
印前制作：四川胜翔数码印务设计有限公司
印刷装订：成都市川侨印务有限公司
--------------------------------------------------------------
成品尺寸：170 mm×240 mm
印　　张：15.25
字　　数：289 千字
--------------------------------------------------------------
版　　次：2024 年 6 月 第 1 版
印　　次：2024 年 6 月 第 1 次印刷
定　　价：68.00 元
--------------------------------------------------------------

扫码获取数字资源

四川大学出版社
微信公众号

# 序

　　法学是一门应用性很强的学科，实践教学是法学教育体系的重要组成部分，它直接关系到高等教育法学人才培养目标的实现。在此意义上，法学实践教学的质量决定了法学本科教育的质量。随着中国市场经济的深度发展与民主法治事业的进步，法学人才培养中对实践教学的重视程度也越来越高。开设法学专业历史较长的各高等院校更加注重对法学实践教学发展历程的反思和实践教学经验的总结，以及深入研究实践教学对法律人（法律职业共同体）培养的深刻意义。

　　2011 年 12 月发布的《教育部　中央政法委员会关于实施卓越法律人才教育培养计划的若干意见》指出："创新卓越法律人才培养机制。探索'高校—实务部门联合培养'机制。加强高校与实务部门的合作，共同制定培养目标，共同设计课程体系，共同开发优质教材，共同组织教学团队，共同建设实践基地，探索形成常态化、规范化的卓越法律人才培养机制。"

　　内江师范学院法学专业于 2014 年联合内江市中级人民法院成功申报四川省卓越法律人才教育培养计划校外示范性实践教学基地（项目编号00ZY004），并以此为基础开设了相当数量的实践课程，在共建、共享、共赢的基础上进行灵活多样的合作，开展了大量的实践教学活动。学生通过庭审观摩、专题辩论、模拟审判、非诉业务技巧、司法见习、专业实习等教学环节的设计与活动，大大增加参与实践的机会，真正实现理论与实践的结合。同时，学生也及早了解社会及职业要求，打开法学教育与法律职业联系的通道。

　　本书旨在结合内江师范学院 8 年来开展法学实践教学的工作实际和取得的经验，厘清法学实践教学应包含的具体内容，设计一套与法律人才培养目标相适应、与理论教学既相联系又相对独立的本科实践教学体系，设计各环节的组织、实施、管理和考核，最终形成一个可供实际应用的、系统的、连续的法学专业学生能力和素质培养系统，使本科法学实践教学有统一的规划和指导，便于学生按照计划实践教学内容，便于教师指导和考核学生。

　　在本书编写过程中，笔者参阅了大量有关法学专业实践教学研究的书刊和网站资料，并得到校内外有关专家的具体指导，在此一并感谢。本书共五章，以法学专业本科生实践能力培养为主线，为配合国家正在实施的"六卓越一拔尖"计划2.0，以及新工科、新文科、新医科、新农科"四新"的新理念、新内涵、新要求工程，结合法学专业本科学生实践能力基本素质训练，系统地介绍了法学专业实践教学改革的背景与现状，以及近年来学校在法学专业人才培养方案、实践课程设置、实践教学管理等方面的改革措施，回顾了省级卓越法律人才实践教学基地建设的举措，汇总了笔者参与合作调研所取得的论文成果。

在本书编写过程中，笔者得到了内江师范学院政治与公共管理学院法学教研室各位教师和内江市中级人民法院的大力支持，内江市中级人民法院政治部教育处和政策研究室提供了近8年该院学生实习实践活动的典型案例，积极为本书的写作建言献策。本书是2014年度四川省卓越法律人才教育培养计划校外示范性实践教学基地（项目编号00ZY004）的结题成果，也是内江师范学院校级教改项目"法学专业实践教学体系的构建与探索"（项目编号00001524）的结题成果。

# 目　录

# 第一章　法学专业实践教学改革的背景和目标及现状分析

法律的生命在于实践，法治人才素质的核心就是实践能力。2017年5月3日，习近平总书记在考察中国政法大学时强调："法学学科是实践性很强的学科，法学教育要处理好知识教学和实践教学的关系。"[①] 习近平总书记关于法学知识教学与实践教学关系的强调，点明了中国法学教育和法治人才培养所面临的核心问题与关键症结，那就是：知识教学和实践教学的"关系"，究竟是一种什么样的关系？如何定位好和处理好二者的关系？这个问题，可以说是中国法学教育和法治人才培养必须回答的核心问题，因此，如何思考、把握、明确定位法学知识教学和实践教学的关系问题，成为当前及未来中国法学教育和法治人才培养改革的重要任务、重大责任。实践教学是培养学生科学作风、创新精神与创新能力的重要教学环节。法学实践教学是指为了实现法学教育培养目标，在法学理论教学的基础上，加强法学教育的实践性和开放性，注重培养法律道德素质和法律职业能力，由具体实践性教学内容组成的教学方法和教学理念。

中国现有法学教育模式深受苏联法学教育模式的影响，而苏联法学教育模式最大的问题就是缺乏实践。长期以来，我国法学专业本科教学实践中存在"四重四轻"现象：重教师传授，轻学生研究；重学习结果，轻学习过程；重理论学习，轻实践应用；重专业知识，轻综合素质。许多学生毕业后仍缺乏对知识的整体把握，无法把各门课程联系起来并应用到实际中去，实践教学硬环境不佳，软环境也不理想。其原因主要是重视不够，即重视理论教学、轻视实践教学，学校在教学安排、教学投入、师资配备、教学管理等方面尚有不到位之处，导致法学专业学生能够掌握比较系统的法律基础知识和理论思维能力，但缺乏运用法律知识解决各种问题的实践能力和基本技能。

---

① 陈菲、罗沙、白阳等：《为全面依法治国培养更多优秀人才——习近平总书记在中国政法大学考察时的重要讲话引起热烈反响》，《人民日报》，2017年5月5日，第002版。

　　法学专业是一个理论性和实践性很强的学科，法学理论教学和实践教学必须有效结合，这就要求我国法学教育必须适应社会的需要，以培养应用型（实务型）人才为目标。实现这一法学本科教育目标的核心就是培养和提高学生的实践能力。而实践教学在本科教学过程中具有不容忽视的双重作用：它既是知识的源泉，又是检验知识的手段和标准，更是知识能动地改造世界的体现；它是学生认识客观事物，形成科学世界观，具有实践能力和发展思维的重要而必不可少的重要途径。实践教学平台正在产生越来越多的独特效应，包括检验专业知识和理论知识是否扎实、完整，是否与实际脱节，强化学生的社会责任意识和司法伦理修养，训练学生理论联系实际的专业实践能力，更重要的是培育理论联系实际的学风，通过实践培育创新性思维。

　　进入 21 世纪，法学教育开始致力于培养法律职业共同体，或者称为法律人的培养。但是，我国法学实践教学的发展和社会需要与法学人才培养目标存在差距，影响到法学本科学生的培养质量。而人才培养模式、课程体系、教学内容方面的创新，则是更为重要的。根据这一前提，我国高等法学教育把培养具有系统的法律专业知识和实践技能，具有创新精神和创新能力，培养"厚基础、宽口径、高素质"的应用型、复合型法律人才作为根本目标。因此，改变重理论、轻实践的教育方法，加强对我国高等学校的实践教学的研究，使我国法学教育中素质教育和职业能力的培养相结合，是法学本科教育必须思考和解决的问题。

# 第一节　法学专业实践教学改革的背景

## 一、依法治国的背景

　　2011 年 12 月发布的《教育部　中央政法委员会关于实施卓越法律人才教育培养计划的若干意见》（教高〔2011〕10 号）指出，近年来，我国高等法学教育快速发展，体系不断完善，培养了一大批优秀法律人才，为我国经济社会发展特别是社会主义民主法制建设做出了不可替代的重要贡献。但我国高等法学教育还不能完全适应社会主义法治国家建设的需要，社会主义法治理念教育还不够深入，培养模式相对单一，学生实践能力不强，应用型、复合型法律人才培养不足，提高法律人才培养质量成为我国高等法学教育改革发展最核心最紧迫的任务。

为了全面落实依法治国基本方略，深化高等法学教育教学改革，提高法律人才培养质量，教育部、中央政法委员会决定联合实施卓越法律人才教育培养计划，坚持以中国特色社会主义理论体系为指导，全面贯彻党的教育方针，贯彻落实教育规划纲要，主动适应依法执政、科学立法、依法行政、公正司法、高效高质量法律服务的需求，以全面实施素质教育为主题，以提高法律人才培养质量为核心，深化高等法学教育改革，充分发挥法学教育的基础性、先导性作用，为加快建设社会主义法治国家提供强有力的人才保证和智力支撑。经过10年左右的努力，形成科学先进、具有中国特色的法学教育理念，形成开放多样、符合中国国情的法律人才培养体制，培养造就一批信念执着、品德优良、知识丰富、本领过硬的高素质法律人才。

2018年发布的《教育部　中央政法委关于坚持德法兼修实施卓越法治人才教育培养计划2.0的意见》（以下简称《意见》）（教高〔2018〕6号）指出，为深入贯彻习近平新时代中国特色社会主义思想和党的十九大精神，贯彻落实习近平总书记在中国政法大学考察时重要讲话精神，根据《教育部关于加快建设高水平本科教育　全面提高人才培养能力的意见》，在卓越法律人才教育培养计划基础上，就实施卓越法治人才教育培养计划2.0提出指导意见。

《意见》提出坚持以马克思主义法学思想和中国特色社会主义法治理论为指导，围绕建设社会主义法治国家需要，坚持立德树人、德法兼修，践行明法笃行、知行合一，主动适应法治国家、法治政府、法治社会建设新任务新要求，找准人才培养和行业需求的结合点，深化高等法学教育教学改革，强化法学实践教育，完善协同育人机制，构建法治人才培养共同体，做强一流法学专业，培育一流法治人才，为全面推进新时代法治中国建设提供有力的人才智力保障。经过5年的努力，建立起凸显时代特征、体现中国特色的法治人才培养体系。建成一批一流法学专业点，教材课程、师资队伍、教学方法、实践教学等关键环节改革取得显著成效；协同育人机制更加完善，中国特色法治人才培养共同体基本形成；高等法学教育教学质量显著提升，培养造就一大批宪法法律的信仰者、公平正义的捍卫者、法治建设的实践者、法治进程的推动者、法治文明的传承者，为全面依法治国奠定坚实基础。

依法治国是发展社会主义市场经济的客观需要，是国家民主法治进步的重要标志，是建设中国特色社会主义文化的重要条件，是国家长治久安的重要保障。党领导人民制定宪法和法律，并在宪法和法律范围内活动。依法治国，把坚持党的领导、发扬社会主义民主和严格依法办事统一起来，从制度和法律上保证党的基本路线和基本方针的贯彻实施，保证中国共产党始终发挥总揽全局、协调各方的领导核心作用。

实行依法治国，必须扩大社会主义民主，健全社会主义法制，牢固树立法制在国家和社会生活中的权威，坚持依法行政和公正司法，实现国家政治、经济、文化和社会生活等各个方面的民主化与法治化。

2014年10月28日，《中共中央关于全面推进依法治国若干重大问题的决定》发布（以下简称《决定》），《决定》在2014在10月23日中国共产党第十八届中央委员会第四次全体会议上通过。10月23日，会议闭幕当天已经发布了一个全会公报，与之相比，公报是关于依法治国的大纲和精神要旨的阐述，而《决定》则是一部更全面、更具体、更有针对性的依法治国路径图。

在我们这样一个14亿多人口的发展中大国全面推进依法治国，是国家治理领域一场广泛而深刻的革命。全面推进依法治国，总目标是建设中国特色社会主义法治体系，建设社会主义法治国家。这就是，在中国共产党领导下，坚持中国特色社会主义制度，贯彻中国特色社会主义法治理论，形成完备的法律规范体系、高效的法治实施体系、严密的法治监督体系、有力的法治保障体系，形成完善的党内法规体系，坚持依法治国、依法执政、依法行政共同推进，坚持法治国家、法治政府、法治社会一体建设，实现科学立法、严格执法、公正司法、全民守法，促进国家治理体系和治理能力现代化。

2017年10月，党的十九大报告指出，成立中央全面依法治国领导小组，加强对法治中国建设的统一领导。各级党组织和全体党员要带头尊法学法守法用法，任何组织和个人都不得有超越宪法法律的特权，绝不允许以言代法、以权压法、逐利违法、徇私枉法。全面依法治国，要求坚持党的领导、人民当家做主、依法治国有机统一，全面推进科学立法、严格执法、公正司法、全民守法，切实尊重和保障人权，坚持法律面前人人平等。党的十八大以来，以习近平同志为核心的党中央以前所未有的力度加强对全面依法治国的战略谋划和协调推进，推动法治中国建设取得历史性成就、发生历史性变革。这标志着中国式法治现代化进入了新的历史发展阶段。

在这样一个全新的背景中，依法治国作为基本治国方略，其实施需要普及法律知识，促进国人的法律意识与法治观念。而它的制度化实践实际上最关键的要素在于按照法治的基本精神与观念，塑造成一个能够推进法治制度化进步的法律职业共同体，这个群体可以说是法治最基础与最关键的力量，没有它的存在，法治无从谈起。法学教育改革从法律职业共同体培养入手，显然可以看出其转向以及其基本特征。培养合格的法律人应是法学教育的最高追求。同理，对法律人的形塑应当成为法学教育模式改革的最高理想和教育革新模式设计的中心和出发点。这就要求法学专业学生以法律为信仰，维护法律正义，形成法律人特有的世界观、人生观和价值观。而法律教育和司法研修是形成法律人职业能力的必经途径，在此过程中会产生法律人强烈的职业认同感。

## 二、经济全球化的背景

经济全球化指的是通过国际贸易、国际金融、国际投资、国际交通和国际通信，以及上述内容带来的国际人口迁移，使生产要素在全球范围内大规模流动，企业生产由内部分工扩展为全球性分工，进而使生产要素在全球范围内组合配置，各国经济相互依存、相互融合的过程和状态。

经济全球化是市场经济规则的全球一体化，我国在 21 世纪初就已经加入世界贸易组织，意味着我国开始进入经济全球化的浪潮中，在享受世界贸易组织带来的发展机遇时，还应该注意其对我国法学教育的影响。虽然我国现在已经成为世界第二大经济体，在国际贸易中能够保持贸易平衡甚至是贸易顺差，但是在对外贸易中，我国仍然会遭受到不公平待遇，一些国家对我国出口商品采取的反倾销调查和各种歧视性数量限制等，严重影响了我国正常的对外贸易。特别是在经济全球化快速发展的当今，单边主义和贸易保护主义不断盛行，我国的各种贸易纠纷不断增多，也对我国立法工作和法学教育提出了要求。

随着我国改革开放的深入和市场开放水平的不断提高，在参与国际市场竞争时所产生的各种跨国法律纠纷中，需要我国高等法学教育培养相关国际经济与法律方面的人才。《教育部　中央政法委员会关于实施卓越法律人才教育培养计划的若干意见》提出把培养涉外法律人才作为培养应用型、复合型法律职业人才的突破口，适应世界多极化、经济全球化深入发展和国家对外开放的需要，培养一批具有国际视野、通晓国际规则，能够参与国际法律事务和维护国家利益的涉外法律人才。此外，对我国的法律体系也提出了相应的要求，需要不断完善我国相关法律制度，合理借鉴国外优秀的立法经验，不断与国际法律靠拢，这不仅需要大量法律专家展开研究，还需要更多法律工作者参与其中。在法律行业内，也会有越来越多的外国法律从业者参与到我国法律行业竞争中。《教育部　中央政法委关于坚持德法兼修实施卓越法治人才教育培养计划2.0 的意见》提出，促开放，构建涉外法治人才培养新格局。进一步拓宽与国际高水平大学和国际组织合作交流渠道，深化与国际高水平大学学分互认、教师互换、学生互派、课程互通等实质性合作，积极创造条件选送法学专业师生到国际组织任职实践，培养一批具有国际视野、通晓国际规则，能够参与国际法律事务、善于维护国家利益、勇于推动全球治理规则变革的高层次涉外法治人才。服务"一带一路"建设，着力培养熟悉"一带一路"沿线国家法制的高素质专门法治人才。

法学教育与其他学科教学一样，旨在培养专业性人才，但是法学又与其他高等教育不同，法学教育具有双重性特点，既培养理论人才又培养实践人才。在经济全球化的大背景下，高校应该重新定义法学教育的目标，为社会培养实用性法律人才。同时将实践教学摆在重要位置，优化法学实践教学体系，确保科学的实践教学比重，为法学实践教学提供良好的教学场地，不断提升法律实践教学效果，为我国不断培养出具备深厚的法律理论知识、严谨的分析能力，具有全球化视野的综合性实践人才。

## 三、完善人权保障的背景

2003 年 10 月，中共十六届三中全会审议通过了《中共中央关于修改宪法部分内容的建议》，提议将"国家尊重和保障人权"写入宪法。2004 年 3 月 14 日，第十届全国人民代表大会第二次会议通过宪法修正案，明确在宪法中规定"国家尊重和保障人权"。2006 年 3 月，第十届全国人民代表大会第四次会议审议批准的"十一五"规划纲要明确提出要"尊重和保障人权，促进人权事业的全面发展"。2007 年 10 月，党的十七大将"尊重和保障人权"写入中国共产党章程。2008 年 12 月 10 日是《世界人权宣言》发布 60 周年，胡锦涛总书记致信中国人权研究会，将尊重和保障人权表述为党和政府"治国理政的重要原则"。2009 年 4 月，中国政府制定颁布了《国家人权行动计划（2009—2010年）》，此后又先后制定了《国家人权行动计划（2011—2015 年）》和《国家人权行动计划（2016—2020 年）》。《国家人权行动计划（2009—2010 年）》明确提出："实现充分的人权是人类长期追求的理想，也是中国人民和中国政府长期为之奋斗的目标。"①《国家人权行动计划（2016—2020 年）》将制定和实施国家人权行动计划的基本原则确定为："依法推进，将人权事业纳入法治轨道；协调推进，使各项权利全面协调发展；务实推进，把人权的普遍原则和中国实

---

① 国务院新闻办公室：《国家人权行动计划（2009—2010 年）》，http://www.scio.gov.cn/ztk/dtzt/76/10/Document/1170384/1170384.htm。

际相结合；平等推进，保障每个人都能平等享有各项人权；合力推进，政府、企事业单位、社会组织共同促进人权事业的发展。"① 2014 年中共十八届四中全会一举通过了《中共中央关于全面推进依法治国若干重大问题的决定》，这是法治征程的又一伟大时刻。全面依法治国必须和民主与人权保障有机结合，即将人权、民主和法治联系起来。民主是全面依法治国的前提和基础，全面依法治国是对民主的确认和保障。民主与全面依法治国有机结合的目的在于尊重和保障人权。

我国当前法学教育的宗旨是培养造就熟悉和坚持中国特色社会主义法治体系的法治人才及后备力量，建设通晓国际法律规则、善于处理涉外法律事务的涉外法治人才队伍。这一宗旨与实现人权保障高度吻合，对法学教育领域职业化与国际化的强调，恰当地体现出人权的实践性与普遍性。这就需要完善中国特色社会主义法学理论体系、学科体系、课程体系，促进法学专业学生实现全面发展。法学教育致力培养的法律共同体需要深化人权观念，深化对公平、正义、秩序、效率等的追求，并以此作为法律事业和法律职业的目标，从而使法学专业学生具备高尚的法律道德，树立忠于法律、忠于事实、忠于社会的高尚情怀与品德。

# 第二节　法学专业实践教学改革的目标

我国法学教育的转向有着特定的时代背景，我国法学教育要为推进国家的民主与法治实践服务，这也就意味着法学教育人才培养的目标定位应当是致力于培养构成我国法治基础并能推动我国法治进程的法律职业共同体的力量。那么在人才培养的具体目标定位上，应该是一种多维度法律人才培养的定位。具体而言，应是培养具有深度的法律思维能力、广博的自我导向学习能力、卓越的实践动手能力的法律人才。

## 一、深度的法律思维能力

法律思维是法律人从法律的立场出发，运用各种法律方法、法律推理和论

_____

① 国务院新闻办公室：《国家人权行动计划（2016—2020 年）》，http://www.scio.gov.cn/wz/Document/1492804/1492804.htm。

证等认定事实、阐释法理和适用法律的过程。法律思维是一种专业性思维，法律思维的主体是经过法律专业训练的人，法律思维的核心是法律适用，法律思维的过程是"在规范与事实之间目光往返流转"的过程。法律思维能力则是法律主体确定案件性质、认定案件事实、正确阐释法理和适用法律的能力。

长期以来我们的法学教育注重对学生进行法律知识的传授，忽略对学生法律思维能力的培养。法学教育的真谛不仅在于向学生传授知识和培养技能，更在于训练学生的法律思维。法学教育与其他专业教育的不同就在于法律思维的培养，引导学生形成法律思维。因为学生对法学专业知识的理解与把握，对各种涉法性社会纷争予以解决的实践性能力的培养，均离不开法律思维。法律思维能力的有无和高低是法律职业者区别于其他行业人员的根本所在。法律思维能力的形成意味着一个法学专业学生具有稳定的与其他人不同的知识结构、思考问题和解决问题的方式。从更长远的角度来看，法律思维能力的养成要比法律知识和职业操作技巧的掌握更有意义：一是法律思维有助于法学专业学生真正深化对法学理论的理解，也有助于他们更妥当地运用法律技能；二是法律思维有助于形成并进一步保证法律职业共同体的稳定性；三是法律思维有助于保证法律适用的统一性。在司法过程中，只有依照严格的法律思维，才能排除个人偏见，避免随意性，法律适用的统一性才会得以实现，司法也才有可能真正成为一个技术性的过程，在此基础上法律的权威才有可能真正建立起来，法治也才有望更顺利地实现。总之，法学教育必须承担起引导学生形成法律思维、提升法律思维能力的责任。

## 二、广博的自我导向学习能力

学习能力主要包括获取知识的能力、运用知识的能力和创新能力，随着生产力和生产技术的不断进步，人类社会正在经历新一轮的转型，面向终身学习的学习型社会已经到来。社会巨变对法学教育领域产生了巨大冲击，学习变得越来越非正式、自我选择和自我导向。

自我导向学习（Self-Directed Learning，SDL）成为 21 世纪学习者生存和发展的重要技能。自我导向学习能力指学习者自主管理学习过程的能力，被视为促进学习者终身学习技能发展的关键。[1] 法学专业学生的自我导向学习能

---

[1] 刘博文、颜婷、孟凡星等：《全方位刻画：自我导向学习能力框架的构建与验证》，《远程教育杂志》，2022 第 6 期，第 54 页。

力，对于他们在长期的法律职业生涯中取得成功至关重要。身处于巨变和快速发展的时代，培养能独立思考、解决问题、自我评估和终身学习的自我导向法律人才，是加快建设"法治社会""学习型社会"的关键举措。

自我导向学习能力框架包括认知、元认知和非认知三个维度。其中，认知维度包括问题解决、批判性思维和信息素养。在认知方面，问题解决能力和批判性思维是相互交织的，具备良好问题解决能力和批判性思维的法律人才，可以通过比较、分析、区分、反思和判断等评估情形或解决问题，这是自我导向学习的认知基础。同时，在资源丰富的当今时代，"数字原住民"具有较高的信息素养，有助于法学专业学生获取学习资源，从而进行自我导向学习。

元认知维度包括学习计划和自我监控。在元认知方面，具有高水平自我导向的法学专业学生，能够自主制订学习计划、高效获取学习资源、监控并调节学习进展，准确评价和反思自己的学习表现。同时，具备良好学习计划能力的法学专业学生，能够独立设定学习目标，使用适当的学习策略和资源，有效实现自己的学习目标；具备良好自我监控能力的法学专业学生，能够监控并评估自身的学习过程和学习结果，依据自身情况做出修改与调整。

非认知维度包括学习动机、学习责任和人际沟通。在非认知方面，具有较高学习动机的法学专业学生，表现出较高水平的自我导向学习态度，从而进一步激励自己主动开展自我导向学习。同时，积极主动承担学习责任的法学专业学生，在自我导向学习过程中能自主选择并加工信息，以促进知识吸收和意义建构，进而提高学习效率。此外，人际沟通能力较强的法学专业学生，在自我导向学习方面具有优势，人际沟通能力有助于增强自我导向学习技能。

法学实践教学体系中自我导向学习能力框架的构建，对法学专业学生自我导向学习能力准确且全面地刻画、诊断和有效的培养，具有重要意义。这一框架为从认知、元认知和非认知方面全方位培养法学专业学生的自我导向能力，提供了落脚点，为培养适应新时代要求的全面发展的法律工作者提供了实施依据。

### 三、卓越的实践动手能力

法学专业始终应当以培养法律职业能力为核心，毕竟法学是一门直接服务于社会、服务于现实，有着特定职业环境的老牌专业，要做到学以致用、突出实践，实务性能力要求较高。美国大法官霍姆斯有一句名言："法律的生命不在于逻辑，而在于经验。"这是其从业数十年的心得，重在强调法律是一门技艺性的学问，而不单纯是书本上的知识，学习者需要深入实践，不断地领悟才能真正掌握诉讼技术。法学专业学生从校门走到社会，如果没有一定的实践技能储备，操作能力弱，就会感觉到法律行业困难重重，面临巨大的生存压力。司法是一种"人为理性"，必须通过长期直接接触司法实践才可能形成。许多学者都指出，这种"理性"至少到目前为止是无法通过教学的方式进行转移的。因此，法学教育不应是单纯的知识传授和学术培养，还应包括职业训练。学生应该在出校门之前就掌握一定的实践能力，才能适应用人单位的需求，以及社会对法律人才的需求。苏力教授专门谈到了法律人才的法律技能问题。他认为，法律技能是指从事某项具体的法律实务时所必需的技术性能力。从具体操作的层面来讲法律技能包括以下七个方面：①针对具体法律纠纷提炼法律争点撰写法律文书的能力；②针对具体法律或诉讼问题搜寻、整合法律和相关材料的技能；③同法律客户以及其他法律人的谈判和交往能力；④解决具体纠纷的能力；⑤在具体案件中熟练运用诉讼程序应对诉求的能力；⑥就具体案件在法庭辩论、说服法官的能力；⑦在立法中就特定法律事项游说和推动法律变革的能力。①

法学专业教学体系必须注重培养学生有较强的适应能力和操作能力。在传授专业知识的同时，更应该注重能力的培养。这些能力包括分析和解决问题的能力、社会组织能力、语言和文字能力、掌握和运用现代办公设备的能力等。法学专业学生毕业后绝大多数将在法律部门从事实际工作，只有少部分人继续深造，将来从事法学教育或法学研究工作。如果法学专业学生不注重能力的培养，不具有运用法律知识服务于社会的能力，或者缺乏组织、运用知识的能力，这样的学生是书呆子，也难以胜任法律工作。况且，未来的社会分工细致，人们工作的岗位多变，这就要求学生有较强的适应能力和应用能力。实践动手能力的提高是贯穿于整个求学经历中的，高等院校是大幅提高学生素质、引导学生走向工作岗位的关键所在。因此，对于学生实践动手能力的培养，高等院校责无旁贷，通过各种方式来提高大学生的实践动手能力已经是当务之急。相信通过改革实践教学方法，创新考核方式，法学专业学生的实践能力必将得到大幅提升，在社会各界的重视下，在素质教育的大力实施下，提高法学专业学生实践能力必然会取得卓越成效。

---

① 苏力：《中国法律技能教育的制度分析》，《法学家》，2008年第2期，第32页。

# 第三节　法学专业实践教学改革的现状分析

经过多年发展，我国法律实践教学取得了一定的成绩，但知识教学和实践教学断裂、理论传授和能力培养分离等问题在法律实践教学中仍然存在。学界对此虽有所反思，但对于法律实践教学的内涵、类型、定性和使命缺乏系统地总结提炼，因此，对于我国法律实践教学的发展趋势不能形成很好的指导，未能形成法律实践教学的中国风格和中国贡献。

法学本科教育在整个法学教育体系中，肩负着非常重要的任务，包括但不限于：培养法学本科学生的法学兴趣和基本法学思维、传授基本的法学原理和知识体系、训练基本法律职业技能。在我国早期的法学本科教育中，传授法学原理和知识体系是重中之重，一名合格的法学本科毕业生应当系统地掌握法律的基本原则和规则框架。随着我国社会主义法治社会的不断发展，这样的教学模式显然已经很难满足国家与社会对法治人才的更高层次需求，既具有完备法学知识体系又具备法律职业技能的法学本科毕业生，成为我国当今法学教育的培养目标。2018年教育部发布《法学本科专业教学质量国家标准》（以下简称《标准》），强调法学类专业教育具有很强的应用性和实践性，是素质教育和专业教育基础上的职业教育，为法学本科教育从理论知识型向实践职业型的转向提供了方向。《标准》规定实践教学累计学分不少于总学分的15%。《标准》发布后，各法学院（系）均努力按照其要求重新调整了人才培养方案，尤其大幅增加了实践教学的比重。尽管如此，法学本科教育中的实践教学在具体发展过程中，仍然存在一系列的问题和障碍。这些问题和障碍有的长期存在于法学教育中，有的则是在实践教学的执行中逐步凸显出来的。实践教学的发展需要排除这些问题和障碍，前提是对这些问题和障碍进行准确的定位与研判。

以笔者所在的内江师范学院法学专业为例，经过研究，不难发现法学本科教育阶段的实践教学发展中存在以下三大误区：

一是过度强调实践教学的形式，忽视实践教学的理念。

首先，目前实践教学的主要场所被放在学校而非实务部门，实践教学的目的是为法学专业学生提供在实务部门学习法律职业技能、培养法律职业思维的机会，使其能在毕业后迅速地参与国家的法治建设。然而法学专业的实践教学课程大部分被放在了学校，实务部门并未成为实践教学的主要场所，其主要原因是在学校开展实践教学对教师和学生来说比较方便，既无须远涉实务部门，也象征性地完成了实践教学任务。所谓的模拟法庭和法律诊所便成为解决实践教学的方案。在大多数情况下学生参加模拟法庭如同参加一次已经预设好程序的法庭"走秀"，模拟法庭的材料都是教师事先选择好的，有现成的答案，教师的任务就是引导学生顺着自己的思路寻找所谓的标准答案，这种教学方式无法真正提高学生的实践能力，难以培养学生的批判性思维。法律诊所训练只是教师带领学生参与一些简单案件的处理，主要是为教师做一些辅助性工作，学生没有真正介入案件处理当中，毫无疑问，在学校进行实践教学的效果明显低于在实务部门的锻炼和学习。

其次，即使进入实务部门，学生也未必得到充分的锻炼。学生在进入实务部门实习后，被安排的工作无非是"端茶倒水、整理案卷"，这种现象在公检法系统中尤为明显。第一，公检法系统本身虽然具有很多职能部门，但并非每个实习生都被安排到业务部门，如果被安排在事务性的部门实习，对其专业实践能力和经验的积累帮助甚微。第二，即使被安排在业务部门，实习生也不被允许参与实质性的业务活动。以法院的业务庭为例，不论是民事法庭、刑事法庭还是其他业务法庭，参与案件审理的主要人员为法官，法官须对自己审理的案件负责，绝无可能让法学专业学生实质性地参与案件的审理和判决过程。而书记员的工作对绝大多数法学专业学生而言也无法胜任。因此，在法院实习的法学专业学生最后很难避免沦为"案卷装订师"的命运。第三，由于学生对于法学知识掌握的程度尚浅，即使实务部门有心让其参与实质性业务活动，其也未必具有真正深度参与的能力。

再次，实践教学的考核形式化问题较突出。实践教学的考核与理论教学的考核一样，是法学教学中不可或缺的一环，理论教学可以通过试卷等方式加以考核，而实践教学的考核则复杂得多。第一，在学校进行的实践教学，或没有考核（如模拟法庭），或采取案例分析等试卷考核形式（如案例研究课程）。第二，在实务部门进行的实践教学，最终考核结果往往缺乏科学性和可信度。毕业实习、法制宣传等实践环节的考核主要是依靠单位鉴定，但这种鉴定基本都是形式上的，很少有实质内容，而且可靠性也很低，即使现代科技为毕业实习提供了诸如签到、定位等功能，但也仅限于形式上的考查，无法对实习生在实习单位的具体实习情况进行考核。第三，尽管实践教学在法学人才培养方案中是有学分安排的，但是形式化的考核方式注定使实践教学沦为学生的"刷分"工具，因为只要满足形式上的要求，学生就可以轻松地获得实践教学学分。

最后，实践教学形式化的根本原因在于法学教学理念的落后。近年来高等教育正在加速转向，即从传统知识传授型向能力应用型转变，法学学科作为教育部确定的应用型学科，理应顺应这样的改革潮流，将法学教育中的理论型教学向实践型教学转变。针对解决问题的训练应该是法学教育的重要组成部分，而动手实践培训则应该是培养学生法律思维的重要途径。如果法学专业的教育理念还停留在知识传授上，即使教育行政部门提出更高的要求，实践教学也难以摆脱形式化的命运。

二是实践教学与就业脱节。

作为应用型学科，法学教育的开展并未以社会需求为导向。法学学科属于应用型学科，理应比那些纯理论的学科更好就业，但事实情况并不理想。很多人认为这是由于法学专业的招生规模过大且社会对于法学本科生的需求日益减少所导致的。然而经过多年与实务界的联络和探讨，笔者发现法学本科生就业情况不理想的根本原因并不在于本科生层次较低，律师事务所等实务部门对于本科毕业的律师助理仍然有很强的需求，而且并未对学历提出更高的要求。问题的根本在于当下的法学本科教育并未能培养出符合社会预期的法治人才。

法学教育的根本目的是培养高素质的、符合社会需要的法律人才。王利明教授就曾明确指出了我国法学教育与社会需求的不匹配问题：第一，我们的法学教育还不完全适应经济社会发展的需求，不完全适应国家和社会对法律人才培养的要求；第二，法学专业学生就业难的问题，必须以社会需求为导向来进行人才培养，即社会需要什么样的法律人才，我们就应该培养什么样的法律人才；第三，法学院校不能成为脱离社会实际的"象牙塔"①。反观包括实践教学在内的法学教育现状，我们的课程安排理念更新及实践目标均未按照社会需求导向来进行设计，实践教学中很大程度是在"闭门造车"，导致法学本科毕业生无法满足用人单位的需求，进而导致用人单位不敢聘用法学本科毕业生，从而产生一种负向循环。纵观全球法学教育，法学专业毕业生的就业问题一直是老生常谈的问题，但是其他国家的一些法学院很早就发现了法学专业学生的培养与社会需求之前的内在联系，并不断尝试改进以匹配社会需求。

另外，国家法律职业资格考试（以下简称"法考"）通过率并非法学本科毕业生就业困难的原因，"法考"合格是从事法官、检察官、律师等法律职业的必要条件。因此，有些学者便将法学本科毕业生就业困难的原因归于法律职业资格考试的低通过率。诚然，法学本科毕业生只有少部分通过法律职业资格考试，而大部分毕业生在毕业时无法直接从事上述需要通过法律职业资格考试的法律职业。但是，他们忽略了一个事实，即法学专业的研究生也并非在校期

①　王利明：《关于法学教育教学改革的四点建议》，《中国大学教学》，2010 年第 11 期，第 7 页。

间全部通过法律职业资格考试，其就业率远好于本科毕业生。因此，是否通过法律职业资格考试并非法学本科毕业生就业困难的原因。法学本科毕业生只要能符合社会需求，即使未通过法律职业资格考试同样也能够就业。首先，以律师事务所为例，每年律师事务所都急需法学专业的实习生和毕业生来充实各个业务团队，尤其是对律师助理的需求非常旺盛，尽管期望律师助理在成为执业律师之前能取得法律职业资格，但是寻求法学专业助手的需求更为现实和迫切。很多新进律师助理未取得法律职业资格，也成为现在各大律师事务所的一种常态。其次，并非所有法学本科毕业生都选择法律职业就业，很多法学本科生在毕业后的职业生涯中并未把自己的专业作为职业，因而其不必通过法律职业资格考试；而一些企事业单位的法务部门，也并未在招聘时提出对法律职业资格的硬性要求。最后，学生参加法律职业资格考试的通过率不高，其根本原因正是实践教学与社会实务脱钩。因为不论是以前的律师资格考试还是后来的司法考试、法律职业资格考试，对解决实际问题的考核一直占据着较大的比例。有些非法学的在职人员"法考"分数往往比法学专业的学生还高，这种现象恰恰验证了实践出真知的道理，进而证明了实践教学与社会需求相结合的必要性。

学校缺少与实务部门互动的平台，学生缺乏进入职场的信心。在实践教学的过程中学校理应与各实务部门建立起良性的互动关系，了解实务部门的切实需求，为毕业生积极创造就业机会。然而由于很多实践教学在校内开展或者未能让学生实际参与校外实践活动，导致学校与实务部门之间的联系流于形式。一方面，对于学校来说，与实务部门之间的深度沟通既不是高等院校考核的重点，也不能为其带来即时的成果，相关负责人缺乏进一步推进校企之间资源整合的积极性；另一方面，实务部门不能为法学专业的学生提供实质性的实习和实践机会，导致法学本科生无法真正掌握法律职业的技能，进而使其在毕业后没有信心直接参与到实务活动中。法学专业未能充分发挥和利用实践教学的优势，既不能培养学生掌握切实有用的职业技能，也不能为其建立就业的平台和通道，就业困难也是必然的结果。

三是实践教学比重过小。

实践教学应与理论教学并重，而非理论教学的补充。如前所述法学学科作为应用型学科，其办学目标应是为国家和社会培养合格的应用型法律人才。而培养合格的法律人才不仅需要掌握扎实的理论知识，还应具备基本的职业技能，映射在法学教育中，正确的做法应当是理论教学与实践教学并重。然而，长期以来，我们的法学教育始于理论教学，教学的中心也是理论教学，一直以来实践教学难以与理论教学同日而语。尽管教育部将实践教学的学分比例提高至 15%，仍然没有改变一些法学院对实践教学的轻视。有的学者指出，目前的法学本科实践教学无法弥补我国法学教育中职业教育的缺失，充其量也只是理论教学的补充，大多法学院在理念上并未把法学教育视为一种职业教育。

实践教学应是连接"象牙塔"与"真实社会"的桥梁，我们的法学本科生在刚成年的时候就进入法学专业，作为一个刚经历过人生大考的懵懂青少年，正逐渐适应大学生活，对真实的社会和复杂的社会关系并没有真正开始接触。尽管校园和宿舍也包含着师生、生生间的人际关系问题，但与纷繁复杂的真实社会关系不可同日而语。然而，法学研究的对象就是法律规则背后体现的社会关系，在没有对社会关系产生清晰认识的情况下，学习法律关系无疑是需要经历痛苦和挣扎的。实践教学为法学本科生提供了走出"象牙塔"，并体会真实社会的机会，了解各种社会关系，理解身份、权利、义务、规则等法律核心词汇，进而对法律规则背后的价值和逻辑产生思考，明白"徒法不足以自行"的真正含义。只有实践教学做得好，学生才能更好地认识这个社会，法律才能活学活用；反之，没有充分的实践教学为法学本科生建立与"真实社会"的桥梁和纽带，所谓的法学理论和规则只能停留在"雾里花""水中月"的抽象阶段。法学专业的实习、实践大多是在完成知识教学之后，这种在知识教学之后再去培养学生实务能力的做法，造成了学生知识学习与实务能力培养的脱节，进而造成了人才培养与社会需求相脱节、教学内容与社会现实相脱节，这种脱节又反过来进一步加深了知识教学与实践教学的鸿沟。对于实践教学总学分教育部有明文要求，《法学本科专业教学质量国家标准》明确要求实践教学累计学分不少于总学分的 15%。这一要求的提出一方面为实践教学学分设置了底线，保障了实践教学不被理论教学过度侵占；另一方面却成为很多法学院实践教学学分的上限。

如前所述，实践教学应与理论教学并重，地位至少不低于理论教学，法学这样一个应用型、职业性极强的专业课程，其实践学分理应也可以达到更高的学分比例。最低学分要求这一规定仅是对学分设置的要求，并不意味着实践教学的地位低于理论教学。然而，这一要求在实践中反而成为很多法学院忽略更高比例的借口。经过分析研究，法学院不注重实践教学学分更高比例的理由无非如下两点：第一，实践教学建设在前期需要投入较大，周期较长，短时间内见不到明显的效果和成绩。反观理论教学有现成的师资团队，现成的软硬件条件，理论教学的建设和改革成果可以第一时间反映在教学工作过程中。而实践教学需要支出大量的软硬件成本，比如模拟法庭的建设，校外实践导师的遴选与沟通，学生离校实习的各项安排等这些成本的投入，在短时间内又无法取得显性的即时的成果和成绩。同时教学管理部门也缺乏推进实践教学的积极性。第二，实践教学难于考核，而理论教学考核方式简单。理论教学的考核方式可以是闭卷或开卷测试，也可以是课程论文或案例分析，这些方式均可以比较客观地考查学生的理论学习情况。反观实践教学，学生是否掌握职业技能、职业方法，不论是校内还是校外的指导教师，都无法在短时间内客观地作出评价。因为实践技能与理论知识点的学习不一样，实践能力是靠时间和精力逐步积累的，实践教学考核的科学性的缺乏直接导致实践教学不能像理论教学一样提供即时的反馈，从而丧失其应有的教学地位。

# 第二章　地方高校法学专业人才
# 培养方案的探索与完善

法学高等教育从早期的"五院四系"发展到今天，高校遍布全国各地，各高校为建设法治中国培养了诸多法律人才，在各个法律领域发挥着重要的作用。可是，近年来，法学专业教育面临就业率较低的问题。在全面扩大法学教育的同时，法学院（系）整体教育水平和教育实力业已明显呈现阶梯层次的错落分布，而随着社会的发展，法学专业毕业生的培养质量问题，显然就成为一个亟待全面审视的问题。特别是教育水平和教育层次有待提升的地方二本院校的法学院（系），如何找准定位，培养适应社会需求的法学专业毕业生，并与传统法学教育强校形成错落发展，不能不说是需要深入思考的问题。而该问题的解决最终将落实在如何完善人才培养方案上。为此，如何修订人才培养方案，更好地契合社会需求，就成为该类院（系）法学教育的头等大事。内江师范学院法学专业就属其列。

内江师范学院系省属二本类院校，近几年全校招收的生源分数平均在二本线上40分，法学专业也不例外，生源质量逐年提高，2023年法学专业录取分数超过省控一本线。法学学科要保持稳步的发展，人才培养目标必须与社会需求相结合，与自身定位相契合。考虑到与传统法学教育强校之间的错落发展，我们定位于培养应用型、复合型的西部基层法律人才。因此，近几年来，我们把教学的重心放在法律职业资格考试和增强学生实践能力上。很明显，一个二本院校的法学专业学生如果没有通过资格考试，没有充分的实践锻炼，是很难在社会上立足的。从以往毕业的学生来看，通过司法资格考试的学生，大多从事与法律相关的工作，而一大部分没有通过司法资格考试的学生则放弃了自己所学的专业，从事非法学专业的工作。因此，从2018年开始，在2018版和2022版法学专业人才培养方案中，学校法学专业逐步加大对司法资格考试（法律职业资格考试）方面的强化训练，满足社会各用人单位的实际需求，努力制定科学有效的人才培养方案。

## 第一节　2018 版法学专业人才培养方案的制定

为全面贯彻落实《国家中长期教育改革和发展规划纲要（2010—2020年)》、《教育部关于全面提高高等教育质量的若干意见》（教高〔2012〕4 号）、《普通高等学校本科专业类教学质量国家标准》、《普通高等学校师范类专业认证实施办法（暂行)》(教师〔2017〕13 号）、《新时代高校思想政治理论课教学工作基本要求》（教社科〔2018〕2 号）和《四川省中长期教育改革和发展规划纲要（2010—2020 年)》等文件精神，根据《内江师范学院"十三五"事业发展规划》，围绕学校办学定位，进一步深化人才培养模式改革，逐步推进"分类别指导、分阶段培养、分模块推进"的"三分式"人才培养改革，学校于 2018 年 3 月启动 2018 版本科专业人才培养方案修订工作。法学教研室按照学校和学院要求迅速启动法学专业人才培养方案修订工作，紧密结合经济社会发展对人才培养的新需求及四川省卓越法律人才教育培养计划校外示范性实践教学基地的建设，充分调研同类高校人才培养先进做法，广泛调研毕业生和用人单位意见，经过多次研讨论证和修改，充分征求全体教师与实务专家的建议，最终完成了 2018 版法学专业人才培养方案的制定。现将 2018 版法学专业人才培养方案的制定背景、拟解决的主要问题、核心理念及基本思路、制定依据及过程、主要修改内容及取得的成效等问题阐述如下。

### 一、人才培养方案制定的背景及解决的主要问题

（一）制定背景——《教育部　中央政法委员会关于实施卓越法律人才教育培养计划的若干意见》为高校法学教育指明了方向

2011 年 12 月，《教育部　中央政法委员会关于实施卓越法律人才教育培养计划的若干意见》（以下简称《意见》)发布，旨在培养适应中国特色社会主义法治国家建设需要的高素质法律人才。这既为高校法学教育指明了方向，也对法学人才培养提出了要求。《意见》针对我国高等法学教育的实践问题提出了分类培养卓越法律人才的要求，即将应用型和复合型法律人才、国际型法律人才、西部基层法律人才三种法律人才分类培养，以实现提升法律人才培养质量、提高法律人才实践能力、造就一批社会主义法制建设所需要的卓越法律人

才的最终目标。《意见》指出，适应多样化法律职业要求，坚持厚基础、宽口径，强化学生法律职业伦理教育、强化学生法律实务技能培养，提高学生运用法学与其他学科知识解决实际法律问题的能力，促进法学教育与法律职业的深度衔接。

2014 年，内江师范学院与内江市中级人民法院合作，获批"四川省卓越法律人才教育培养计划校外示范性实践教学基地"项目立项，卓越法律人才教育培养基地建设是中国政府主导的第一个以人才培养质量为目标的法学教育计划，目的是贯彻落实《国家中长期教育改革和发展规划纲要（2010—2020年)》的精神，提高法学教育人才培养质量，加大应用型、复合型法律人才的培养力度，培养造就一批适应社会主义法治国家需要、适应西部基层法治建设需要的卓越法律职业人才。

（二）拟解决的主要问题

1. 培养模式与社会需求的错位及与实务工作相脱节

卓越法律人才教育培养计划为地方高校办学指明了方向，但同时也使地方高校法学教育面临新的困境与挑战。地方高校在培养法律人才的过程中，重视法学学术教育，忽视法律职业教育的倾向较为突出，甚至可能将二者对立起来。造成这一问题的原因有很多，例如，长期形成的法学教育高端化与理论化，师资力量偏重学术化等。而学校所处地域的现实状况是，经济和社会发展相对落后，法律人才需求的缺口很大，但人才培养与社会需求脱节的矛盾却很突出。西部高校多囿于有限的教育资源以及特色不明显的课程设置等，所培养的法律人才无法适应社会需求，导致法学专业毕业生有人无位、实务部门有位无人的状况。

2. 培养目标和课程设置一体化程度欠缺

大多数地方高校开办法学专业之初并无相关经验，只能模仿名校设置专业课程，在培养目标和课程设置上趋于同质化，人才培养目标与法律职业关系模糊，毕业生实践能力缺乏；地方高校生源层次较低，教育资源不丰富，科研实力普遍较弱，法学传统底蕴不足，理论创新潜力不足。根据卓越法律人才教育培养的要求，促进法学教育与法律职业的深度衔接，是应用型、复合型法律职业人才教育培养的重要目标，内江师范学院作为地方普通院校的目标定位，应当是为本地培养有能力服务于地方、服务于西部的应用型法律人才。这类法律职业人才所掌握的法律技能应更为切合基层法律服务的需求，面向更广阔的农村、偏远地区。

### 3. "双师型"的教学团队建设薄弱，师资结构和水平有待提高

作为卓越法律人才教育培养计划的具体实施者，如何实现法学教育与法律职业教育的衔接，教师是至关重要的一环。地方卓越法律人才的培养目的在于培养出一批了解地方知识，具有丰富理论和实践知识，并具有较高职业素养的人才，这对教师能力提出相当高的要求。我国高等学校教师都具有高学历、高资质，然而，不少教师却是只出家门未出校门的学术型人才，缺乏充分的实践能力。另外，学校对教师的考查往往只有"学术"一个标准，无论是教师职称的评选，还是工作的考核，所依据的主要是教师发表的论文，且论文关注内容多为理论前沿的创新，而对实践应用型论文，由于缺乏创新往往被排除在外。我国高等学校"双师型"人才欠缺，教师对于理论学术的关注远远超过实践，而对于实践课程，诸如法律写作、法庭模拟等课程，由于费时费力，教师教学精力投入不足。要求单独一个或两个教师即培养出复合型的地方卓越法律人才，无疑是强人所难，教师本身即是卓越法律人才中的学术型人才，而非所有人才能力的综合体。

### 4. 对外交流合作契合度不够

法律是一门实践性及应用性很强的学科，对于法律应用人才的培养来说，它不仅要以知识的获取为目标，更重要的是要以获得法律职业能力为目标，而法律职业能力的获取与法学实践教学方法存在着密切的联系，因此，要实现培养应用型法律人才的目标，必须加强与法律实务部门的合作，创新法学实践教学模式。目前，在法学教育过程中，学校与法律实务部门之间的合作往往局限于建立实习基地，而让学生在毕业前到法律实务部门进行专业实习，这个环节也往往流于形式。因此，落实《教育部　中央政法委员会关于实施卓越法律人才教育培养计划的若干意见》，探索"高校—实务部门联合培养"机制，加强高校与实务部门的合作，共同确定培养目标，共同设计课程体系，共同开发优质教材，共同组织教学团队，共同建设实践基地，探索形成常态化、规范化的卓越法律人才培养机制，就显得尤为重要。

## 二、人才培养方案制定的指导思想及基本原则

### （一）指导思想

《内江师范学院本科人才培养方案指导性意见（2018 版）》提出，人才培养方案以习近平新时代中国特色社会主义思想为指导思想，全面贯彻党的教育方针，坚持立德树人根本任务，遵循高等教育基本规律和人才成长规律，推行"学生中心，因材施教"，围绕"扎根地方，追求卓越"的办学理念，坚持"以人为本、综合改革、社会合作和错位发展"的办学思路，坚持"做精做优教师教育专业，做大做强应用型专业，做细做实基础长线专业"的发展思路，强化质量意识，加强质量文化建设，努力建设特色鲜明、优势突出的地方性应用型高水平大学。

学校人才培养目标定位为坚持"立德树人"，深化以"发展为中心，教学做统一"为特色的人才培养模式改革，努力把学生培养成为具有真诚的爱心、执着的进取心、高度的责任心，具有较强的实践操作能力、沟通协调能力、创新创业能力，具有良好的人文精神、科学精神、批判精神的高素质应用型人才。

### （二）基本原则

#### 1. 精准定位，彰显特色

根据内江师范学院办学定位和人才培养目标，依据《普通高等学校本科专业类教学质量国家标准》，遵循《国家中长期教育改革和发展规划纲要（2010—2020 年）》《教育部关于全面提高高等教育质量的若干意见》的要求，参照《法学学科门专业类教学质量国家标准参考框架》及制定要求，根据经济社会发展对人才的需要，法学专业人才培养要坚持立德树人、德法兼修，适应建设中国特色社会主义法治体系，建设社会主义法治国家的实际需要。培养德才兼备，具有扎实的专业理论基础和熟练的职业技能、合理的知识结构，具备依法执政、科学立法、依法行政、公正司法、高效高质量法律服务能力与创新创业能力，熟悉和坚持中国特色社会主义法治体系的复合型、应用型、创新型法治人才及后备力量。

## 2. 统筹推进、分步实施"三分式"人才培养改革

根据学校要求,人才培养方案遵循统筹推进、分步实施"分类别指导、分阶段培养、分模块推进"的"三分式"人才培养改革。围绕社会发展和区域经济对人才素养和能力的需求,根据人才成长的多样化特点,确定法学专业人才培养目标,实施分类别培养;根据法学学科专业特点和学生的成长规律,实现分阶段培养;针对不同类型的人才培养方向,分模块设计课程,以增强学生的竞争力和适应性。

## 3. 强化实践教学

根据学校要求,法学专业以培养学生实践能力和创新能力为核心,健全实践育人机制,加强实践教学平台建设,制定实践教学标准。完善基础认知、专业技能、综合创新"三层次"分类推进,基础实践、专业实践、综合实践、创新实践"四模块"有机结合并辅之以"第二课堂"的"三层次四模块"的全程实践教学体系。改革教学方法,强化案例教学,增加理论教学中模拟训练和法律方法训练环节,挖掘充实各类专业课程的创新创业教育资源。利用模拟法庭、专业实验室、实训基地和校外实习基地,独立设置实验、实训课程,组织专业实习,开展创新创业教育。根据法学专业实际需要,组织各种形式的法制宣传教育活动,让学生了解社会生活,培养其社会责任感,增强其社会活动能力。实习实践时间累计不少于一学期。

## 4. 构建科学的课程体系

法学专业人才培养方案的制定参照国家标准和学科专业标准,构建规范和符合教学规律的知识、能力、素养培养架构与课程体系,并适应学科发展的要求,科学合理配置必修课和选修课之间的学分比例,适度压缩专业必修课的比例,提高选修课的比重。根据学生认知发展规律进行教学任务安排,按照循序渐进、松紧有度的原则合理设置各学年、学期所修学分的比例。

根据法学专业的特点和社会实际需要,设置一定数量的通识课程学分。通识课程应当涵盖外语、体育、计算机课程,并从人文、社会科学、自然科学等方面均衡设置。

法学专业核心课程采取"10+X"分类设置模式。"10"指法学专业学生必须完成的 10 门专业必修课,包括法理学、宪法学、中国法律史、刑法、民法、刑事诉讼法、民事诉讼法、行政法与行政诉讼法、国际法、法律职业伦

理。"X"指各院校根据办学特色开设的其他专业必修课，包括经济法、知识产权法、商法、国际私法、国际经济法、环境资源法、劳动与社会保障法、证据法和财税法。"X"选择设置必修课门数原则上不低于五门。

### 5. 深化创新创业教育改革

人才培养方案将创新创业教育系统融入学生培养体系，实现创新创业教育的常态化和可持续性。实现创新创业教育与专业教育的有机融合，由注重知识传授向注重创新精神、创业意识和创新创业能力培养的转变，由单纯面向有创新创业意愿的学生向全体学生的转变。

## 三、人才培养方案的体系

### （一）培养方案结构

法学专业人才培养方案主要包括专业简介、培养目标、毕业要求、课程矩阵、学制、毕业学分、授位与修业年限、专业主干学科及核心课程、主要实践教学环节、第一课堂课程结构、第一课堂课程设置、第二课堂素质活动与德育学分体系等方面。

### （二）课程体系

### 1. 总体框架

法学专业人才培养方案设置第一课堂学业学分和第二课堂素质活动与德育学分作为学生毕业的总体要求。第一课堂由通识教育课程、学科基础及专业核心课程和专业发展方向课程三个模块构成。第二课堂由思想政治素养、道德品质素养、科学人文素养、法纪素养、心理素养五个模块构成。第一、二课堂有机结合，不交叉不重复。

人才培养方案把法学教学内容设定为以下四个模块：一是通识教育模块；二是专业基础知识模块，包含学科基础及专业核心课程；三是专业发展方向模块，包含法学专业知识和运用法律及法律实践的知识；四是专业技能训练模块，包括基层应用型法律人才应具备的专业技能和工作技能。法学专业围绕以上四大模块的知识构成和技能要求，设置其课程体系。

2. 第一课堂课程设置

（1）通识教育课程旨在提高学生人文素质和科学素养，培养学生的价值判断能力，训练学生的科学思维，提高学生的沟通表达能力。通识教育课程包括通识教育必修和综合素质选修两类课程。

（2）学科基础及专业核心课程。规范设置学科基础课程和专业核心课程，包括四个方面：其一为专业基础课程，如法理学等；其二为实体法，如民法学、商法学、行政法学、刑法学、经济法学、劳动法学、环境法学等；其三为程序法学和司法制度，如民事诉讼法学、刑事诉讼法学、行政诉讼法学、仲裁法学、律师和公证制度等；其四为国际法学类，包括国际公法学、国际私法学、国际经济法学等。与此同时，开设相关的与专业课程不相冲突的选修课程，如刑事案例研究、民事案例研究、行政案例研究、非讼业务技巧等专业选修课。另外，也开设为应用型法律人才所必须掌握的特殊技能课程，如法律逻辑学课程、以模拟法庭及法庭旁听教学为内容的庭审实训课程等。同时，学校有计划、有组织、有目标地安排学生从大学二年级开始到法律实务部门进行服务性学习，指导学生在学习中服务、在服务中学习，使法律人才培养从以教学为中心向以学习为中心转变，实现课堂教学与实践教学、社会服务的无缝链接，以提高学生的法律认知能力和适法能力。

（3）专业发展方向课程。根据学生需求和经济社会发展的实际需要，学校围绕学生的核心素养，结合专业特点，设置专业发展方向课程，探索适合不同类型学生需求的多元化分类培养模式。对有继续深造意愿的学生，设置深造类模块课程；对有创业意愿的学生，设置创业类模块课程；对有就业意愿的学生，设置就业类模块课程。

3. 第二课堂素质活动与德育学分体系

（1）思想政治素养包括入学教育、军事理论与军事训练、社会实践与公益活动。在校生（含新生）参军入伍退役后复学或入学，免修军事技能训练，直接获得学分。

（2）道德品质素养包括行为自律与文明养成、职业能力与敬业精神。

（3）科学人文素养包括人文养成与能力认证、学术竞赛与科技创新。

（4）法纪素养主要包括法纪观与法纪活动。

（5）心理素养主要包括心理认知和训练活动。

### 四、人才培养方案的主要改革措施

学校为服务西部基层法治建设，致力于培养一大批具有高度奉献精神和实践能力、能够"下得去、用得上、留得住"的复合型、应用型和强适配度的高素质法律人才，在 2014 版法学专业人才培养方案的基础上，2018 版法学专业人才培养方案进行了以下几方面的改革。

#### （一）重点探索学校与实务部门共同培养人才的途径

实行"3+1"培养模式，实施 4 年两阶段"3+1"融贯式培养：第一阶段为 3 年的在校学习和基础实习实践，第二阶段为累计 1 年在实务部门学习和撰写毕业论文，形成学校与实务部门"双向互动"的人才培养新机制，让实务部门自始至终参与人才培养的全过程，实现校地良性互动，增强人才培养的适应性。广泛吸纳司法工作者或校友参加学校的课程设置委员会、教学质量评价委员会等，在培养目标、课程设置、教学过程、毕业生所需核心能力、毕业生质量评价、实践教学等方面积极听取实务界的意见。

#### （二）实践教学的改革措施

（1）构建完整的实践课程体系。遵循由表及里、由浅入深、循序渐进的教学规律，构建层级式的完整实践课程体系。根据教学进度，安排司法见习、庭审观摩、专业实习、法律实务训练、毕业实习。

（2）深化实践课程教学。实践课程教学应具有鲜明的目的性和实效性，克服实践教学流于表面化、形式化的弊端，提高学生的法律应用能力。实行"双导师"制度，由学院指导教师和实习单位指导教师共同负责学生的实习指导，并创造条件使实习生更深入地参与到法律实务工作中，在实践中得到锻炼和提高。

（3）加强校外实践教学基地建设。通过"请进来、走出去"的措施，构建专任教师与实务部门专家互动机制，共同制订实践教学计划，组织实践教学，指导学生实训和实习。拓展校外实践教学基地的类型，以适应培养应用型、复合型法律职业人才的需要。

#### （三）师资队伍建设的改革措施

（1）强调教学改革的实质性参与。教学改革的关键是教师，法学专业校内外教师均参与研究、制定、修改培养方案。强化教学研究，促进教学团队建设，提升专业教学水平。

（2）打造"双师型"师资团队。每年校地双方互派人员挂职锻炼，打造一支知识结构合理、优势互补和特色鲜明的教师队伍。

（四）教学评价改革

建立完善系统的自我教学质量评价系统，重点建立健全学校培养目标与社会对人才培养要求的一致性评价制度，建立课程、教学内容、教学方法对学生核心能力培养的有效性评价制度，社会对学校教学与毕业生质量的评价制度、校友追踪调查制度等。

## 五、2018 版法学专业人才培养方案的实施成效

内江师范学院法学专业在 2014 年获得四川省卓越法律人才教育培养计划校外示范性实践教学基地立项后，针对法学教育的现状，开展了广泛的调查与研讨，基本形成了法学职业化人才培养的理念和培养模式，构建起了西部基层法律人才与课堂理论学习相得益彰的培养模式和实施机制。

"卓越法律人才教育培养计划"的培养规格契合内江师范学院多年的办学经验及人才培养之路，通过培养方案的实施，法学专业的学生基本具备以下核心知识、能力与素质：①政治坚定、身心健康、社会责任感强、良好的职业道德操守；②系统的学科专业知识；③相关学科知识；④有效表达与交流的能力；⑤批判性思维能力；⑥获取知识的能力；⑦综合运用知识的能力；⑧创新能力；⑨法学思维方法与科学研究方法；⑩系统掌握一门外语和计算机基本知识；⑪具有"扎根西部、服务西部、建设西部"的"西部意识"。

通过近几年与检察院、法院、司法局、政府和企事业法务部门、社区及其街道的密切合作，本着"整合资源、优势互补、共同发展"的宗旨，在普法宣传、人民调解、劳教人员帮教、低保、社区矫治、调查取证、案件研究、法律文书写作、观摩审判、档案整理与管理、课题调研等诸多领域培养学生"学以致用"和"用后激学"的能力，对参与社会实践锻炼的学生的学业成绩、社会性发展及职业选择产生了积极的影响。

一是建构起了良好的学习环境、学习氛围和学习风气，树立了良好的教风和学风，在四川省高校校园文化建设评比中获得了充分肯定和高度评价；二是巩固了学生的专业学习，稳定了学生的专业选择，提升了学生对专业的认识；

三是提高了学生的学业成绩，促进了学生学习积极性，在国家法律职业资格考试、研究生入学考试和国家公务员考试方面取得了显著成绩，提高了学生就业竞争力；四是学生的社会责任感得到了加强，包括了解社会和政治信息，关注社会热点问题，培养对社会和国家的责任感，促进对社会和公众事务的理解和直接参与；五是强化实践锻炼对于学生的自尊和自信的提高有着不容忽视的效用，使学生在社会实践中获得教师和专家的认可。

当然，卓越法律人才的培养是一个系统工程，受到诸多因素的制约，特别是师资队伍、评价方式、资金支持、场域建设等的影响与限制，需要充分调动各方面人员的积极性，勇于创新，以构建良性互动的可持续的人才培养常态机制。

**附件：**

## 内江师范学院法学专业本科人才培养方案（2018 版）

学科门类：　法学　　专业代码：030101K　授予学位：　法学

### 一、专业简介

内江师范学院政治与公共管理学院法学专业是在原政经学院法学专业基础上成立的。2003 年经批准法学专业正式开始招收法学本科学生。法学专业已经培养了 1200 余名法学学士毕业生，目前法学专业在校学生人数达 400 余人。

法学专业师资力量均衡，拥有一支结构较优的教师队伍，其中教授 1 人，副教授 6 名、"双师型"教师 6 名。法学专业教师注重科研，近些年累计发表论文百余篇，主持和参与校级、省级项目共计 20 多项。

本专业课程设置结合法律职业资格考试需要，为学生提供相关理论知识学习平台，近几年学生参加司法考试平均通过率均在 80% 左右，取得了较好的成绩。法学专业于 2014 年成功申报四川省卓越法律人才教育培养计划校外示范性实践教学基地项目，并以此为基础开设了相当数量的实践课程。学生通过庭审观摩、专题辩论、模拟审判、非诉业务技巧、司法见习、专业实习等教学环节的设计，大大增加与实践接触的机会，真正实现理论与实践的结合。另外，学院在 2007 年耗资上百万元设立了专门的模拟法庭，其布局完全依据法院设置，功能齐全、设施完善，学生可以在里面进行大规模的超仿真实训，真实的案件、职业的模拟运作、法律的现场运用，既增加了学生的学习兴趣，也为学生实现知识转化提供了重要场地，同时学生也可以及早了解社会及职业要求，打开法学教育与法律职业联系的通道。本专业学生就业前景广，就业率高，近几年均达到 95% 以上。

**二、培养目标**

本专业立足于应用型本科高校人才培养，培养热爱法律事业，适应我国法学改革发展需要，具有良好的思想品质、职业道德、科学精神和人文情怀，具备法律、外语、计算机等方面知识，具备处理法律事务的能力，能在地方基层法院、检察院、律师事务所、企事业单位、司法行政机关等单位从事法官、检察官、律师、法律顾问等工作，具备较强社会适应能力、实践能力和创新能力的高素质应用型人才。毕业生毕业后经过实践锻炼，成为能力突出、业务优秀的法律工作应用型复合人才。

**三、毕业要求**

（一）基本素养

1. 德智体美全面发展，身心健康、精力充沛，养成良好的锻炼习惯、卫生习惯和生活习惯，体质健康测试成绩达到 50 分及以上，军事训练达标。

2. 具备一门外语听、读、说、写等方面的综合素养，计算机基础理论及应用的综合素养。

3. 具备较丰富的传统文化知识，继承祖国优秀传统文化，养成健康、高尚的审美观念和审美能力，形成具有传统文化底蕴与现代精神的健全人格。

（二）专业知识

1. 专业核心知识。以法律素养养成为导向，掌握法学专业核心课程的基本内容。

2. 掌握较扎实的法学学科专业基础知识，系统掌握本专业必需的基础理论，初步掌握科学技术创新的思想和方法。具有利用学科知识与理论分析问题、解决问题的能力，掌握本学科的发展动态。

3. 专业方法知识。以职业能力培养为导向，受到法学思维和处理法律事务的基本训练，具有运用法学理论和方法分析和解决问题的基本能力。

4. 专业应用知识。主要包括法律实务操作，具有庭审观摩、模拟审判、非诉业务技巧、法律文书写作等知识和实践性体验。

（三）专业能力

1. 专业学习能力。学会通过法理学、民法、刑法等理论知识学习来建构专业知识，利用课余时间熟悉行业领域的各种动态，保持前瞻性的专业发展眼光。

2. 专业应用能力。具有较强的法律实务处理能力，掌握行政法案例研究、民法案例研究等分析方法，掌握非诉业务技巧处理问题的实践能力。

3. 专业研究能力。具备理解法学理论前沿和法制建设趋势的思想方法，掌握文献检索、资料查询的基本方法，具备一定的科学研究的能力。

4. 专业表达能力。通过演讲与口才、法律文书写作、专题辩论活动掌握口语表达、文书写作的能力。

（四）职业素养

1. 行业认知素养。了解法律专业的历史、行业需求、规模，把握法律专业发展机遇，知晓未来三五年社会对法律人才的需求。

2. 行业体验素养。了解律师、法院书记员、法官、检察官等岗位特点，具有某些岗位的实践经历和体验。

3. 岗位规范素养。具备爱岗敬业、吃苦耐劳、诚实守信、公平正义等基本职业素养，具有良好的服务意识和团队协作精神，具有较强的法律意识和法治精神。

4. 岗位实操能力。熟悉相应工作岗位的操作流程，具备相应工作岗位的关键能力。通过法学理论知识学习，模拟审判实践体验，学习非诉业务技巧，掌握法律文书写作，学会分析处理行政法案例、民法案例、经济法案例等。

（五）创新创业能力

浓厚的创业兴趣、完善的创业沟通能力、坚强的创业毅力、优秀的学习能力和丰富的创业知识。

### 四、课程矩阵

培养方案中的主要课程与毕业要求所列的知识、能力、素养之间的对应关系（见表1）。

表1　课程矩阵

| 对应关系 | 毕业要求 | | | | | | | | | | | | | | |
|---|---|---|---|---|---|---|---|---|---|---|---|---|---|---|---|
| | 基本素养 | | | 专业知识 | | | | 专业能力 | | | | 职业素养 | | | | 创新创业能力 |
| | 1 | 2 | 3 | 1 | 2 | 3 | 4 | 1 | 2 | 3 | 4 | 1 | 2 | 3 | 4 | 1 |
| 大学外语 | | √ | | | | | | | | | | | | | | |
| 大学体育 | | √ | | | | | | | | | | | | | | |
| 大学计算机 | √ | | | | | | | | √ | | | | | | | |
| 大学生职业生涯规划 | | | | | | | | | | | | | | | | √ |
| 大学生创业基础 | | | | | | | | | | | | | | | | √ |

29

续表

| 对应关系 | 毕业要求 | | | | | | | | | | | | | | | |
| --- | --- | --- | --- | --- | --- | --- | --- | --- | --- | --- | --- | --- | --- | --- | --- | --- |
| | 基本素养 | | | 专业知识 | | | | 专业能力 | | | | 职业素养 | | | | 创新创业能力 |
| | 1 | 2 | 3 | 1 | 2 | 3 | 4 | 1 | 2 | 3 | 4 | 1 | 2 | 3 | 4 | 1 |
| 应用外语 | | √ | | | | | | | | | | | | | | |
| 法理学 | √ | | √ | | | | | | | √ | | √ | √ | | √ | |
| 宪法 | √ | | | | √ | | | | | | | √ | √ | | | |
| 民法 | | | | | √ | | | | | | | | | | | |
| 刑法（上） | | | | √ | √ | √ | | √ | √ | | | | | | √ | |
| 刑法（下） | | | | √ | √ | √ | | √ | √ | | | | | | √ | |
| 中国法律史 | | | | √ | √ | √ | | √ | | √ | | | | | | |
| 经济法 | | | | | √ | √ | | √ | | | | | | | | |
| 刑事诉讼法 | | | | √ | √ | √ | | √ | | | | √ | √ | | | |
| 行政法与行政诉讼法 | | | | √ | √ | √ | | √ | | | | | √ | | | |
| 国际私法 | | | | √ | √ | √ | | √ | | √ | | | | | | |
| 民事诉讼法 | | | | √ | √ | √ | | √ | | | | √ | √ | √ | | |
| 法律职业伦理 | | | | | | | | | | | | √ | √ | √ | | |
| 商法 | | | | | √ | √ | | √ | | | | | | | √ | |
| 环境资源法 | | | | | √ | √ | | √ | | | | | | | √ | |
| 劳动与社会保障法 | | | | | √ | √ | | √ | | | | | | | | |
| 知识产权法 | | | | | √ | √ | | √ | | | | | | | √ | |
| 法律文书写作 | | | | | | √ | √ | √ | | √ | | | | | √ | |

## 五、学制、学时、学分要求

1. 学制：标准学制 4 年，修业年限 3～6 年。

2. 总学分要求：168 学分。

第一课堂学业学分：158 学分。

第二课堂素质活动与德育学分：10 学分。

3. 学位：取得毕业资格，并符合学校规定的学位授予条件，授予法学学士学位。

## 六、专业主干学科及核心课程

主干学科：法学理论、宪法、行政法、刑法、民商法、国际法。

核心课程：法理学、宪法学、中国法律史、刑法、民法、刑事诉讼法、民事诉讼法、行政法与行政诉讼法、国际法、法律职业伦理、经济法、商法。

## 七、主要实践教学环节

庭审观摩、模拟审判、专题辩论、法制宣传、专业见习、专业实习、毕业论文等（见表2）。

表2　第一课堂课程结构

| 课程结构 | 课程类别 | 课程性质 | | | 学分 | 占总学分比例（％） |
|---|---|---|---|---|---|---|
| | 通识教育课程 | 通识教育必修课程 | | | 39 | 29 |
| | | 综合素质选修课程 | | | 6 | |
| | 学科基础及专业核心课程 | 学科基础课程 | 必修 | | 19.5 | 31 |
| | | 专业核心课程 | | | 30 | |
| | 专业发展方向课程 | 非教育教师专业 | 课程模块 | 必修 | 47.5 | 40 |
| | | | | 选修 | 16 | |
| | 合计 | | | | 158 | 100 |

## 八、第一课堂课程设置表

（一）通识教育课程

1. 通识教育必修课程（39学分），见表3。

表3　通识教育必修课程

| 课程名称 | 学分 | 课内学时 | 课外学时 | 考核方式 | 开课学期 | 授课单位 | 开设专业 |
|---|---|---|---|---|---|---|---|
| 思想道德修养与法律基础 | 3 | 32 | 16 | 考查 | 1 | 马克思主义学院 | 法学 |
| 中国近现代史纲要 | 3 | 32 | 16 | | 2 | | 法学 |
| 马克思主义基本原理概论 | 3 | 32 | 16 | | 4 | | 法学 |
| 毛泽东思想和中国特色社会主义理论体系概论 | 5 | 64 | 16 | | 3 | | 法学 |
| 形势与政策 | 2 | 40 | 24 | | 1～6 | | 法学 |
| 大学生心理健康教育 | 1 | 16 | | 考查 | 1～6 | 教科学院 | 法学 |

续表

| 课程名称 | 学分 | 课内学时 | 课外学时 | 考核方式 | 开课学期 | 授课单位 | 开设专业 |
|---|---|---|---|---|---|---|---|
| 大学体育 | 4 | 128 | | 考查 | 1~4 | 体育学院 | 法学 |
| 大学外语 | 8 | 96 | 32 | 考试 | 1~2 | 外语学院 | 法学 |
| 应用外语 | 4 | 64 | | 考查 | 3 | 外语学院、二级学院 | 法学 |
| 大学计算机 | 2 | 48 | | 考试 | 1 | 计科学院 | 法学 |
| 信息检索 | 1 | 16 | | 考查 | 2 | 图书馆 | 法学 |
| 大学生职业生涯规划 | 0.5 | 8 | | 考查 | 2 | 招生就业处、各二级学院 | 法学 |
| 大学生创业基础 | 1 | 16 | | 考查 | 3 | | |
| 大学生就业指导 | 0.5 | 8 | | 考查 | 6 | | |
| 应用文写作 | 1 | 16 | | 考查 | 2 | 文学院 | 法学 |

2. 综合素质选修课程（6 学分），见表 4。

表 4　综合素质选修课程

| 序号 | 系列 | 要求 | 学分 |
|---|---|---|---|
| 1 | 人文社会科学系列 | 任选 | |
| 2 | 自然科学与技术系列 | | |
| 3 | 艺术、体育与健康系列 | 在本系列中至少选修 1 门课程 | 6 |
| 4 | 创新创业教育系列 | 任选（创业类学生限选） | |
| 5 | 教师教育系列 | 任选 | |
| 6 | 综合素质训练系列 | 任选 | |
| 7 | 峨眉武术系列 | 任选 | |

（二）实践教学环节（24.5 学分）（见表 5）

表 5　实践教学环节

| 序号 | 课程名称 | 学分 | 学时 | 是否独立实践 | 开课学期 | 课程性质 |
|---|---|---|---|---|---|---|
| 1 | 庭审观摩 | 1 | 16 | 是 | 3 | 必修 |
| 2 | 非讼业务技巧 | 2 | 32 | 是 | 6 | 必修 |

续表

| 序号 | 课程名称 | 学分 | 学时 | 是否独立实践 | 开课学期 | 课程性质 |
|---|---|---|---|---|---|---|
| 3 | 演讲与口才技巧 | 2 | 32 | 是 | 2 | 必修 |
| 4 | 专题辩论 | 1 | 16 | 是 | 5 | 必修 |
| 5 | 模拟审判 | 4 | 64 | 是 | 6 | 必修 |
| 6 | 法制宣传 | 1 | 4周 | 是 | 6 | 必修 |
| 7 | 专业见习 | 1.5 | 2周 | 是 | 7 | 必修 |
| 8 | 专业实习 | 6 | 10周 | 是 | 7 | 必修 |
| 9 | 毕业论文（设计、创作） | 6 | 16周 | 是 | 8 | 必修 |
| 合计 | 必修（24.5学分） | | | | | |

（三）第一课堂教学计划进程表（见表6、表7）

表6　法学专业辅修教学计划进程表

| 序号 | 课程编号 | 课程名称 | 学分 | 课内总学时 | 课内学时 理论 | 课内学时 实验 | 课外学时 | 考核类型 | 开课学期 |
|---|---|---|---|---|---|---|---|---|---|
| 1 | JC0640019 | 法理学 | 4.5 | 75 | 75 | | | ▲ | 1 |
| 2 | JC0640020 | 宪法学 | 4 | 64 | 64 | | | ▲ | 1 |
| 3 | JC0640044 | 民法学 | 4 | 64 | 64 | | | ▲ | 2 |
| 4 | JC0640045 | 刑法学（上） | 4 | 64 | 64 | | | ▲ | 2 |
| 5 | JC0640051 | 刑法学（下） | 3 | 48 | 48 | | | ▲ | 3 |
| 6 | ZB0640065 | 中国法律史 | 3 | 48 | 48 | | | ▲ | 4 |
| 7 | ZH0640025 | 国际经济法 | 3 | 48 | 48 | | | ▲ | 6 |
| 8 | ZH0640021 | 商法学 | 4 | 64 | 64 | | | ▲ | 5 |
| 9 | ZH0640022 | 民事诉讼法学 | 4 | 64 | 64 | | | ▲ | 3 |
| 10 | ZH0640023 | 刑事诉讼法学 | 4 | 64 | 64 | | | ▲ | 4 |
| 11 | ZH0640026 | 行政法与行政诉讼法 | 5 | 80 | 80 | | | ▲ | 5 |
| 学分合计 | | | 42.5 | | | | | | |
| 课内总学时合计 | | | | 683 | | | | | |

表 7 法学专业教学计划进程表

| 课程类别 | 课程性质 | 序号 | 课程号 | 课程名称 | 学分 | 课内总学时 | 理论 | 实验/实践 | 课外学时 | 一(15) | 二(17) | 三(17) | 四(17) | 五(17) | 六(17) | 七(17) | 八(12) | 考核类型 | 学分 | % |
|---|---|---|---|---|---|---|---|---|---|---|---|---|---|---|---|---|---|---|---|---|
| 通识教育课程 | 必修 | 1 | | 思想道德修养与法律基础 | 3 | 32 | 32 | | 16 | 3 | | | | | | | | △ | | |
| | | 2 | | 中国近现代史纲要 | 3 | 32 | 32 | | 16 | | 3 | | | | | | | △ | | |
| | | 3 | | 毛泽东思想和中国特色社会主义理论体系概论 | 5 | 64 | 64 | | 16 | | | 5 | | | | | | △ | | |
| | | 4 | | 马克思主义基本原理概论 | 3 | 32 | 32 | | 16 | | | | 3 | | | | | △ | | |
| | | 5 | | 形势与政策 I<br>形势与政策 II<br>形势与政策 III<br>形势与政策 IV<br>形势与政策 V<br>形势与政策 VI | 2 | 40 | 40 | | 24 | 0.5 | 0.5 | 0.5 | 0.5 | 0.5 | 0.5 | | | △ | | |
| | | 6 | | 大学体育(一) | 1 | 32 | 32 | | | 2 | | | | | | | | △ | | |
| | | 7 | | 大学体育(二)<br>大学体育(三)<br>大学体育(四) | 3 | 96 | 96 | | | | 2 | 2 | 2 | | | | | △ | | |
| | | 8 | | 大学外语(一)<br>大学外语(二) | 8 | 96 | 64 | 32 | 32 | 4 | 4 | | | | | | | ▲ | | |
| | | 9 | | 应用外语 | 4 | 64 | 64 | | | | | 4 | | | | | | △ | | |
| | | 10 | | 大学计算机 | 2 | 48 | 16 | 32 | 32 | 3 | | | | | | | | ▲ | 39 | 25 |
| | | 11 | | 信息检索 | 1 | 16 | 8 | 8 | | | 1 | | | | | | | △ | | |

续表

| 课程类别 | 课程性质 | 序号 | 课程号 | 课程名称 | 学分 | 课内总学时 | 课内学时·理论 | 课内学时·实验/实践 | 课外学时 | 一(15) | 二(17) | 三(17) | 四(17) | 五(17) | 六(17) | 七(17) | 八(12) | 考核类型 | 合计学分 | 合计% |
|---|---|---|---|---|---|---|---|---|---|---|---|---|---|---|---|---|---|---|---|---|
| 通识教育课程 | 必修 | 12 | | 大学生心理健康教育 | 1 | 16 | 16 | | | | | | | | | | | △ | | |
| | | 13 | | 大学生职业生涯规划 | 0.5 | 8 | 8 | | | | 0.5 | | | | | | | △ | | |
| | | 14 | | 大学生就业指导 | 0.5 | 8 | 8 | | | | | | | | 0.5 | | | △ | | |
| | | 15 | | 大学生创业基础 | 1 | 16 | 16 | | | | | 1 | | | | | | △ | | |
| | | 16 | | 应用文写作 | 1 | 16 | 16 | | | | 1 | | | | | | | △ | | |
| | | | | 综合素质选修课程 | 6 | | | | | 1—6期 详见表4综合素质选修课程 | | | | | | | | | 6 | 4 |
| 学科基础课程 | 必修 | 17 | | 法理学 | 4.5 | 75 | 75 | | | 5 | | | | | | | | ◀ | 19.5 | 12 |
| | | 18 | | 宪法学 | 4 | 60 | 60 | | | 4 | | | | | | | | ◀ | | |
| | | 19 | | 民法学 | 4 | 64 | 64 | | | | 4 | | | | | | | ◀ | | |
| | | 20 | | 刑法学（上） | 4 | 64 | 64 | | | | 4 | | | | | | | ◀ | | |
| | | 21 | | 刑法学（下） | 3 | 48 | 48 | | | | | 3 | | | | | | ◀ | | |
| 专业核心课程 | 必修 | 22 | | 经济法 | 3 | 48 | 48 | | | | | | 3 | | | | | ◀ | 30 | 19 |
| | | 23 | | 商法 | 4 | 64 | 64 | | | | | | | 4 | | | | ◀ | | |
| | | 24 | | 民事诉讼法学 | 4 | 64 | 64 | | | | | 4 | | | | | | ◀ | | |
| | | 25 | | 刑事诉讼法学 | 4 | 64 | 64 | | | | | | | 5 | | | | ◀ | | |
| | | 26 | | 行政法与行政诉讼法 | 5 | 80 | 80 | | | | | | 4 | | | | | ◀ | | |
| | | 27 | | 法律职业伦理 | 3 | 48 | 48 | | | | | | | | 3 | | | △ | | |
| | | 28 | | 国际法 | 4 | 64 | 64 | | | | | | | 4 | | | | ◀ | | |
| | | 29 | | 中国法律史 | 3 | 48 | 48 | | | | | | 3 | | | | | ◀ | | |

续表

| 课程类别 | 课程性质 | 序号 | 课程号 | 课程名称 | 学分 | 课内总学时 | 理论 | 实验/实践 | 课外学时 | 一(15) | 二(17) | 三(17) | 四(17) | 五(17) | 六(17) | 七(17) | 八(12) | 考核类型 | 学分合计 | % |
|---|---|---|---|---|---|---|---|---|---|---|---|---|---|---|---|---|---|---|---|---|
| 专业发展方向课程 | 必修 | 30 | | 劳动和社会保障法 | 2 | 32 | 32 | | | | | | | | 2 | | | △ | | |
| | | 31 | | 环境资源法 | 2 | 32 | 32 | | | | | | | 2 | | | | △ | | |
| | | 32 | | 国际私法 | 3 | 48 | 48 | | | | | | | | 3 | | | ▲ | | |
| | | 33 | | 知识产权法 | 3 | 48 | 48 | | | | | 3 | | | | | | ▲ | | |
| | | 34 | | 专业实习 | 6 | | | | | | | | | | | 10周 | | | | |
| | | 35 | | 专业见习 | 1.5 | | | | | | | | | | | 2周 | | | | |
| | | 36 | | 毕业论文（创作） | 6 | | | | | | | | | | | | 16周 | | | |
| | | 37 | | 科研与论文写作 | 2 | 32 | 32 | | | | | | | | 2 | | | △ | | |
| | 专业能力提升模块 | 38 | | 物权法 | 3 | 48 | 48 | | | | | | 2 | | | | | △ | | |
| | | 39 | | 侵权责任法 | 2 | 32 | 32 | | | | | | 3 | | | | | △ | | |
| | | 40 | | 合同法原理与实务 | 3 | 48 | 48 | | | | 2 | | | | | | | ▲ | | |
| | | 41 | | 模拟审判 | 4 | 64 | | 64 | | | | | | | 4 | | | △ | | |
| | | 42 | | 庭审观摩 | 1 | 16 | | 16 | | | | 1 | | | | | | △ | | |
| | | 43 | | 非诉业务技巧 | 2 | 32 | | 32 | | | | | | | 2 | | | △ | 47.5 | 30 |
| | | 44 | | 演讲与口才技巧 | 2 | 32 | | 32 | | | | | | 1 | | | | △ | | |
| | | 45 | | 专题辩论 | 1 | 16 | | 16 | | | | | | | | | | △ | | |
| | | 46 | | 法制宣传 | 1 | | | | | | | | | | 4周 | | | △ | | |
| | | 47 | | 国际经济法 | 3 | 48 | 48 | | | | | | | | 3 | | | ▲ | | |

续表

| 课程类别 | 课程性质 | 序号 | 课程号 | 课程名称 | 学分 | 课内总学时 | 理论 | 实验/实践 | 课外学时 | 一(15) | 二(17) | 三(17) | 四(17) | 五(17) | 六(17) | 七(17) | 八(12) | 考核类型 | 学分 | % |
|---|---|---|---|---|---|---|---|---|---|---|---|---|---|---|---|---|---|---|---|---|
| 专业发展方向课程模块　专业能力提升模块 | 选修 | 48 | | 经济刑法 | 2 | 32 | 32 | | | | | 2 | | | | | | △ | | |
| | | 49 | | 经济法案例研究 | 2 | 32 | 32 | | | | | | | 2 | | | | △ | | |
| | | 50 | | 商事案例研究 | 2 | 32 | 32 | | | | | | | | 2 | | | △ | | |
| | | 51 | | 诉讼法案例研究 | 2 | 32 | 32 | | | | | | | 2 | | | | △ | | |
| | | 52 | | 行政法案例研究 | 2 | 32 | 32 | | | | | | 2 | | | | | △ | | |
| | | 53 | | 刑法案例研究 | 2 | 32 | 32 | | | | | | | | 2 | | | △ | | |
| | | 54 | | 律师法 | 2 | 32 | 32 | | | | | | | 2 | | | | △ | 16 | 10 |
| | | 55 | | 民法案例研究 | 2 | 32 | 32 | | | | | | | 2 | | | | △ | | |
| | | 56 | | 证据法 | 2 | 32 | 32 | | | | | | | 2 | | | | △ | | |
| | | 57 | | 国家赔偿法 | 2 | 32 | 32 | | | | | | | | 2 | | | △ | | |
| | | 58 | | 婚姻家庭法 | 2 | 32 | 32 | | | | | | | 2 | | | | △ | | |
| | | 59 | | 财税法 | 2 | 32 | 32 | | | | | | | 2 | | | | △ | | |
| | | 60 | | 法律文书写作 | 2 | 32 | 32 | | | | | | | | | | | △ | | |
| 学分合计 | | | | | 158 | | | | | | | | | | | | | | 158 | 100 |
| 课内学时合计 | | | | | | 2159 | 2095 | 232 | | 21.5 | 22 | 28.5 | 22.5 | 24.5 | 22 | | | | | |

说明：1. ▲表示考试，△表示考查。
2. 每学期集中安排考试的课程应控制在5门以内。
3. 每学期开设的专业核心课程原则上不超过3门。

## 九、第二课堂课程结构（10 学分）（见表 8）

表 8　第二课堂素质活动与德育学分结构

| 序号 | 项目 | 内容 | 学分 | 备注 |
|---|---|---|---|---|
| 1 | 思想政治素养 | 入学教育、军事理论与军事训练 | 3 | 必选 |
| | | 社会实践与公益活动 | 2 | 必选 |
| 2 | 道德品质素养 | 行为自律与文明养成 | 2 | 必选 |
| | | 职业能力与敬业精神 | 1 | 必选 |
| 3 | 科学人文素养 | 人文艺术与能力认证 | 1 | 任选 |
| | | 学术竞赛与科技创新 | 1 | 任选 |
| 4 | 法纪素养 | 法纪观与法纪活动 | 0.5 | 必选 |
| 5 | 心理素养 | 心理认知和训练 | 0.5 | 必选 |

　　说明：第二课堂素质活动与德育学分按照《内江师范学院第二课堂素质活动与德育学分实施办法（修订）》（内师学字〔2017〕31 号）执行，要紧紧围绕专业人才培养目标，以提高学生综合素质为目的，以社会实践与公益活动、校园文化活动、学术竞赛与科技创新活动等为载体，强化学生创新思维和创新精神培养，探索新形势下落实立德树人这一根本任务的新途径、新办法，增强思想政治教育工作实效性。认定标准由学生工作处、团委制定，文件另发。

　　其中入学教育与军事训练 1 学分，军事理论 2 学分。职业能力的培养结合导师制的实施采用"课堂教学＋大学生职业测评与规划系统学习＋撰写个人简历"的模式。

# 第二节　2022 版法学专业人才培养方案的制定

　　为深入贯彻习近平总书记关于教育的重要论述和全国教育大会精神及《中国教育现代化 2035》，全面落实新时代全国高等学校本科教育工作会议和《教育部关于深化本科教育教学改革全面提高人才培养质量的意见》《国务院办公厅关于深化产教融合的若干意见》等文件精神，按照教育部制定的《普通高等学校本科专业类教学质量国家标准》《普通高等学校师范类专业认证实施办法（暂行）》《全国工程教育专业认证标准（试行）》《普通高等学校本科教育教学审核评估实施方案（2021—2025 年）》等文件要求，根据《内江师范学院"十四五"事业发展规划和二〇三五年远景目标》，围绕学校办学定位，进一步推进一流本科建设，不断提高人才培养质量，在全面总结 2018 版和后续修订版本科人才培养方案实施情况的基础上，2021 年 7 月学校启动 2022 版本科人才培养方案修订工作。法学教研室按照学校和学院要求迅速启动法学专业人才培养方案修订工作，紧密结合经济社会发展对人才培养的新需求，充分调研国内高校人才培养先进做法，广泛调研毕业生和用人单位意见，系统总结 20 多年人才培养的成绩和不足，经过多次研讨论证和修改，充分征求全体教师、学生和校友代表、理论与实务专家的建议，最终完成了 2022 版法学专业人才培养方案的制定。现将人才培养方案的制定背景、拟解决的主要问题、核心理念及基本思路、制定依据及过程、主要修改内容等问题阐述如下。

## 一、人才培养方案制定的背景及解决的主要问题

### （一）制定背景

### 1. 习近平法治思想为德才兼备高素质法治人才培养指明了方向

习近平法治思想是马克思主义法治理论中国化的最新成果，是全面依法治国的根本遵循和行动指南，系统阐述了新时代中国特色社会主义法治核心要旨，深刻回答了新时代为什么实行全面依法治国，怎样实行全面依法治国等一系列重大问题。习近平法治思想为推动法学教育高质量发展、培养德才兼备的高素质法治人才指明了方向，高等教育法学人才培养应当以习近平法治思想为指导，围绕全面实行依法治国重大问题进行系统修订和完善。

2021 年 5 月教育部发布的《关于推进习近平法治思想纳入高校法治理论教学体系的通知》指出，将习近平法治思想进行科学有机的学理转化，将其核心要义、精神实质、丰富内涵、实践要求贯穿于法学类各专业各课程，将社会主义法治建设的成就经验转化为优质教学资源，更新教学内容、完善知识体系、改进教学方法、提高教学水平，帮助学生学深悟透做实，增强政治认同、思想认同、理论认同、情感认同，引导学生进一步坚定中国特色社会主义道路自信、理论自信、制度自信、文化自信。教育部发布的《法学类教学质量国家标准（2021 年版）》也明确要求将"习近平法治思想概论"列入法学专业课程。教育部的上述文件对法学人才培养方案如何贯彻习近平法治思想作出了重要指导。

2. 立德树人根本任务对法学专业人才的思政教育提出了更高要求

教育是培养人的事业，培养什么样的人是开展高等教育工作必须解决的基础问题。党的十八大报告明确提出，要将"立德树人"作为教育的根本任务，落实"立德树人"根本任务，要求在进行专业教育的同时积极开展思政教育。法治人才的思想政治素质状况直接决定着国家和社会法治建设的成败，以往的法学教育过多地讲授西方的个人主义的法律理论和思想，过于注重专业技能的传授，对学生思想政治教育有所忽视，培养了不少"精致的利己主义者"。针对这些不足，2018 年 9 月 17 日，《教育部　中央政法委关于坚持德法兼修实施卓越法治人才教育培养计划 2.0 的意见》提出培养德法兼修的卓越法治人才的新要求：法学专业应当把"立德树人"放在首位，贯彻课程思政精神，完善课程思政体系，培养德法兼修的卓越法治人才。

3. 经济社会发展亟须培养多元知识背景的复合型法治人才

当前我国经济社会高速发展，传统的行业壁垒逐步被打破，新兴产业不断涌现。社会关系日益复杂，每个个体都被编织进同一个大网络，相互渗透，彼此交织。随着新全球化的到来，我国正处于一个全新的国际语境和国家发展的特定的环境中，经济社会问题的解决需要多学科、跨专业知识。2020 年 11 月 3 日发布的《新文科建设宣言》指出，新科技和产业革命浪潮奔腾而至，社会问题日益综合化、复杂化，应对新变化、解决复杂问题，亟须跨学科专业的知识整合，推动融合发展是新文科建设的必然选择。这也对法学专业人才的复合型知识结构提出了新要求。法学专业需要进一步转型升级，调整人才培养目标，完善人才培养方案，优化特色课程体系，加强复合型师资队伍建设，致力于培养"法学＋"复合应用创新型法治人才，为国家经济监督和法治建设服务。

4. 一流本科专业建设对人才培养提出了新标准

为了深入落实全国教育大会和《加快推进教育现代化实施方案（2018—2022 年）》精神，贯彻落实新时代全国高校本科教育工作会议和《教育部关于加快建设高水平本科教育全面提高人才培养能力的意见》、"六卓越一拔尖"计划 2.0 系列文件要求，推动新工科、新医科、新农科、新文科建设，做强一流本科、建设一流专业、培养一流人才，全面振兴本科教育，提高高校人才培养能力，实现高等教育内涵式发展，经研究教育部决定全面实施"六卓越一拔尖"计划 2.0，启动一流本科专业建设"双万计划"。内江师范学院法学专业也需要按照一流本科专业建设标准进行修订。

（二）拟解决的主要问题

### 1. 人才培养理念相对滞后

我国传统法学专业人才培养理念相对滞后于前述特定时代背景，内江师范学院过去的法学专业人才培养方案也存在类似问题。这主要表现在两方面：第一，重知识讲授、轻思政教育的问题。传统法学专业教育注重专业知识的传授，忽视了对学生的思想品德教育；教学内容有较多西方的名词概念、理论学说和话语体系，将"西化"等同于"国际化"，"本土化"理念缺失，学生缺乏家国情怀，容易培养"精致的利己主义者"，背离了立德树人的人才培养根本任务，无法完成培养合格的社会主义建设者与接班人这一教育根本目标。新的人才培养方案全面贯彻习近平法治思想，将"习近平法治思想概论"设置为必修课，并在所有法学专业课程中增加课程思政知识点。第二，以进程为导向、非以目标为导向的问题。既有的人才培养方案为追求课程齐全，设置了一些非必要的课程，在教学内容设计上以一般学生的接受能力为基准，没有考虑不同学生学习能力的差异，没有设置弹性教学内容。无法做到因材施教，以课堂教师教学为主进行人才培养方案设计，而非以学生为中心开展有针对性的培养。新的人才培养方案密切关注国际国内环境和经济社会发展需要，调整教学体系、增设新的课程，为学生根据自身兴趣和职业规划学习提供了更多的选择。

### 2. 人才培养质量不能完全满足社会需求

现代经济社会发展需要具备多元知识背景的法治人才。在数字信息时代，法治人才必须具备一定的信息技术素养。但现有的法学专业人才培养体系较为传统，法学课程往往仅关注某一部门法领域知识的传授，并未对新生事物、新型纠纷作出理论说明，更没有提出相应的解决之道。这种人才培养模式之下所培养出来的人才缺少必要的多元知识，综合运用多学科知识分析、解决问题的能力不足，应对数字信息时代新型纠纷的能力不足。新的人才培养方案根据数字信息时代的发展需求增设了相应的课程，有助于提高学生适应当前时代发展需要的能力。

3. 课程体系不够完善

传统法学专业人才培养方案的课程体系不完善主要存在以下问题：第一，思政课程体系不完备。既有人才培养方案将学生的思政教育任务完全交由思政课程来完成，没有设置相应的法学专业思政课程。第二，复合型课程不充足。既有人才培养方案中的课程多为单一法学专业领域的课程，缺少专业交叉复合型课程。第三，实践课程不完善。既有人才培养方案中的实践类课程学分较低，课程类型单一，创新创业类实践课程没有得到重视。第四，科学信息类课程不丰富。既有人才培养方案中，法学专业学生不必学习数学类课程，信息技术类课程类型单一，高阶性不够。

## 二、人才培养方案制定的指导思想及基本原则

### （一）指导思想

法学专业人才培养以习近平新时代中国特色社会主义思想为指导，全面贯彻党的教育方针，落实立德树人根本任务，牢固树立人才培养核心地位，构建高质量人才培养体系。秉承学校"扎根地方，追求卓越"的办学理念以及"以人为本、综合改革、社会合作、错位发展"的办学思路，坚持"学生中心、产出导向、持续改进"的专业认证理念，遵循"六卓越一拔尖"计划2.0以及新工科、新医科、新农科、新文科"四新"的新理念、新内涵、新要求，主动对接国家、区域经济社会发展和学生自身发展新需求，结合学校、学科、专业特色及优势，持续深化"学生中心，因材施教"的"三分式"人才培养模式改革，认真审视人才培养的目标达成度、社会适应度、条件保障度、质保有效度和结果满意度，制定具有内江师范学院特色的一流本科人才培养方案，培养德、智、体、美、劳全面发展的社会主义建设者和接班人。

### （二）基本原则

1. 落实立德树人，构建"五育并举"育人体系

在法学专业人才培养中，应当坚持社会主义办学方向，落实立德树人根本任务。为此，我们围绕德法兼修法治人才培养目标，打造契合专业特点的全方位、立体化法学专业思政教育体系；深入挖掘提炼法学专业知识体系中所蕴含

的思想价值和精神内涵，开设法学专业思政课程，统筹协调安排"一二三"课堂思政教育，构建全面覆盖、类型丰富、层次递进，思政教育与专业教育相互支撑、有机融合的课程思政体系，将社会主义法治理念、宪法意识和中华优秀传统法律文化贯穿于法学专业人才培养全过程，帮助学生塑造正确的世界观、人生观、价值观，培养德法兼修的高素质社会主义法治人才。

法学专业人才培养坚持德育为先，德、智、体、美、劳"五育并举"，促进学生全面发展、健康成长。在公共选修课的设置上坚持立德树人，发挥"三全育人"思想政治工作体系育人作用；坚持以智启人，构建特色鲜明的学科专业体系；坚持以体育人，引导学生养成良好锻炼习惯和健康生活方式；坚持以美化人，强化面向全体学生的普及艺术教育；坚持以劳塑人，将劳动观念和劳动精神教育贯穿人才培养全过程。

2. 坚持需求导向，服务地方发展

法学专业人才培养抢抓机遇，主动融入国家"一带一路"、长江经济带、新时代西部大开发新格局、成渝地区双城经济圈、四川省"一干多支、五区协同""四向拓展、全域开放"、内江市"5＋4＋5"现代产业体系等国家及省市重大发展战略，坚持需求导向、标准导向、特色导向，围绕"六卓越一拔尖"计划2.0和"建金专、建金课、建高地"的目标，拓展新兴交叉专业，探索形成具有鲜明特色的法学专业建设模式。专业建设面向区域经济社会发展人才需求，对接行业产业转型升级，聚焦战略性新兴产业，以"错位发展、特色发展"理念为指导，校地合作、科教融合、产教融合构建高质量应用型人才培养体系，推动学校高素质应用型人才培养，更好地服务区域经济社会发展。围绕全面依法治国战略以及法律行业和成渝地区双城经济圈经济社会高质量发展需要，紧扣"六卓越一拔尖"计划2.0、新文科建设等要求，适应数字信息技术、网络平台经济等对新时代法治人才培养的新要求，依托学校优势办学资源，改变课程以学科为中心的知识分割、简单拼凑的状况，从人才培养的全局观出发对各教学环节进行整体优化，形成互补交叉融合的多元课程模块，供学生选择修读，丰富学生的专业知识，培养学生融通能力和实践能力，以及综合运用多学科专业知识分析问题、解决问题的能力。

3. 践行"三全育人"，推进课程思政

法学专业人才培养坚持以习近平新时代中国特色社会主义思想铸魂育人，贯彻落实立德树人根本任务，持续深化"三全育人"综合改革，把立德树人内化到专业培养目标、毕业要求和课程设置等方面。以马克思主义学院"思政课程"为引领，充分发掘法学专业各类课程和教学方式中蕴含的思想政治教育资源，发挥通识课程与学科专业课程的思政育人功能，贯彻知识传授与价值引领相统一、显性教育与隐性教育相统一，增强学生中国特色社会主义道路自信、理论自信、制度自信、文化自信，推动"课程思政"与"思政课程"同向同行，形成全员、全程、全方位的育人格局。

4. 贯彻认证理念，严格质量标准

法学专业人才培养遵循《普通高等学校本科专业类教学质量国家标准》及新一轮本科教育教学审核评估指标体系，秉持"学生中心、产出导向、持续改进"的专业认证理念，结合学校、学院办学实际，精准定位法学专业人才培养目标，注重专业课程设置对毕业要求和培养目标的支撑度、专业培养方案与经济社会发展和学生发展需求的契合度，逐步完善人才培养教育教学各环节质量标准与评价体系，科学合理设置学分总量和课程数量，增加学生投入学习的时间，激励学生刻苦学习。

5. 秉承因材施教，推进个性发展

法学专业人才培养坚持"学生中心，因材施教"理念，继续深化"分类别指导、分阶段培养、分模块推进"的"三分式"人才培养改革。围绕社会发展和区域经济对人才素养和能力的需求，根据人才成长的多样化特点，确定法学专业人才培养目标，实施分类别培养；根据学科专业特点和学生的成长规律，实现分阶段培养；在学科专业类课程中，设置多元发展方向课程群，为学生学术深造、求职就业、创新创业等不同发展需求提供课程教学资源支撑，更好地满足学生个性化发展需求，以增强学生的竞争力和适应性。贯彻"目标导向"理念，聚焦学生的成人成才，遵循外部需求—学校办学定位—专业定位—培养目标—毕业要求—课程体系—教学内容—教学方法—教学资源的内在逻辑，科学设计专业培养体系。根据经济社会发展对人才的需求，明确本专业培养的人才应具备的核心能力，并对该核心能力作出明确要求，从而根据每个要求设计详细的对应课程。针对不同类型人才培养需要，设置模块化课程体系，注重课程设置的针对性和差别化，使学生能够具备从事某一行业或专注某一领域的特定知识储备和发展潜能。

### 6. 优化特色课程体系，落实全面发展

法学专业人才培养构建包含思想政治理论类、军事类、体育与健康类、审美与艺术类、劳动素养类、语言类、数学物理与自然科学类、信息类、创新创业类、经典导读类、写作与沟通类等通识课程体系，不少于 50 学分，人文社会与科学素养课程学分不低于总学分的 10%。强化专业核心课程，提升学生专业核心素养，原则上法学专业设置 8~12 门专业核心课程（每门课程不少于3 学分）。学科专业课程学分不低于总学分的 50%，充分优化课程教学资源，提升课程教学质量，打造"金课"、淘汰"水课"，促进学生德、智、体、美、劳全面发展。

特色是一个主体有别于其他主体的独有特征，没有特色就没有主体自我。法学专业人才培养始终坚持走特色法治人才培养之路，确立特色人才培养目标，设置特色课程，打造特色师资团队，为学生赋予独特鲜明的"内师"特色，提升学生的就业竞争力。学校坚持以学生为中心，尊重学生的特色化发展需求，在进行课程设置和教学安排时，给学生创造更大的自主学习空间，按照完全学分制的要求让学生在学习过程中掌握更大的主动权、选择权。

### 7. 重塑实践教学体系，提升创新创业能力

法学专业人才培养在满足人文社科类专业实验实践类课程不少于 15% 的基础上，进一步增大实验实践类课程比重。重塑实验课程体系，强化创新实践探索，综合性、设计性和创新性实验项目达到 60% 以上，着力提升实验课程的挑战度。充分利用信息技术，在"能实不虚"的原则下加强虚拟仿真实验项目的应用。设置实践实训环节，不少于 12 学分。在专业发展课程中设置体现"四新"理念的学科交叉课程、科教产教融合的校企合作课程、专业综合设计类课程（不少于 6 学分），体现以学生为中心的教学理念和教学模式，着力提升学生创新能力、合作能力、实践能力，进一步推进人才培养和科技创新有机融合，构建科教融合、产教融合的协同育人体系。

### 8. 加强文化素质教育，推进文化传承创新

法学专业人才培养进一步加强文学、历史、哲学、艺术等人文社会科学方面的教育，同时对法学专业学生加强自然科学方面的教育。努力提高全体学生的文化品位、审美情趣、人文素养和科学素质，使学生通过文化知识的学习、文化环境的熏陶、文化活动和社会实践的锻炼，以及人文精神、科学精神的感

染，升华人格、提高境界、激发爱国主义情感、增强社会责任感，奠定坚实的文化基础和深厚的人文底蕴，全面提高综合素养。

## 三、人才培养方案制定的基本思路

### （一）充分调研经济社会发展需要，确定法学专业人才培养目标

法学专业根据国家战略经济社会需求和学校办学定位，在充分调研专家学者、其他院校、用人单位和毕业生的基础上，准确把握法学专业定位和服务面向，据此确定法学专业人才培养目标。2021 年 3 月至 2021 年 6 月，法学专业教师先后到四川省高级人民法院、四川省人民检察院、四川省司法厅、内江市中级人民法院、内江市东兴区人民检察院、内江市东兴区综合治理局、内江市纪委监委、内江市市中区司法局等单位开展调研，全面深入地了解实务部门对法学专业人才的需求；组织院领导及教研室主任到四川大学、西南民族大学等院校深入调研，并对西南政法大学、西南财经大学、西南交通大学、乐山师范学院、宜宾学院等学校的人才培养方案进行分析、学习；借鉴相关院校以及来自审判、检察、监察、律师事务所等实务部门专家对法学专业人才的培养意见；征询来自法院、检察院、律师事务所等单位的我院优秀毕业生对法学专业人才培养方案的意见。除了实地调研和座谈，法学专业教师还制作了内容丰富的调查问卷，使用微信的问卷调查小程序，向法学院毕业生和相关用人单位发放调查问卷，形成具有重要参考价值的调查结果。

### （二）围绕法学专业人才培养目标确定课程体系

学校根据法学专业的特色人才培养目标，确定法学专业毕业生经过四年学习后应当具备的知识、能力和素质，形成体系化的毕业要求，并将毕业要求逐一细化，明确毕业要求对人才培养目标的支撑关系。按照专业认证理念和要求，在二级学院院长负责下邀请同行专家、行业专家、用人单位代表、校友代表、在校生代表共同参与课程体系的设计，构建课程体系与培养目标、毕业要求的支撑关系，明晰各类课程的功能与贡献，厘清课程之间先后学习的关系，处理好课程之间的有机衔接。

法学专业根据培养目标和毕业要求确定课程体系。在设置课程体系时，要求每门课程都要与培养目标和毕业要求相关，并制作每门课程与毕业要求的知识能力和素质的相关矩阵图，充分优化现有课程结构体系。法学专业课程体系

包括课程性质与课程结构。课程性质分为必修、限选、任选。课程结构包括通识教育课程、学科基础课程、专业发展课程（包含基础板块、应用板块、理论研究提升板块）、创新创业课程、综合实践课程。

通识教育必修课程包括毛泽东思想与中国特色社会主义理论体系概论、习近平新时代中国特色社会主义思想概论、习近平关于教育的重要论述研究、马克思主义基本原理概论、中国近现代史纲要、思想道德与法制、形势与政策等共 16 学分，大学英语 12 学分，体育 4 学分。此外，还包括大学生心理健康教育（2 学分）、中国传统文化（1 学分）、大学美育（1 学分）、职业生涯规划与就业创业指导（1 学分）、劳动教育（2 学分，≥32 学时）、军事课（4 学分）、大学计算机基础（2 学分）、创业基础（1 学分）。

通识教育选修课程旨在加强大学生文化素质教育，培养科学的思维方式，推进学科交叉。按照学校要求，文、法、经济、管理学类学生应增加自然科学知识，通识教育课程中人文社会与科学素养课程学分不低于总学分的 10%。学校组织开设自然科学类、人文社科类、教师教育类、艺术体育健康类、创新创业教育类五类课程供学生选修，要求文、法、经济、管理学类学生在自然科学类中至少选修 2 门。

法学专业依托学院学科发展特色优势，聚焦学科竞赛重点赛事，锚定学生就业创业，遴选应用型示范课程，打造创新创业教育课程体系，科学规划创新创业实践活动项目，制定创新创业学分获取的标准和办法，鼓励学生获得与职业相关的证书，通过参加大学生创新创业训练计划、学科竞赛、发表研究论文、申请专利等方式获得创新学分，着力提升学生创新创业的意识和能力。创新创业课程学分不低于 6 学分。

法学专业综合实践课程学分应严格对标《普通高等学校本科专业类教学质量国家标准》要求，确保专业实践教学环节学分不少于总学分的 15%。

## （三）遵循教学基本规律科学设置课程学分、学时、时序

法学专业核心课程体系按照《普通高等学校本科专业类教学质量国家标准》设置，同时，结合特色法治人才培养目标和要求，设置特色核心课程及复合型课程。专业课程的学分、学时设置主要根据课程教学内容与人才培养目标的相关度设置。专业课程遵循从法学基本原理课程到部门法理论与制度课程、从实体法课程到程序法课程、从专业基础课程到专业特色课程的内在逻辑，设置先修课程与后续课程；遵循从一般到特殊、从基础到特色、从实体到程序、从理论到应用的次序设置，使学生能够循序渐进地提升法律基本素养和专业理

论水平及应用能力。

### （四）尊重学生个性化发展需求，提供可选择性课程模块

法学专业以学生为中心，因材施教，充分尊重学生的个性化发展需求，设置可供学生自由选择的多个选修课程模块。在学生必须完成的专业基础课程之外，开设大量的选修课程，而且依据课程内容、培养目标，将这些选修课程划分为不同模块。学生可以根据自己的兴趣爱好、自我定位和发展规划，自由选择适合自己需求的课程模块进行有针对性的集中学习，以便更深入地了解某一领域的知识，养成特定的能力、素质。

## 四、人才培养方案制定的主要依据和过程

### （一）主要依据

法学专业秉持学校坚持"学生中心，因材施教"，继续深化"分类别指导、分阶段培养、分模块推进"的"三分式"人才培养改革的办学理念，准确定位法学专业的功能。紧扣学校面向区域经济社会发展人才需求，对接行业产业转型升级，聚焦战略性新兴产业，以"错位发展、特色发展"理念为指导，校地合作、科教融合、产教融合构建高质量应用型人才培养体系，推动学校高素质应用型人才培养，更好地服务区域经济社会发展的目标定位，通过专业调研，依据专业人才的社会需求和岗位需求优化专业人才培养方案，推进学科交叉专业交融的"新法科"建设，加快推进内涵建设和特色发展，积极应对现代信息技术发展和全球产业变革，构建德、智、体、美、劳全面发展的人才培养体系，培养立大志、明大德、成大才、担大任，堪当民族复兴重任的时代新人，提高法学专业人才培养与国家经济社会发展的契合度。

法学专业人才培养方案所依据的主要文件如下：

（1）《教育部关于加快建设高水平本科教育全面提高人才培养能力的意见》（教高〔2018〕2号）。

（2）《教育部关于深化本科教育教学改革全面提高人才培养质量的意见》（教高〔2019〕6号）。

（3）教育部《高等学校课程思政建设指导纲要》（教高〔2020〕3号）。

（4）《教育部办公厅关于推进习近平法治思想纳入高校法治理论教学体系的通知》（教高厅函〔2021〕17号）。

（5）《教育部　中央政法委关于坚持德法兼修实施卓越法治人才教育培养计划 2.0 的意见》（教高〔2018〕6 号）。

（6）教育部《法学类教学质量国家标准（2021 年版）》。

（7）《法治中国建设规划（2020—2025 年）》。

（8）《新文科建设宣言》。

（9）《内江师范学院关于修订本科专业人才培养方案的指导意见（2022 版）》。

（10）《内江师范学院"十四五"事业发展规划和二〇三五年远景目标》。

（11）《内江师范学院政治与公共管理学院"十四五"事业发展规划》。

（二）制定过程

（1）学校确定人才培养方案制定的基本原则，教务处负责人才培养方案制定的组织部署工作。

（2）法学专业根据国家和学校有关政策、文件精神，广泛调研经济社会发展对法治人才的新要求，认真听取主管部门和其他院校专家、学者，以及用人单位、毕业校友等各方面意见，系统总结前期人才培养的经验和不足，由专业负责人起草人才培养方案。

（3）学院教学委员会组织校内外专家审议人才培养方案，经学院教学委员会讨论通过之后，报学校教务处审核。

（4）学校教务处对法学专业人才培养方案审核后，提交学校教学委员会审议，审议通过后批准执行。

## 五、关于人才培养方案的课程设置

根据《法学类教学质量国家标准（2021 年版）》对法学专业人才培养目标的总体要求，结合《教育部　中央政法委关于坚持德法兼修实施卓越法治人才教育培养计划 2.0 的意见》对卓越法治人才的素质要求，在充分调研法律实务部门并参考优秀院校经验的基础上，确定法学专业的人才培养目标：

本专业旨在培养德才兼备，具有扎实的专业理论基础和熟练的职业技能、合理的知识结构，具备依法执政、科学立法、依法行政、公正司法、高效高质量法律服务能力与创新创业能力，坚持中国特色社会主义法治体系和熟悉国际规则的复合型、应用型、创新型法治人才及后备力量。学生毕业 5 年左右成为用人单位的业务骨干。

法学专业培养的具体目标：

培养目标1（知识）：系统掌握法学专业的知识和理论，并形成合理的整体性知识结构。

培养目标2（能力）：具备将所学的专业理论与知识融会贯通，灵活地综合应用于专业实务之中的法律服务能力与创新创业能力。具备独立自主地获取和更新法学专业相关知识的学习能力。

培养目标3（素质）：热爱社会主义祖国，拥护中国共产党的领导，掌握中国特色社会主义理论体系，牢固树立正确的世界观、人生观、价值观，秉持法治理念与法律信仰。具备人文、科学素养，有健康的体魄、健全的心理和良好的个人修养。

为有效支撑人才培养目标的实现，学生通过四年的通识教育与法学专业教育，在"知识、能力、素质"方面应当达到相应要求。本部分重点介绍人才培养方案的课程设置，本专业课程主要包括通识教育（通识教育必修课、通识教育选修课）、专业教育（学科基础课、专业发展必修课、专业发展选修课、综合实践）、创新创业课程（必修课、选修课）三大板块、八个模块课程。核心课程基本按照《法学类教学质量国家标准2021年版》所要求的"1+10+X"设置，具体包括习近平法治思想概论、法理学、宪法学、民法、刑法、刑事诉讼法、民事诉讼法、行政法与行政诉讼法、中国法律史、国际法、法律职业伦理、经济法、国际私法、劳动与社会保障法、知识产权法、证据法等。

与之前人才培养方案相比，在课程设置上主要有以下变化。

## （一）开设"习近平法治思想概论"课程

根据《教育部办公厅关于推进习近平法治思想纳入高校法治理论教学体系的通知》《法学类教学质量国家标准（2021年版）》的要求，将"习近平法治思想概论"列入法学专业核心必修课，并于2021年秋季学期面向法学专业本科生开设"习近平法治思想概论"课程，将习近平法治思想的核心要义、精神实质、丰富内涵、实践要求及时地教授给学生，增强学生对中国特色社会主义法治的认同，成长为合格的社会主义法治建设者和接班人。

## （二）增设"地方立法""监察法"等复合型课程

围绕服务地方经济发展和经济监督法治人才培养目标，适应国家监察事业发展需要，同时呼应地方对法律人才、监察知识的需求，增设"地方立法""监察法"等复合型课程，旨在使学生理解地方立法、监察法的基本理论，熟悉地方立法、监察法的基本要素，掌握主要的地方立法、监察法律制度，为学生今后从事政府立法、监察相关工作打下法学理论基础，培养法治思维，为社会培养既精通法学知识，又兼通立法、监察的复合型经济监督法治人才。

### （三）完善进阶式行业化实践课程体系

根据学生学习进度、能力发展有针对性地开设相应的实践课程，设置了课程内实践、暑期社会实践、法学专业综合实践、法制宣传、创新创业实践、毕业实习等实践课程，形成循序渐进的实践课程体系，注重培养学生的法律实际应用能力，定期派遣学生赴实务部门参加实习实训，所有学生在整个培养周期都能接受至少三个月的行业训练，为以后从事法律职业积累经验；同时，开展实践课程思政教育，通过实践课程培养学生的法律职业道德，提升学生服务社会的意识。法学专业在实践教学环节专门增加法制宣传、大学生廉洁教育社会实践公益活动实践课程，要求学生深入社会，利用自己的专业知识，为社会提供专业的法律应用服务。

### （四）增加数学类、信息技术类通识教育课程

为了提升学生的基本知识素养，提高学生考研和就业层次，增强学生就业竞争力，法学专业增加自然科学与技术、人文艺术与能力认证、学术竞赛与科技创新、心理认知和训练等通识教育课程，将"高等数学"列为通识教育中文科学生的校本必修课，培养学生的数学思维，增强学生的数理分析能力，提高学生的数学文化素养；开设"现代信息技术前沿概论"课程，培养学生的信息技术运用能力。

### （五）设置模块化选修课程群

围绕人才培养目标设置理论基础模块、法律应用模块、理论研究提升模块三大选修课程群。"理论基础模块"旨在提升学生的法学基础理论素养；"法律应用模块"开设一系列案例课程、实务课程，提高学生的法律应用能力；"理论研究提升模块"旨在提升学生的学术探究能力，为进一步深造打下良好基础。学生在第5学期可以根据自己的兴趣爱好和发展方向，选修某一模块或者某几个模块的课程。

附件：

## 内江师范学院法学专业本科人才培养方案（2022版）

学科门类：<u>法学</u>　专业代码：<u>030101K</u>　授予学位：<u>法学学士</u>

### 一、专业简介

法学专业自 2003 年开始招收本科学生。本专业师资力量较强、结构合理，其中教授 1 名，副教授 6 名，"双师型"教师 5 名。法学专业教师注重将理论与实践相联系，近年累计发表学术论文百余篇，主持和参与各级科研、教研项目 20 多项。本专业于 2014 年获批四川省卓越法律人才教育培养计划校外示范性实践教学基地立项。与内江市纪委等单位联办的反腐败研究中心、未成年人犯罪研究所，以及廉洁文化社科普及基地等平台为本专业师生的研究和实务提供了良好条件。

本专业课程设置充分考虑到学生参加国家统一法律职业资格考试（以下简称"法考"）的需要。近几年学生参加"法考"的通过率较高。本专业学生就业前景广，就业质量高，毕业生主要从事律师、法官、检察官、公司法务等专业工作，近 5 年初次就业率达到 93% 以上。

### 二、培养目标

本专业旨在培养德才兼备，具有扎实的专业理论基础和熟练的职业技能、合理的知识结构，具备依法执政、科学立法、依法行政、公正司法、高效高质量法律服务能力与创新创业能力，坚持中国特色社会主义法治体系和熟悉国际规则的复合型、应用型、创新型法治人才及后备力量。学生毕业 5 年左右成为用人单位的业务骨干。本专业培养的具体目标：

培养目标 1（知识）：系统掌握法学专业的知识和理论，并形成合理的整体性知识结构。

培养目标 2（能力）：具备将所学的专业理论与知识融会贯通，灵活地综合应用于专业实务之中的法律服务能力与创新创业能力。具备独立自主地获取和更新法学专业相关知识的学习能力。

培养目标 3（素质）：热爱社会主义祖国，拥护中国共产党的领导，掌握中国特色社会主义理论体系，牢固树立正确的世界观、人生观、价值观，秉持法治理念与法律信仰。具备人文、科学素养，有健康的体魄、健全的心理和良好的个人修养。

### 三、毕业要求

本专业毕业生通过法学学科专业知识和相关学科等基础知识的学习，将专业学习和专业实践有机结合，能够在知识、能力与素质方面达到相应的要求。具体要求如下：

（一）知识要求

1. 专业基础知识。以法律素养养成为导向，系统掌握扎实的法学学科专业基础知识与核心知识，并形成合理的整体性知识结构。

2. 专业方法知识。以职业能力培养为导向，接受法学思维和处理法律事务的基本训练，具有运用法学理论、方法分析解决问题的基本能力。

3. 专业应用知识。学习法律实务操作，获得庭审观摩、模拟审判、非诉业务技巧、法律文书写作等知识和实践性体验。

（二）能力要求

1. 专业学习应用能力。能够保持前瞻性的专业发展眼光，具备独立自主地获取法学专业相关前沿动态的学习更新能力；能够将所学的法学专业理论与知识融会贯通，具备灵活地综合应用法学专业相关知识的法律实务处理能力。

2. 探索创新合作能力。具有浓厚的创业兴趣和坚强的创业毅力，具有批判性思维和探索创新意识，能创造性解决专业和职业发展中的问题；具有优秀的敬业品质、完善的创业沟通能力、学习能力和丰富的创业知识。

3. 外语、计算机能力。具备一门外语听、读、说、写等方面的综合能力，具备较高的计算机基础理论及操作能力。

（三）素质要求

1. 思想道德素质。坚持德育为先，掌握基础的通识知识，坚持以马克思列宁主义、毛泽东思想、邓小平理论、"三个代表"重要思想、科学发展观、习近平新时代中国特色社会主义思想为指导，增进对中国特色社会主义的政治认同、思想认同、理论认同和情感认同，践行社会主义核心价值观。牢固树立正确的世界观、人生观和价值观，树立良好的法律职业道德观，全面发展、健康成长。

2. 职业素质。具备良好的人文素养和科学素养，养成良好的道德品格、健全的职业人格、强烈的法律职业认同感，具有服务于建设社会主义法治国家的责任感和使命感。

3. 身体素质。达到国家规定的大学生体育锻炼合格标准，具备健全的心理、健康的体魄和良好的社会适应能力。

毕业要求对培养目标支撑的矩阵

| | 毕业要求 | 培养目标1 | 培养目标2 | 培养目标3 |
|---|---|---|---|---|
| 知识要求 | 专业基础知识 | √ | | |
| | 专业方法知识 | √ | | |
| | 专业应用知识 | √ | √ | |
| 能力要求 | 专业学习应用能力 | √ | √ | |
| | 探索创新合作能力 | | √ | √ |
| | 外语、计算机能力 | | | √ |
| 素质要求 | 思想道德素质 | | | √ |
| | 职业素质 | √ | √ | |
| | 身体素质 | | | √ |

## 四、核心（主干）课程

习近平法治思想概论、法理学、宪法学、民法、刑法、刑事诉讼法、民事诉讼法、行政法与行政诉讼法、中国法律史、国际法、法律职业伦理、经济法、环境资源法、国际私法、劳动与社会保障法、知识产权法。

## 五、学制、学分和学位

1. 学制：标准学制4年，修业年限3～6年。

2. 学分：第一课堂学分为154.5学分。第二课堂学分为8学分。全部修满，方可毕业。

3. 学位：取得毕业资格，并符合学校规定的学位授予条件，授予法学学士学位。

## 六、课程结构与学分（时）分布

| 课程类别 | 课程性质 | 理论 | | | | 实践 | | | | 学分统计 | |
|---|---|---|---|---|---|---|---|---|---|---|---|
| | | 学分数 | 学分比例(%) | 学时数 | 学时比例(%) | 学分数 | 学分比例(%) | 学时数 | 学时比例(%) | 学分数 | 学分比例(%) |
| 通识课程 | 必修 | 30 | 19.42 | 591 | 24.69 | 16 | 10.36 | 303 | 12.66 | 52 | 33.66% |
| | 选修 | 6 | 3.88 | 108 | 4.51 | | | | | | |
| 学科基础课程 | 必修 | 40.5 | 26.21 | 652 | 27.23 | 1 | 0.65 | 12 | 0.50 | 41.5 | 26.86% |

续表

| 课程类别 | 课程性质 | 理论 | | | | 实践 | | | | 学分统计 | |
|---|---|---|---|---|---|---|---|---|---|---|---|
| | | 学分数 | 学分比例（％） | 学时数 | 学时比例（％） | 学分数 | 学分比例（％） | 学时数 | 学时比例（％） | 学分数 | 学分比例（％） |
| 专业发展课程 | 必修 | 12.5 | 8.09 | 202 | 8.44 | 0.5 | 0.32 | 6 | 0.25 | 39.5 | 25.57％ |
| | 选修 | 18.5 | 11.97 | 296 | 12.36 | 8 | 5.18 | 128 | 5.35 | | |
| 创新创业课程 | 必修 | 1 | 0.65 | 16 | 0.67 | | | | | 6 | 3.88％ |
| | 选修 | | | | | 5 | 3.24 | 80 | 3.34 | | |
| 集中实践环节 | 必修 | | | | | 15.5 | 10.03 | | | 15.5 | 10.03％ |
| 合计 | 必修 | 108.5 | 70.23 | 1865 | 77.90 | 46 | 29.77 | 529 | 22.10 | 154.5 | 100％ |

注：1. 最高学分控制在国家标准160学分以内；2. 实践教学学分计算方法：课内（外）实践（验）＋综合实践课程＋创新创业活动学分；3. 表中比例数据保留两位小数。

## 七、第二课堂课程结构（8学分）

| 序号 | 项目 | 内容 | 学分 | 备注 |
|---|---|---|---|---|
| 1 | 思想政治素养 | 入学教育 | 1 | 必选 |
| | | 社会实践与公益活动 | 1.5 | 必选 |
| 2 | 道德品质素养 | 行为自律与文明养成 | 1.5 | 必选 |
| | | 职业能力与敬业精神 | 1 | 必选 |
| 3 | 科学人文素养 | 人文艺术与能力认证 | 1 | 任选 |
| | | 学术竞赛与科技创新 | 1 | 任选 |
| 4 | 法纪素养 | 法纪观与法纪活动 | 0.5 | 必选 |
| 5 | 心理素质 | 心理认知和训练 | 0.5 | 必选 |

说明：参照《内江师范学院第二课堂素质活动与德育实践课程（"第二课堂成绩单"）实施办法（修订）》（内师学字〔2020〕6号）进行认定。

## 八、教学计划进程

| 课程类别 | 课程号 | 课程名称 | 学分 | 学时 | | | | 开课学期 | 考核类型 | 备注 |
|---|---|---|---|---|---|---|---|---|---|---|
| | | | | 总学时 | 理论 | 实验课 | 实践课 | | | |
| 通识教育必修课程 | | 思想道德与法治 | 3 | 54 | 45 | | 9 | 1 | 考查 | 马克思主义学院授课 |
| | | 中国近现代史纲要 | 3 | 54 | 45 | | 9 | 2 | 考查 | |
| | | 马克思主义基本原理概论 | 3 | 54 | 45 | | 9 | 3 | 考查 | |
| | | 毛泽东思想和中国特色社会主义理论体系概论 | 3 | 54 | 45 | | 9 | 4 | 考查 | |
| | | 习近平新时代中国特色社会主义思想概论 | 3 | 54 | 45 | | 9 | 4 | 考查 | |
| | | 形势与政策 | 2 | 64 | 40 | | 24 | 1~6 | 考查 | |
| | | 大学体育Ⅰ | 1 | 36 | | | 36 | 1 | 考查 | 体育学院授课 |
| | | 大学体育Ⅱ | 1 | 36 | | | 36 | 2 | 考查 | |
| | | 大学体育Ⅲ | 1 | 36 | | | 36 | 3 | 考查 | |
| | | 大学体育Ⅴ | 1 | 36 | | | 36 | 4 | 考查 | |
| | | 大学外语Ⅰ | 4 | 64 | 48 | | 16 | 1 | 考试 | 外国语学院授课 |
| | | 大学外语Ⅱ | 4 | 64 | 48 | | 16 | 2 | 考试 | |
| | | 应用外语 | 4 | 64 | 64 | | | 3 | 考查 | |
| | | 大学计算机基础 | 2 | 40 | 16 | | 24 | 1 | 考试 | 人工智能学院授课 |
| | | 大学生心理健康 | 2 | 32 | 32 | | | 1 | 考查 | 教科学院授课 |
| | | 大学生职业生涯规划 | 0.5 | 10 | 10 | | | 1 | 考查 | 学生处授课 |
| | | 军事课程 | 2 | 36 | 36 | | | 2 | 考查 | 武装部授课 |
| | | 大学生就业指导 | 0.5 | 10 | 10 | | | 6 | 考查 | 学生处授课 |
| | | 中华传统文化 | 1 | 16 | 16 | | | 2 | 考查 | 文学院授课 |
| | | 应用文写作 | 1 | 16 | 8 | | 8 | 6 | 考查 | 文学院授课 |
| | | 信息检索 | 1 | 16 | 16 | | | 2 | 考查 | 图书馆授课 |
| | | 大学美育 | 1 | 16 | 16 | | | 2 | 考查 | 美术学院授课 |
| | | 劳动教育 | 2 | 32 | 6 | | 26 | 1~6 | 考查 | 政管学院授课 |
| | | 小计 | 46 | 894 | 591 | | 303 | | | |

续表

| 课程类别 | 课程号 | 课程名称 | 学分 | 学时 | | | | 开课学期 | 考核类型 | 备注 |
|---|---|---|---|---|---|---|---|---|---|---|
| | | | | 总学时 | 理论 | 实验课 | 实践课 | | | |
| 通识教育选修课程 | 1 | 人文社会科学系列 | 2 | | | | | | 考查 | 要求选修6学分 |
| | 2 | 自然科学与技术系列 | 1 | | | | | | 考查 | |
| | 3 | 艺术、体育与健康系列 | 1 | | | | | | 考查 | |
| | 4 | 创新创业教育系列 | 2 | | | | | | 考查 | |
| | 5 | 综合素质训练系列 | 1 | | | | | | 考查 | |
| | 6 | 峨眉武术系列 | 1 | | | | | | 考查 | |
| | | 小计 | 6 | 108 | 108 | | | | | |
| 学科基础课程 | | 法理学 | 4.5 | 72 | 72 | | | 1 | 考试 | ▲ |
| | | 宪法学 | 3 | 48 | 48 | | | 1 | 考试 | ▲ |
| | | 民法 | 4 | 64 | 64 | | | 1 | 考试 | ▲ |
| | | 刑法（上） | 4 | 64 | 64 | | | 1 | 考试 | ▲ |
| | | 刑法（下） | 3 | 48 | 48 | | | 2 | 考试 | ▲ |
| | | 刑事诉讼法 | 4 | 64 | 52 | | 12 | 2 | 考试 | ▲ |
| | | 民事诉讼法 | 4 | 64 | 64 | | | 2 | 考试 | ▲ |
| | | 行政法与行政诉讼法 | 5 | 80 | 80 | | | 3 | 考试 | ▲ |
| | | 国际法 | 4 | 64 | 64 | | | 5 | 考试 | ▲ |
| | | 中国法律史 | 3 | 48 | 48 | | | 4 | 考试 | ▲ |
| | | 法律职业伦理 | 3 | 48 | 48 | | | 4 | 考试 | ▲ |
| | | 小计 | 41.5 | 664 | 652 | | 12 | | | |
| 专业发展必修课程 | | 习近平法治思想概论 | 2 | 32 | 26 | | 6 | 5 | 考试 | ▲ |
| | | 经济法 | 2 | 32 | 32 | | | 4 | 考试 | ▲ |
| | | 国际私法 | 3 | 48 | 48 | | | 4 | 考试 | ▲ |
| | | 劳动与社会保障法 | 2 | 32 | 32 | | | 4 | 考试 | ▲ |
| | | 环境资源法 | 2 | 32 | 32 | | | 5 | 考试 | ▲ |
| | | 知识产权法 | 2 | 32 | 32 | | | 3 | 考试 | ▲ |
| | | 小计 | 13 | 208 | 202 | | 6 | | | |

| 课程类别 | | 课程号 | 课程名称 | 学分 | 学时 | | | | 开课学期 | 考核类型 | 备注 |
|---|---|---|---|---|---|---|---|---|---|---|---|
| | | | | | 总学时 | 理论 | 实验课 | 实践课 | | | |
| 专业发展选修课程 | 基础板块 | | 物权法 | 2 | 32 | 32 | | | 3 | 考查 | |
| | | | 地方立法 | | | | | | | | |
| | | | 公司法 | | | | | | | | |
| | | | 侵权责任法 | 2 | 32 | 32 | | | 4 | 考查 | |
| | | | 犯罪学 | | | | | | | | |
| | | | 保险法 | | | | | | | | |
| | | | 婚姻家庭法 | 2 | 32 | 32 | | | 3 | 考查 | |
| | | | 法律英语 | | | | | | | | |
| | | | 合同法原理与实务 | 2 | 32 | 32 | | | 2 | 考查 | |
| | | | 监察法学 | | | | | | | | |
| | 应用板块 | | 模拟审判 | 4 | 64 | | | 64 | 5 | 考查 | |
| | | | 庭审观摩 | 1 | 16 | | | 16 | 3 | 考查 | |
| | | | 法庭演讲 | 2 | 32 | | | 32 | 4 | 考查 | |
| | | | 专题辩论 | 1 | 16 | | | 16 | 6 | 考查 | |
| | 理论研究提升板块 | | 热点案例研讨 | 2 | 32 | 32 | | | 7 | 考查 | |
| | | | 行政法案例研究 | 2 | 32 | 32 | | | 4 | 考查 | |
| | | | 刑法案例研究 | 2 | 32 | 32 | | | 3 | 考查 | |
| | | | 民法案例研究 | 2 | 32 | 32 | | | 5 | 考查 | |
| | | | 法律文书写作 | 2 | 32 | 32 | | | 5 | 考查 | |
| | | | 科研与论文写作 | 0.5 | 8 | 8 | | | 7 | 考查 | |
| | | | 小计 | 26.5 | 424 | 296 | | 128 | | | |
| 创新创业课程 | 必修课程 | 1 | 大学生创业基础 | 1 | 16 | 16 | | | 3 | 考查 | |
| | 选修课程 | 2 | 法制宣传 | 1 | 16 | | | 16 | 5 | 考查 | 限选 |
| | | 3 | 创新创业活动 | 4 | 64 | | | 64 | 3~6 | 考查 | |
| | | | 小计 | 6 | 96 | 16 | | 80 | | | |

续表

| 课程类别 | 课程号 | 课程名称 | 学分 | 学时 | | | | 开课学期 | 考核类型 | 备注 |
|---|---|---|---|---|---|---|---|---|---|---|
| | | | | 总学时 | 理论 | 实验课 | 实践课 | | | |
| 综合实践环节 | | 军事技能 | 2 | 2周 | | | | 1 | | |
| | | 见习 | 1.5 | 2周 | | | | 6 | | |
| | | 实习 | 6 | 10周 | | | | 6 | | |
| | | 毕业设计（论文） | 6 | 16周 | | | | 8 | | |
| 小计 | | | 15.5 | 30周 | | | | | | |
| 总学分合计 | | | 154.5 | | | | | | | |
| 总学时合计 | | | 2394 | | | | | | | |

说明：标示▲的是专业核心或主干课程。

## 九、课程对毕业要求分解指标的支撑情况

| 毕业要求 | 指标分解内容 | 支撑课程/教学环节 |
|---|---|---|
| 【知识要求】 | 1.1以法律素养养成为导向，系统掌握扎实的法学学科专业基础知识与核心知识，并形成合理的整体性知识结构 | 行政法与行政诉讼法（H），法律职业伦理（H），毕业设计（论文）（M），监察法学（L），犯罪学（L），地方立法（M），行政法案例研究（M），宪法学（H），国际法（H），国际私法（H），婚姻家庭法（H），法理学（H），中国法律史（H），环境资源法（M），刑法上（H），刑法下（H），民事诉讼法（H），物权法（M），知识产权法（H），劳动与社会保障法（M），科研与论文写作（H），侵权责任法（H），合同法原理与实务（M），民法案例研究（M），刑事诉讼法（H），习近平法治思想概论（H），模拟审判（M），民法学（H），公司法（M），保险法（M），经济法（H） |
| | 1.2以职业能力培养为导向，接受法学思维和处理法律事务的基本训练，具有运用法学理论、方法分析解决问题的基本能力 | 马克思主义基本原理概论（H），毛泽东思想和中国特色社会主义理论体系概论（M），习近平新时代中国特色社会主义思想概论（M），毕业设计（论文）（M），见习（H），实习（H），法制宣传（M），公司法（M），行政法与行政诉讼法（M），行政法案例研究（H），国际私法（M），婚姻家庭法（H），法庭演讲（H），法理学（H），庭审观摩（H），刑法上（H），刑法下（H），民事诉讼法（H），刑法案例研究（H），物权法（H），知识产权法（M），劳动与社会保障法（M），科研与论文写作（M），侵权责任法（H），合同法原理与实务（H），民法案例研究（H），刑事诉讼法（H），法律文书写作（H），习近平法治思想概论（M），模拟审判（H），民法学（H），保险法（H），经济法（M） |
| | 1.3学习法律实务操作，获得庭审观摩、模拟审判、法律文书写作等知识和实践性体验 | 大学计算机（H），应用文写作（H），见习（H），实习（H），创新创业活动（M），行政法案例研究（H）法庭演讲（H），庭审观摩（H），刑法案例研究（H），合同法原理与实务（H），民法案例研究（H），模拟审判（H），热点案例研讨（H），专题辩论（H） |

| 毕业要求 | 指标分解内容 | 支撑课程/教学环节 |
|---|---|---|
| 【能力要求】 | 2.1 专业学习应用能力。能够保持前瞻性的专业发展眼光，具备独立自主地获取法学专业相关前沿动态的学习更新能力；能够将所学的法学专业理论与知识融会贯通，具备灵活地综合应用法学专业相关知识的法律实务处理能力 | 马克思主义基本原理概论（H），毛泽东思想和中国特色社会主义理论体系概论（M），形势与政策（H），大学外语（H），应用外语（H），大学计算机（H），大学生职业生涯规划（M），大学生就业指导（M），信息检索（H），毕业设计（论文）（H），见习（M），实习（M），创新创业活动（H），法制宣传（L），大学生创业基础（H），法律英语（H），习近平法治思想概论（L），犯罪学（M），地方立法（M），行政法与行政诉讼法（M），行政法案例研究（M），宪法学（M），国际法（M），国际私法（M），婚姻家庭法（M），环境资源法（H），中国法律史（L），刑法上（H），刑法下（H），民事诉讼法（H），刑法案例研究（M），物权法（M），知识产权法（M），劳动与社会保障法（H），科研与论文写作（M），侵权责任法（M），合同法原理与实务（H），民法案例研究（M），刑事诉讼法（H），法律文书写作（H），模拟审判（H），专题辩论（L），民法学（H），保险法（M），经济法（M） |
| | 2.2 探索创新合作能力。具有浓厚的创业兴趣和坚强的创业毅力，具有批判性思维和探索创新意识，能创造性解决专业和职业发展中的问题；具有优秀的敬业品质、完善的创业沟通能力、学习能力和丰富的创业知识 | 思想道德与法治（H），中国近现代史纲要（L），形势与政策（L），中华传统文化（M），大学体育（L），大学生职业生涯规划（H），军事课程（H），大学生就业指导（H），军事技能（L），应用文写作（L），劳动教育（M），创新创业活动（H），法制宣传（L），大学生创业基础（H），法律职业伦理（M），宪法学（M），法庭演讲（M），环境资源法（L），庭审观摩（H），刑法案例研究（M），科研与论文写作（L），法律文书写作（M），热点案例研讨（M），公司法（M），保险法（M），经济法（L） |
| | 2.3 外语、计算机能力。具备一门外语听、读、说、写等方面的综合能力，具备较高的计算机基础理论及操作能力 | 大学外语（H），应用外语（H），大学计算机（H），信息检索（H），应用文写作（H），法律英语（H） |

续表

| 毕业要求 | 指标分解内容 | 支撑课程/教学环节 |
|---|---|---|
| 【素质要求】 | 3.1坚持德育为先，掌握基础的通识知识，掌握马克思主义、毛泽东思想与中国特色社会主义理论思想的基本观点与基本方法，增进对中国特色社会主义的政治认同、思想认同、理论认同和情感认同，践行社会主义核心价值观。牢固树立正确的世界观、人生观和价值观，树立良好的法律职业道德观，全面发展、健康成长 | 马克思主义基本原理概论（H）、毛泽东思想和中国特色社会主义理论体系概论（H）、习近平新时代中国特色社会主义思想概论（H）、习近平法治思想概论（H）中国近现代史纲要（H）、思想道德与法治（H）、形势与政策（H）、军事课程（H）、军事技能（L）、大学美育（M）、大学生心理健康（H）、中华传统文化（H）、监察法学（H）、行政法与行政诉讼法（H）、法律职业伦理（H）、犯罪学（L）、劳动教育（M）、地方立法（L）、宪法学（H）、国际法（H）、法理学（H）、中国法律史（H）、环境资源法（H）、科研与论文写作（M）、物权法（H）、知识产权法（H）、劳动与社会保障法（H）、侵权责任法（M）、刑事诉讼法（H）、模拟审判（L）、热点案例研讨（M）、专题辩论（L）、民法学（H）、公司法（L）、保险法（L） |
| | 3.2具备良好的人文素养和科学素养，养成良好的道德品格、健全的职业人格、强烈的法律职业认同感，具有服务于建设社会主义法治国家的责任感和使命感 | 习近平法治思想概论（H），思想道德与法治（H），法律职业伦理（H），中华传统文化（H），马克思主义基本原理概论（M），毛泽东思想和中国特色社会主义理论体系概论（M），习近平新时代中国特色社会主义思想概论（M），中国近现代史纲要（H），大学体育（M），大学外语（L），应用外语（M），大学计算机（L），大学生心理健康（H），大学生职业生涯规划（M），军事课程（M），大学生就业指导（M），军事技能（M），信息检索（L），大学美育（H），劳动教育（M），法制宣传（M），大学生创业基础（M），监察法学（M），法律英语（M），宪法学（H），国际法（M），法理学（M），中国法律史（M），法庭演讲（M），国际私法（M），婚姻家庭法（M），庭审观摩（M），刑法上（M），刑法下（M），民事诉讼法（M），物权法（H），知识产权法（H），劳动与社会保障法（M），刑事诉讼法（M），法律文书写作（M），热点案例研讨（M），专题辩论（M），民法学（M），经济法（M），地方立法（M） |
| | 3.3达到国家规定的大学生体育锻炼合格标准，具备健全的心理、健康的体魄和良好的社会适应能力 | 大学体育（H），大学生心理健康（H），大学美育（M），军事技能（M），军事课程（L），中华传统文化（L），劳动教育（M） |

## 十、课程对毕业要求指标点支撑的矩阵

| 课程名称 | 毕业要求 | | | | | | | | |
|---|---|---|---|---|---|---|---|---|---|
| | 知识要求 | | | 能力要求 | | | 素质要求 | | |
| | 1.1 | 1.2 | 1.3 | 2.1 | 2.2 | 2.3 | 3.1 | 3.2 | 3.3 |
| 马克思主义基本原理概论 | | H | | H | | | H | M | |
| 毛泽东思想和中国特色社会主义理论体系概论 | | M | | M | | | H | M | |
| 习近平新时代中国特色社会主义思想概论 | | M | | | | | H | M | |
| 习近平法治思想概论 | H | M | | L | | | H | H | |
| 中国近现代史纲要 | | | | | L | | M | H | |
| 思想道德与法治 | | | | | H | | H | H | |
| 形势与政策 | | | | H | L | | H | | |
| 军事课程 | | | | | H | | H | M | L |
| 创新创业活动 | | | M | H | H | | | | |
| 军事技能 | | | | | L | | L | M | M |
| 劳动教育 | | | | | M | | M | M | M |
| 大学美育 | | | | | | | M | H | M |
| 中华传统文化 | | | | | M | | H | H | L |
| 监察法学 | L | | | | | | H | M | |
| 宪法学 | H | | | M | M | | H | H | |
| 国际法 | H | | | M | | | H | M | |
| 大学体育Ⅰ | | | | | L | | | M | H |
| 大学体育Ⅱ | | | | | L | | | M | H |
| 大学体育Ⅲ | | | | | L | | | M | H |
| 大学体育Ⅴ | | | | | L | | | M | H |
| 大学生心理健康 | | | | | | | H | H | H |
| 大学外语Ⅰ | | | | H | | H | | L | |
| 大学外语Ⅱ | | | | H | | H | | L | |
| 应用外语 | | | | H | | H | M | M | |

续表

| 课程名称 | 毕业要求 | | | | | | | | |
| --- | --- | --- | --- | --- | --- | --- | --- | --- | --- |
| | 知识要求 | | | 能力要求 | | | 素质要求 | | |
| | 1.1 | 1.2 | 1.3 | 2.1 | 2.2 | 2.3 | 3.1 | 3.2 | 3.3 |
| 大学计算机 | | | H | H | | H | | L | |
| 信息检索 | | | | H | | H | | L | |
| 应用文写作 | | | H | | L | H | | | |
| 法律英语 | | | | H | | M | M | M | |
| 行政法与行政诉讼法 | H | M | | M | | | H | | |
| 民法学 | H | H | | H | | | H | M | |
| 刑法（上） | H | H | | H | | | | M | |
| 刑法（下） | H | H | | H | | | | M | |
| 民事诉讼法 | H | H | | H | | | | M | |
| 法理学 | H | M | | | | | H | M | |
| 地方立法 | M | | | M | | | L | M | |
| 经济法 | H | M | | M | L | | | | |
| 科研与论文写作 | H | M | | M | L | | M | | |
| 物权法 | M | M | | M | | | M | M | |
| 劳动与社会保障法 | M | M | | M | | | L | L | |
| 知识产权法 | H | M | | M | | | L | L | |
| 婚姻家庭法 | H | H | | M | | | | M | |
| 环境资源法 | M | | | H | L | | H | | |
| 刑事诉讼法 | H | H | | H | | | H | M | |
| 公司法 | M | M | | | M | | L | | |
| 国际私法 | H | M | | M | | | | M | |
| 合同法原理与实务 | M | H | H | M | | | | | |
| 见习 | | H | H | M | | | | | |
| 实习 | | H | H | M | | | | | |
| 法制宣传 | | M | | L | L | | | M | |
| 庭审观摩 | | M | H | | H | | | M | |

| 课程名称 | 毕业要求 | | | | | | | | |
|---|---|---|---|---|---|---|---|---|---|
| | 知识要求 | | | 能力要求 | | | 素质要求 | | |
| | 1.1 | 1.2 | 1.3 | 2.1 | 2.2 | 2.3 | 3.1 | 3.2 | 3.3 |
| 法庭演讲 | | H | H | | M | | | M | |
| 犯罪学 | L | | | M | | | L | | |
| 侵权责任法 | H | H | | M | | | M | | |
| 中国法律史 | H | | | L | | | H | M | |
| 行政法案例研究 | M | H | H | | | | | | |
| 保险法 | M | H | | | M | | L | | |
| 刑法案例研究 | | H | H | M | M | | | | |
| 民法案例研究 | M | H | H | M | | | | | |
| 法律文书写作 | | H | | H | M | | | M | |
| 专题辩论 | | H | L | | | | L | M | |
| 法律职业伦理 | H | | | | M | | H | H | |
| 模拟审判 | M | H | H | H | | | L | | |
| 热点案例研讨 | | | | H | | | M | M | |
| 大学生就业指导 | | | | M | H | | | M | |
| 大学生创业基础 | | | | H | H | | | M | |
| 大学生职业生涯规划 | | | | M | H | | M | | |
| 毕业设计（论文） | M | M | | H | | | | | |

## 十一、说明

为开展 2022 版法学专业本科人才培养方案的修订工作，本专业根据《内江师范学院本科人才培养质量达成评价管理办法（试行）》要求，于 2022 年 5 月组织了法学专家、用人单位代表和在校学生代表，针对 2021 级本科人才培养方案的培养目标进行了评价。根据 2022 年 4 月学校下发的《内江师范学院关于印发〈内江师范学院本科专业人才培养方案（2022 版）修订指导意见〉的通知》精神，本专业进一步开展了人才需求调研和培养目标定位的论证工作，形成了《法学专业人才需求调研报告》和《2022 版法学专业培养目标定位论证报告》。根据对 2022 版本科人才培养目标的评价情况和需求调研与论证的情况，本专业对 2018 版法学专业人才培养方案进行了修订，形成了 2022 版法学专业人才培养方案。

1. 本次修订执行时间：2022 年 9 月。

2. 本次修订培养方案的负责人与参加人员：

(1) 负责人（略）。

(2) 教师代表（略）。

(3) 高校专家（略）。

(4) 本专业在校生代表（略）。

(5) 本专业毕业生代表（略）。

## 十二、培养方案执行的保障条件

1. 本方案按照《内江师范学院关于修订师范专业人才培养方案意见》进行修订，并经学院党委审议，学院党政联席会审定。

2. 实践课程根据实际情况原则上实行小班制，拥有数十个稳定的实习基地，每 20 个学生不少于 1 个实习基地，每 2 个实习基地配备不少于 1 个高校指导教师，每 4 个实习生配备不少于 1 个基地指导教师。

3. 本专业的课程考核办法按照学校关于形成性评价的要求和课程考核要求，注重过程性考核，原则上要求平时成绩至少占总成绩的 40%。

4. 专业建设经费能满足培养需求，教学日常运行支出占生均拨款总额与学费收入之和的比例不低于 13%，生均教学日常运行支出不低于学校平均水平，生均实践经费支出不低于学校平均水平。

5. 学校和学院拥有的教育教学设施设备满足本专业人才培养需要。建有模拟法庭等实践教学场所。信息化教育设施能够适应学生信息素养的培养要求。教育教学设施按照学校相关规定向学生开放。

6. 专业教学资源满足培养需要，数字化教学资源较为丰富，使用率高。生均法学类纸质图书不少于 30 册。

7. 组织本专业人才培养的利益相关方参与，采用定性和定量相结合的评价方法进行诊断性评价、形成性评价、培养目标合理性评价、毕业要求达成度评价、课程目标达成度评价和总结性评价等，具体包括考试/测验成绩分析法、实验或实践表现评价、第三方专业证书考试成绩测量法、毕业论文审查和毕业学生的跟踪调查等。

# 第三章　地方高校法学专业实践教学课程体系的构建与探索

法学教育不仅要传授法学知识，还要培养学生的法律职业能力和素养。长期以来，我国部分高校法学教育存在两大问题：一是教学方法落后，教学内容枯燥，学生学习缺乏积极性、主动性和创造性；二是课程设置不甚合理，理论课绰绰有余，实践课严重不足，学生得不到有效的实践操作训练。这种知识学习与社会实践结合度不高的状况，直接导致众多学生毕业即失业。法学专业学生仅靠背熟书本上或教师课堂上讲授的理论知识，用于应付考试也许游刃有余，但考试分数在侧重实践性的法学学科面前是苍白无力的，更不是一个优秀法律人的衡量标准。一个优秀法律人不仅要有良好的法律信仰、强烈的敬业精神与高度的社会责任感，还要具备综合的法学实践能力，包括敏锐的洞察能力、缜密的逻辑思维能力、较强的分析归纳能力、善辩的口头表达能力、敏捷的临场应变能力、熟练的文字表达能力、娴熟地解决问题的能力等。高校法学专业学生实践能力的培养任重道远，是一个循序渐进的不断积累与挑战的过程。为适应以法官、检察官、律师为主的法律职业共同体人才的核心需求，实现厚积薄发，高校有效训练法律职业能力的最佳方式应采用多元化实践教学模式，构建模块式课程结构，加强对实践教学的改革，通过对学生知识、能力与创新要素的综合分析研究，构建一个以学生为中心，以满足创新型人才培养的个性化需求（培养目标、专业需求、知识积累、发展兴趣等），有利于学生以自我设计、自我导向学习为目标的实践教学课程新体系。

法学教育的一个重要目的在于对有志于从事法律实务的人进行科学且严格的职业训练，使他们掌握法律的实践技能及操作技巧，能够娴熟地处理社会当中各种错综复杂的矛盾。这就要求高校转变教学观念，加强实践教学在整个教学体系中的比重，完善实践教学的方式和内容。因此，构建重视实践环节的法学实践教学课程体系，将法学实践纳入学分管理是十分必要的，这样能够强化学生对实践重要性的认识，确保法学专业实践教学活动的质量。

法学专业的实践教学可分为三个层次：对法律职业共同体人才核心需求的

诉讼实务法学实践教学，如代理、辩护、公诉和审判实践等；对一般法律人才普遍需求的非诉讼实务法学实践教学，如政府法务、企业法务、审计法务、会计法务和金融法务实践等；对本科人才共同要求的通识性实践教学，如大学生实践创新项目、大学生廉洁文化实践项目、科研与论文写作、毕业实习和毕业论文写作等。

内江师范学院法学专业关于法学实践教学模式与路径的探讨以现有师资自身法律实务经验和实践教学体会为基础，着重探索建立多元化法学实践教学模式，尽量开设适应西部基层法律人才培养的相关实践课程，旨在学以致用中培养学生的实践能力，更好地帮助学生在实践中消化与巩固所学理论知识，增强学习趣味，激发学习热情，培养理论与实践能力俱佳的优秀法律人。本章主要对 2022 版法学专业人才培养方案中的主要实践教学课程的教学特色作介绍。

# 第一节　实践教学课程之庭审观摩

庭审观摩实践教学模式是具有普遍适用性与基础性的法学实践教学模式，以下着重介绍庭审观摩的教学方式、主要教学目的，以及教学活动的总结与反思。

## 一、庭审观摩课程教学的方式

目前，庭审观摩课程主要采用视频观摩与现场观摩两种教学方式。

视频观摩庭审实践教学模式，首先，由指导教师播放庭审直播网以及中央电视台和最高人民法院联合录制的真实民事、刑事与行政案件示范庭审视频，并组织学生认真观摩。其次，在学生观看示范庭审视频之后，指导教师组织学生查阅资料，总结所观看的真实示范案件的一审庭审流程要点，进而熟练掌握一审庭审流程。再次，由指导教师重点回放示范庭审视频中法庭辩论环节，组织学生就法庭辩论环节的争议焦点与亮点展开全方位讨论。最后，指导教师组织学生讨论与归纳此案件审理中法庭辩论的内容、争议焦点以及亮点、特点，从而为后续的专项庭审程序模拟以及各类案件综合模拟实践教学中的法庭辩论大赛夯实基础。

现场观摩相对于观看庭审视频、教师讲述某个案件而言，现实法庭审理是非常直观的、可感的，学生置身于法庭中，亲身感受法庭里的氛围，这种现场感是视频观摩不可代替的，具有独特的实践意义。内江师范学院新老校区邻近当地的基层法院和中级人民法院，观摩法庭审理已经成为"家常便饭"。对于有法学专业学生观摩的案件，法院一般会较为重视；相对于平时审理，法官会注意程序的规范性，但其长年养成的职业习惯、审理风格是不易改变的，按照法律和法学理论及完美法治的设计标准来衡量大多数庭审活动，也有不够"规范"的问题，这是教师引导学生思考的重要内容，具有很高的讨论价值。关注实践，对于纠正法学教育及法学理论研究远离实践、脱离实际具有很大的助益。法官、检察官和律师往往是有多年实践经验的法律工作者，具有丰富的法律实务经验。一方面有法学专业学生观摩的案件，法院会更加认真地对待；另一方面，有诉讼参与人的参与也对司法机关遵守法律程序起到一定的制约作用。因此，现场庭审观摩与视频观摩相比更真实可信，体现了法律在社会生活中发挥作用的真实场景。

## 二、庭审观摩课程教学的主要目的

无论是视频观摩还是现场庭审观摩，都有利于学生直观地了解各类案件的庭审程序。

对民事案件一审庭审程序的观摩，要求学生对民事案件审理的预备开庭与出庭情况审查、法庭调查、法庭辩论、评议宣判四个阶段有直观印象。具体内容如下：在预备开庭阶段，法院应当在合议庭组成人员确定后的3日内告知当事人，在开庭3日之前将开庭的时间、地点传唤当事人和通知其他诉讼参与人，以及发布公开开庭审理的公告；在出庭情况审查阶段，书记员查明诉讼参与人到庭情况并宣读法庭规则；审判长宣布正式开庭后，宣布案由和合议庭、书记员成员，告知当事人诉讼权利和义务，询问回避事宜。在法庭调查阶段，当事人陈述后，由审判长初步归纳案件争议焦点，并征求当事人意见，最后双方举证质证；庭前证据交换中无异议的证据经过审判人员当庭予以说明后，不在庭审中出示。在法庭辩论阶段，原告及其诉讼代理人发表意见，被告及其诉讼代理人发表意见，第三人及其诉讼代理人发表意见，然后各方自由辩论；在法庭辩论结束时，由审判长按照原告、被告、第三人的先后顺序征询各方的最后意见。在评议宣判阶段，合议庭秘密评议，依法作出判决，公开宣告裁判结果。值得一提的是，在法庭辩论结束至判决前，法官会询问双方是否愿意调解，双方愿意调解并能调解成功的，法官出具调解书或调解协议；调解不成的，应当及时判决。

对刑事案件一审庭审程序的观摩，要求学生对刑事案件一审庭审程序的预备开庭与出庭情况审查、法庭调查、法庭辩论、被告人最后陈述、评议宣判五个阶段有详细了解。具体内容如下：在预备开庭阶段，法院确定合议庭的组成人员，将检察院的起诉书副本最迟在开庭10日之前送达给被告人及其辩护人，最迟在开庭3日之前将开庭的时间、地点通知检察院与其他诉讼参与人，传唤当事人；必要时，法院可以召开庭前预备会议。开庭审理时，书记员宣布法庭纪律之后向审判长报告开庭前的准备工作已就绪；审判长宣布开庭，查明诉讼参与人是否到庭，查明被告人具体情况，尤其要核实被告人是否受过处分和是否被采取强制措施、被采取处分和强制措施的种类和时间以及收到起诉书的时间；审判长宣布案由、宣布审判人员和书记员名单，以及告知当事人、其他诉讼参与人有关诉讼权利，尤其要告知被告人有辩护、申请回避与最后陈述等权利；审判长向出庭的当事人、法定代理人、辩护人、诉讼代理人核实是否申请相关人员回避。根据2018年10月26日修改后的《刑事诉讼法》第187条第2款，在开庭以前，审判人员可以召集公诉人、当事人和辩护人、诉讼代理人，对回避、出庭证人名单、非法证据排除等与审判相关的问题，了解情况，听取意见。根据2013年1月1日施行的最高人民法院《关于适用〈中华人民共和国刑事诉讼法〉的解释》第183条，案件具有下列情形之一的，审判人员可以召开庭前会议："（一）当事人及其辩护人、诉讼代理人申请排除非法证据的；（二）证据材料较多、案情重大复杂的；（三）社会影响重大的；（四）需要召开庭前会议的其他情形。"召开庭前会议，根据案件情况，可以通知被告人参加。在法庭调查阶段，公诉人宣读起诉书，被告人陈述，公诉人讯问被告人，辩护人向被告人发问，公诉方与被告方举证、质证。在法庭辩论阶段，公诉人发表公诉意见，被告人和辩护人分别自行辩护与发表辩护意见，控辩双方自由辩论，审判长按照先控后辩的顺序询问控辩双方有无补充辩论意见。被告人最后陈述，是刑事诉讼庭审中一个独立而必不可少的环节，也是法律赋予被告人的一项重要诉讼权利。在评议宣判阶段，合议庭先秘密评议，然后公开宣告裁判结果。

对行政案件一审庭审程序的观摩，要求学生对行政案件一审庭审程序的预备开庭与出庭情况审查、法庭调查、法庭辩论、评议宣判四个阶段有准确把握。具体内容如下：在预备开庭与出庭情况审查阶段，书记员查明诉讼参与人到庭情况并宣读法庭规则，之后向审判长报告开庭前的准备工作已就绪；审判长宣布正式开庭后，宣布案由与合议庭和书记员成员，告知当事人诉讼权利和义务，询问回避事宜，尤其要明确告知被告人无反诉的权利；审判长宣读诉讼经过：法院收到起诉状后在法定期限予以立案，并向原告发送了受理案件通知书、权利义务告知书及举证须知，向被告发送了应诉通知书、起诉状副本、权利义务告知书及举证须知，向第三人发送了参加诉讼通知书、起诉状副本、权利义务告知书及举证须知。在法庭调查阶段，首先，由被告方概述所作的行政行为的主要内容及其事实与根据，再由原告方宣读起诉状、被告方宣读答辩状、第三人陈述诉讼意见；其次，由被告方履行举证义务，原告方也有权利举证，对在庭前证据交换中当事人无异议的证据，审判人员说明后无须在庭审中出示；最后，各方主要围绕证据的形式是否合法和法律依据，以及行政行为的合法和合理性等方面进行质证。在法庭辩论阶段，原告方先发言，被告方发言，第三人陈述，然后各方进行自由辩论，审判长按照原告方、被告方、第三人的顺序询问有无补充辩论意见。法庭辩论结束时，先由原告最后陈述，然后由被告最后陈述，最后由第三人最后陈述，当事人可以简明扼要地陈述自己的诉求。在评议宣判阶段，合议庭先秘密评议，然后公开宣告裁判结果。

庭审观摩各类案件的过程中，教师应强化学生对各类案件所涉相关实体法知识的理解，协助将专业课本上枯燥烦琐的文字转化成生动真实的场景，使学生直观地掌握知识而不是被动地记住知识；同时教师应帮助学生提高分析法庭调查环节的举证与质证的操作能力，以及对辩论环节争议焦点的概括分析能力，学生观摩庭审视频不只是单纯地"看"，还要"眼、手、脑"并用。学生在观摩中，不仅要掌握庭审举证与质证的流程，还要思考双方出示的各种证据是否具有客观性、关联性和合法性，更要将法庭辩论的内容真正映入脑海；观摩结束后，教师在组织学生课堂讨论中，不仅要讨论案件包含的基础知识和规则、原理，而且要让学生反复的思考与沉淀，准确分析并归纳出双方法庭辩论的焦点与解决办法。因此，在观摩庭审的过程中，要求学生速记下双方的证据与观点，总结出案件争论焦点与疑点，同时还要思考：如果自己是案件争议中的一方，该从哪些角度切入与进行辩论；如果自己是案件的审判方，该如何认定事实和证据。在教师的启发下，学生进一步思考为什么会这样？依据是什么？法官为什么没有按照我们所学的"法律"中的规定去做？对同一个现实问题，学生基于不同的立场会产生不同的观点，并产生争辩，这个过程有助于解决学生在被动的学习中缺乏主体性，不善于和不敢于发表自己观点的问题。

庭审观摩各类案件可以使学生充分领悟诉讼"三方组合"构造的程序价值，以及司法裁判的理性对法律公正的保障价值，双方平等对抗、审判居中裁判的"三方组合"程序构造是揭示案件真实与直观实现法律公正的最佳保障。居中裁判的审判方处于控、辩、审三角结构的中心位置，不仅要控制全局，要中立听证和消极裁判，还要保证每个人在庭审的过程中平等地享受到其应有的权利并且履行相应的义务，这主要是通过审判方不断地提醒、告知、发问等方式来实现的。由此可知，审判方应以最为严谨的态度、最为审慎的理性方式来对待诉讼过程中的每一个阶段和步骤，熟知诉讼过程中的每一个细节，严格执行法律正义。通过观摩真实案件的示范庭审，清晰明朗的案件事实、具体细致的程序流程以及司法裁判者的理性得以充分展现，学生真实感受到事实真相与庭审程序不再是模糊的轮廓或印象，而是原告方（公诉方）、被告方和审判方即诉讼"三方组合"在严肃氛围下公正解决纠纷的具体活动。

庭审观摩能有效塑造法律职业者孜孜追求法律公正的信念，并使其情不自禁地对法律心生敬畏之情。学生通过观摩庭审，目睹偌大的法庭、穿着法袍的审判长和审判员、严阵以待的公诉人和辩护人以及法庭审判全过程，感受到了法庭传递的庄严、神圣和十足的仪式感，对法庭审判与法律公正的理解更加显性与感性化。庄严肃穆的法庭气氛与严谨紧凑的庭审程序用无声的语言告诉学生：法庭之上，法律是公平公正的，法律面前人人平等。整个示范庭审程序的规范性可让学生充分感受到庭审氛围的严肃性、法官的权威性、各方律师的思维敏捷性以及检察官的风采。学生可对法官、检察官、律师的兢兢业业与一丝不苟深有感触，清晰体会到法律人所肩负的秉公执法的重任，会对法学专业越来越感兴趣，更加明白在庭审中要坚持实体公正与程序公正并重。通过观摩庭审，学生会对法律的严肃和公正心生敬畏之情，真正体悟法律公正与司法权威的精神内涵，对法律的崇敬和坚定的信仰进一步升华，有利于唤醒学生内心深处对法律职业的向往，也可更加坚定学生将来运用法律维护公正以及法律面前人人平等的信念。

### 三、庭审观摩课程教学的总结与反思

现阶段庭审观摩实践教学模式实施中存在一些问题，有待总结与反思。一是个别学生旁听过程中放松有余，指导教师要予以及时警告。个别学生将庭审过程当作热闹来看，轻松自如地看完之后却不知道示范庭审的亮点与争议焦点何在，没有真正参与其中。庭审的最大看点就在于程序的完整有序、法庭调查的严谨规范、法庭辩论的精彩对抗，这也是学生在观摩中要认真领悟与学习的关键所在。二是一些学生速记能力不够，指导教师要予以及时提醒。一些学生不能在示范庭审视频播放的过程中同步地用脑或用笔记录下庭审中案件事实证据、争议过程和争议焦点，必然导致在后续的讨论与归纳环节对案件审理中法

庭辩论的内容、争点、亮点与特点等分析判断上存在较大偏差或过于简单空洞。三是一些学生归纳能力不足，需要学生平时多加思考与训练。一些学生对案件争议焦点的归纳不够全面完整，不够深入精准。条理清楚的归纳能力与有效维护诉讼利益之间息息相关，对法律人来说非常重要。无论是作为公诉人的检察官，还是作为辩护人或诉讼代理人的律师，都要具备极强的案件归纳能力，才能清楚地表达出诉求，才能逻辑分明地阐述事实、证据与理由。而作为审判方的法官，更是要具备极强的案件归纳能力，才能在概括双方诉求与异议观点的基础上，有理有据地加以取舍与认定。

**附件：**

## 庭审观摩课程教学大纲（2022 版）

### 一、课程信息

课程名称：庭审观摩

课程类别：专业发展选修课程

适用专业：法学

课程学时：16 学时

课程学分：1 学分

先修课程：刑法、民法、刑事诉讼法学、民事诉讼法学、行政法与行政诉讼法

选用教材：无。

主要参考书目：

（1）《刑事诉讼法学》，马克思主义理论研究和建设工程编委会，高等教育出版社、人民出版社，2022 年版。

（2）《民事诉讼法学》，马克思主义理论研究和建设工程编委会，高等教育出版社、人民出版社，2022 年版。

（3）《行政诉讼法学》，马克思主义理论研究和建设工程编委会，高等教育出版社、人民出版社，2022 年版。

### 二、课程地位与作用

庭审观摩是一门实践性、应用性很强的课程，是法学专业的专业选修课。开设本课程，旨在通过观摩形成对法学理论直观、感性的认识，培养学生实践能力。

学好这门课程可以使学生具体了解各种审判程序和技巧，以达到切实提高学生分析法律问题、准确运用法律的能力这一根本要求。通过庭审观摩，可以增强法学专业学生的法治观念，使其坚定社会主义制度自信，牢固树立社会主义法治理念，为社会主义法治建设的推进贡献力量。

### 三、课程目标

（一）目标设置

1. 课程教学目标

通过本课程的学习，学生实现以下目标：

（1）掌握庭审观摩的基础理论。【毕业要求 1　知识要求】

（2）熟悉民事、刑事和行政诉讼的庭审程序。【毕业要求 1　知识要求】

（3）能够思考和分析刑事、民事、行政具体案件，从公诉人、审判员、辩护人和原告、被告等司法角色思考看待法律问题。【毕业要求 2　能力要求】

（4）能够综合运用审判的相关理论，结合国内外司法审判的研究现状，正确认识和分析我国司法实践中的现象、案例，能够通过诉讼解决实际问题，通过审判承载习近平法治思想，传递平等、正义和法治理念。【毕业要求 3　素质要求】

2. 思政教育目标

（1）从知识学习层面，通过庭审观摩的系统学习，能够帮助学生思考和分析刑事、民事、行政具体案件，从公诉人、审判员、辩护人和原告、被告等司法角色思考看待法律问题。

（2）从过程方法层面，在教学方法上采用观察与讲授相结合的方法，改变传统的单纯理论分析方法，让学生用所学理论分析旁听案件，直观、切身地学习、践行宪法，从而养成法律职业思维方式。

（3）从情感态度层面，能正确理解宪法是治国安邦的总章程，是保持国家统一、民族团结、经济发展、社会进步和长治久安的法律基础，牢固树立忠于法律、遵守法律和维护法律的自觉意识，牢固树立社会主义法治理念，为社会主义法治建设的推进贡献力量。

（二）课程目标与毕业要求的关系

1. 课程目标与毕业要求的对应关系

| 课程目标 | 权重 | 支撑的毕业要求 | 支撑的毕业要求指标点 |
|---|---|---|---|
| 课程目标1 | 0.1667 | 1. 知识要求 | 1.2 理解和掌握模拟审判的基本概念和理论，理解并掌握中国特色社会主义司法制度的基本内容及其运行规则等 |
| 课程目标2 | 0.3333 | 1. 知识要求 | 1.3 学习法律实务操作，获得庭审观摩、模拟审判、法律文书写作等知识和实践 |
| 课程目标3 | 0.3333 | 2. 能力要求 | 2.2 探索创新合作能力。具有浓厚的创业兴趣和坚强的创业毅力，具有批判性思维和探索创新意识，能创造性解决专业和职业发展中的问题；具有优秀的敬业品质、完善的创业沟通能力、学习能力和丰富的创业知识 |
| 课程目标4 | 0.1667 | 3. 素质要求 | 3.2 具备良好的人文素养和科学素养，养成良好的道德品格、健全的职业人格、强烈的法律职业认同感，具有服务于建设社会主义法治国家的责任感和使命感 |

2. 课程目标与毕业要求的矩阵关系

| 名称 | 知识要求 | | | 能力要求 | | | 素质要求 | | |
|---|---|---|---|---|---|---|---|---|---|
| | 1.1 | 1.2 | 1.3 | 2.1 | 2.2 | 2.3 | 3.1 | 3.2 | 3.3 |
| 庭审观摩 | | H | | | M | | | M | |
| 课程目标1 | | M | | | | | | | |
| 课程目标2 | | | H | | | | | | |
| 课程目标3 | | | | | H | | | | |
| 课程目标4 | | | | | | | | M | |

## 四、课程教学内容与重难点

| 序号 | 课程内容框架 | 教学要求 | 教学重点 | 教学难点 | 课程思政 |
|---|---|---|---|---|---|
| 1 | 刑事案件观摩 | 熟悉刑事诉讼程序，理解刑事案件办理方法，掌握刑事诉讼证据制度，理解刑事辩护和代理制度 | 法庭调查观摩，法庭辩论观摩 | 审判的技巧，公诉的策略辩护的技巧 | 让学生理解中国特色法治思维是马列主义关于国家与法的理论同中国国情相结合的产物，是中国社会主义民主与法治实践经验的总结 |
| 2 | 民事案件观摩 | 熟悉民事诉讼程序，理解民事案件办理方法，掌握民事诉讼证据制度，理解民事代理制度 | 法庭调查观摩，法庭辩论观摩 | 审判的技巧，代理的技巧 | 坚定"四个自信"，注重社会主义核心价值观传播，强化学生的使命感和责任感，培养学生的法治理念 |
| 3 | 行政诉讼案件观摩 | 熟悉行政诉讼程序，理解行政案件办理方法，掌握行政诉讼证据制度，理解行诉代理制度 | 法庭调查观摩，法庭辩论观摩 | 审判的技巧，代理的技巧 | 注重社会主义核心价值观传播，增强实事求是理念，强化学生的唯物主义认知论 |

## 五、课程教学内容、教学方式、学时分配及对课程目标的支撑情况

| 序号 | 课程内容框架 | 教学内容 | 教学方式 | 学时 | 支撑的课程目标 |
|---|---|---|---|---|---|
| 1 | 刑事审判观摩 | 视频观摩和到法院现场观摩刑事案件庭审 | 观察法讲授法 | 7 | 课程目标1 课程目标2 课程目标3 课程目标4 |
| 2 | 民事审判观摩 | 视频观摩和到法院现场观摩民事案件庭审 | 观察法讲授法 | 7 | 课程目标1 课程目标2 课程目标3 课程目标4 |
| 3 | 行诉审判观摩 | 视频观摩和到法院现场观摩行政案件庭审 | 观察法讲授法 | 4 | 课程目标1 课程目标2 课程目标3 课程目标4 |

## 六、课程目标与考核内容

| 课程目标 | 考核内容 |
|---|---|
| 课程目标1：理解和掌握模拟审判的基本概念和理论，理解并掌握中国特色社会主义司法制度的基本内容及其运行规则等 | 法律思维、法律理念、诉讼法常识、证据法核心内容的体会 |
| 课程目标2：学习法律实务操作，获得庭审观摩、模拟审判、法律文书写作等知识和实践 | 旁听案件中争议焦点及过程的体会 |
| 课程目标3：探索创新合作能力。具有浓厚的创业兴趣和坚强的创业毅力，具有批判性思维和探索创新意识，能创造性解决专业和职业发展中的问题；具有优秀的敬业品质、完善的创业沟通能力、学习能力和丰富的创业知识 | 旁听案件中法律职业能力与合作精神及批判精神养成的体会 |
| 课程目标4：具备良好的人文素养和科学素养，养成良好的道德品格、健全的职业人格、强烈的法律职业认同感，具有服务于建设社会主义法治国家的责任感和使命感 | 旁听案件中司法礼仪及法律职业精神的体会 |

## 七、考核方式与评价细则

本课程完全采用过程考核的方式进行考核，其中过程考核包括旁听表现、观摩体会，占总成绩的比例分别为50%，评价细则见下表。

| 序号 | 考核点 | 占比 |
|---|---|---|
| 1 | 旁听表现 | 50% |
| 2 | 观摩体会 | 50% |

## 八、其他说明

课程资源（学生课外学习资料参考）：

(1) 明德公法网，http://www.calaw.cn/。

(2) 中国大学MOOC，http://www.icourse163.org/模拟审判。

# 第二节　实践教学课程之刑法案例研究

刑法案例研究课程是以具有代表性的真实刑事案例为线索，案例教学法为承接思路，以培养法律专业学生刑事法律思维为目的的特殊形式课程类别。

刑法案例研究课程的落脚点以案例为线索，即课堂教学定位围绕案例展开，主要结合选用教材的内容体系选取具有较高的代表性以及讨论意义的热点案例或指导性案例。在刑法案例研究课程中具体表现为：一方面，教材选取的刑法案例具有较高的通用性和可迁移性，同类热点案例与指导性案例数量较多，对同类案例的深入探讨与掌握有助于促进学生刑法实践经验的不断提升；另一方面，教材选取的刑法案例有较强的深入挖掘意义，如在刑法正当防卫法条款适用等方面存在争议的案例，通过对此类案例的延伸研读，有助于学生刑法思维及理论研究的纵深发展。同时，案例课的教学设计可以采用同类案例集合的编排方式，积累丰富素材，紧扣司法实践单元，展开对不同判决结果的讨论。刑法案例研究课程的目标定位主要服务于立志从事法律及其相关专业的学生，通过刑法案例研究课程的有效教学设计与实施，学生对刑法案例的研判有相对完善的思维模式与原则上的共识，有助于其提升刑法理论研究与实践的效率。

## 一、刑法案例研究课程教学的方式

刑法案例研究课程需兼容教学与研究功能。根据刑法案例研究课程的内涵，教学功能与研究功能均是刑事案例研读的归宿。目前该课程的教学方式主要采用讲解式理论探讨、引导与共研式案例讨论、翻转式自我导向学习三种模式。

讲解式理论探讨的刑法案例研究课堂教学主要偏重于理论教学以及知识传授，这是教学实施路径上的第一步，主要通过对选用教材中刑法案件的讲解搭建基本的刑法理论框架，培养学生基本的法律思维，为后续刑法案例讨论课的实施做好铺垫。

引导与共研式案例讨论教学模式是刑法案例研究课程教学的主要环节。引导式教学模式在实施中侧重教学者围绕一定的预设框架，以先提问再解答的思路展开教学，而非直接以连篇累牍的长篇大论提出见解，为学生留有思考空间，有助于激发学生的主观能动性，一步步将学生引向共识性的结论，带动学生学习动力，提升有效覆盖面。同时，引导式的教学设计也为案例研究提供了思路，有助于教育学原理与法律领域的交叉借鉴和学生与教师之间的教学相长。而共研式教学方式需在更开放的环境中应用，通过教与学双方对刑法案件中存在歧义的部分进行共同讨论以求更合理、全面的解决思路，共研式的教学实施路径偏重研究与实践的落地。在教学过程中，教师以社会热点刑事案例为切入点，组织学生根据《刑法》《刑事诉讼法》和其他法律及相关司法解释的规定，分组对案件进行讨论，围绕事实、证据深入分析和思考，并充分集思广益，对模糊问题进行重新认识，得出较为准确的初步结论，以充分锻炼与全面提高学生的案件分析能力。

翻转式自我导向学习的刑法案例教学方式实施路径完全过渡至以案例研究与模拟实践为导向，以学生为主体完成对刑事案件的主动搜寻与探讨，有助于提升学生对刑法把握的深度以及临场应变能力和法律思维敏捷度，增进教学双方的体验。首先，指导教师提供作为讨论素材的真实刑事案件材料，每位学生利用课外时间，有针对性地查找资料、充分熟悉案情，并进行初步分析。其次，学生根据指导教师提供的刑事案例材料，进行公诉方、辩护方、审判方的角色选择，组成公诉组、辩护组、审判组，就有关刑事案件案情分组讨论。指导教师在课堂上，按照学生已选定的公诉组、辩护组、审判组，组织学生根据《刑法》《刑事诉讼法》和其他法律及相关司法解释的规定，对案件进行讨论。最后，在审判方的主持下，公诉组与辩护组进行庭前证据展示活动和进行法庭辩论，审判组认真聆听并评判。课后要求学生认真并及时总结本次实践的内容。在翻转式自我导向学习的教学方式实施路径上，更有可能实现高水平的教学相长，培养与提高学生口头表达能力、应变能力、案件分析能力，体悟检察官、律师、法官的临场应变能力与职业伦理要求。

## 二、刑法案例研究课程教学的主要目的

刑法是一门实践性和实用性都非常强的部门法学科，可以毫不夸张地说，离开了实际案例，就不可能学好刑法。现实生活中发生的各种各样的刑事案件是错综复杂的，有的涉及罪与非罪的界限问题，有的涉及此罪与彼罪的定性问题，有的涉及定罪之后量刑情节的认定问题，还有的涉及具体刑罚制度的适用问题，等等。没有哪两个刑事案件是一模一样的，它们之间一定存在着这样或者那样的区别，因此，在处理时也一定会有所不同。只有在学好刑法基本理论

知识的基础上，且能够比较熟练地对具体案例进行有根有据的分析，才能把在课堂上和书本中学到的刑法专业知识和刑事司法理念与现实生活中的刑事司法实践结合起来，也才能为成为合格的法律人才奠定基础。

刑法案例研究课程紧紧围绕法学专业应用型人才的培养目标，突出"职业教育和法学应用"两大特点，理论与实践相结合，采用现实中发生的大量真实案例，结合学生知识能力，形成由易到难、由单一到全面的案例教学方式，使学生在完成案例研习的过程中提高解决问题的能力，并在案例分析的过程中不断反思。在教学过程中确保所选用的案例具有典型性和实效性，结合所选教材内容挑选近 5 年来在社会上发生的影响较大的真实案例以及最高人民法院发布的指导性案例，注重学生对知识点的掌握和理解。

在刑法案例研究课程的教学实践中，主要目的在于弥补刑事实务训练的不足，增强学生的感性认识，使其掌握刑法案例的分析方法与技巧。对法学专业学生而言，刑法案例的分析方法与技巧既是检验其理论知识功底的主要途径，也是其将来从事法律职业活动的一项主要技能。刑法案例研究课程的主要教学目的是使学生掌握以下分析方法与技巧。

### （一）掌握案情，认真审查所要分析的案例的全部事实

刑法案例分析的基础是案例所包含的具体事实，这些事实并不一定都是犯罪构成所必须具备的要件，但是对于正确认定犯罪的具体情况却是很重要的，不要忽略案例中的任何一个细节。刑法案例的分析一般都需要下列这些有用的信息：谁？何时何地？什么原因？做了何事？如何做的？做的结局怎样？是否符合行为人的主观态度？从专业的角度看包括行为的主体，行为发生的时间、地点，行为的动机，以及行为的过程、手段、结果等，没有这些案件事实，案例分析就无法进行。因此，着手案例分析前要仔细找出有用的分析线索，排除干扰信息，这是做好案例分析的第一步。

### （二）从案例的各种事实中确认对构成犯罪具有决定意义的事实

在掌握案件事实后，必须找准分析案件所需要的关键信息。案例中所包含的事实有些与犯罪构成有关，有些与犯罪构成无关，应当在这些事实中确认对构成犯罪具有决定意义的事实，即没有这样的事实犯罪就不可能成立。当然，与犯罪构成无关的事实并不是不必要的事实，因为这些与犯罪构成无关的事实可能影响到对行为人的刑罚裁量。

## （三）以犯罪构成的理论为基础对案例进行分析

犯罪构成的理论是对案例进行分析的基础，缺少了犯罪构成中的任何一个要件都不能构成犯罪。因此，必须运用犯罪构成的理论，以犯罪构成的四个要件为标准分析案例，这样才能最终确定行为人的行为是否构成犯罪、构成哪种犯罪。

刑法案例分析，一般应当按照"是否构成犯罪—构成何种犯罪—属于何种犯罪形态—如何进行处罚"的思路，取舍案中信息，准备分析案例所需的刑法学理论知识和法律规定，并依次为出发点，逐一分析案件事实是否符合刑法理论和法律规定，最后得出分析结论。例如，要分析某行为人的行为是否构成贪污罪，我们应当围绕贪污罪的成立条件，找出行为人是否构成犯罪的关键点在什么地方，哪些事实和成立条件显而易见，哪些又尚有疑问，忽略显而易见的地方，认真对待尚存疑问的地方，仔细推敲，得出结论。

## （四）注意区分罪与非罪的界限

在分析案例时，不要只从有罪的角度考虑，也要注意行为人的行为不构成犯罪的可能性。行为人的行为可能是不正当的民事行为，可能是一般的违反治安管理规定的违法行为，可能是刑法中的意外事件，还可能是与犯罪很容易混淆的正当防卫、紧急避险，等等，要特别注意到各种可能性。

在刑法案例分析时，要确认行为人的行为是否构成犯罪，只要掌握个中规律，其实并不难。例如，要说明行为人的行为不构成犯罪，有下列几种途径：一是从犯罪的本质特征，即行为的一定社会危害性着手，只要能说明行为人的行为没有社会危害性，行为对社会有益，如创造了社会财富，弘扬了社会正义，维护了某种社会秩序，就可以说明无罪。二是根据罪刑法定原则，如果行为人的行为，刑法对此既没有禁止性的规定，也没有强制性的要求，则行为人作为或不作为就都不能构成犯罪。三是依据犯罪构成理论，犯罪的成立需要同时满足犯罪客体、犯罪客观方面、犯罪主体和犯罪主观方面四个要件，只要能说明行为人的行为不满足其中一个要件，犯罪就不能成立。例如，犯罪主体不适法，我们可以从行为人达不到刑事责任年龄，不具备刑事责任能力，缺乏成立特定犯罪所具有的特殊身份等任一个知识点来说明，我们还可以从行为人缺乏主观罪过形式，或者从其行为不具有刑法意义上的因果关系，没有发生法定的危害结果等方面说明行为人的行为因不符合犯罪构成要件而不构成犯罪。四是从正当防卫等排除犯罪事由的角度说明行为因具有正当性而犯罪不成立。总之，区分罪与非罪界限的基本技巧在于充分利用犯罪概念、犯罪构成、正当行为等刑法知识，把握先决条件，即行为有无危害性及大小或刑法有无明文规定，再考虑犯罪构成要件，最后考察是否符合犯罪成立要件但属于刑法规定的排除犯罪的事由。

（五）注意区分此罪与彼罪的界限

在行为人的行为已经构成犯罪的情况下，要注意分析行为人的行为究竟构成刑法所规定的哪一种犯罪，以确定具体的犯罪性质。不同性质的犯罪其量刑幅度可能是不一样的，即使量刑幅度相同也不能搞错罪名，对审判工作的最基本的要求就是事实清楚、证据确凿、定性准确、量刑适当，这个原则对分析案例也同样是适用的。

如果要分析某种行为构成何种具体犯罪，我们可以遵循这样的分析思路：首先，确定行为侵犯的同类客体，即分析行为人可能构成的类罪名，也就是先确定行为构成刑法分则哪一章的犯罪；其次，再大致确定可能成立的犯罪范围，即确定行为成立的罪名在哪几个罪名之间，并认真区分它们的异同，逐一否定不可能成立的罪，得出分析结论；最后，根据行为所成立的犯罪的构成要件分别说明行为符合该罪的构成要件。这里需要特别注意的是犯罪的转化问题。某些犯罪行为，从表面上看，完全符合某罪的全部成立要件，但由于刑法对这些犯罪在发展到某种程度时又规定应当依照其他罪定罪处罚，这就是刑法中的犯罪转化。例如，刑讯逼供致人伤残、死亡的，将由刑讯逼供罪转化为故意伤害罪或故意杀人罪。

（六）案例分析后的再思考

分析完了一个案例之后，应当对案例分析的结果进行再思考，检查一下分析的结果是否正确，是否遗漏了案例中的某个重要事实或者环节。刑事案例的分析是不能出现任何差错的，因为这种分析的结果在司法实践中关系到行为人，是一个不容忽视的最重要也是最根本的问题。

## 三、刑法案例研究课程教学的总结与反思

现阶段刑法案例研究课程实践教学模式实施中也存在一些问题，有待总结与反思。

针对学生而言，首先是引导学生防止以偏概全，尤其要注意不能以案例中

的个别情节作为定性的依据，不要错把案例中的次要事实作为主要事实。这就要求学生在分析案例时，切忌片面性，防止一叶障目，不见泰山。其次是引导学生防止感情用事。犯罪是所有正直的人都非常痛恨的行为，这当然是可以理解的，但是绝不能用感情代替法律，不能带着感情色彩分析案例，那样很可能会使我们误入歧途。这就要求学生在分析案例时切忌主观，一定不能先入为主。再次是引导学生防止匆忙定论。案例分析的过程是一个很细致的过程，需要反复的思考，一定不能在对案例的事实缺乏认真思考的情况下匆匆忙忙作出结论。我们分析 100 个案例只有 1 个是错的，错误率是 1％，但是对案例中的行为人来说则是百分之百的错误，是彻底的错误。最后是引导学生防止缺乏认真态度。在案例分析过程中应当把自己置于法官的位置，要想到惩罚犯罪固然是法官的责任，但是保护公民的合法权益同样是法官的责任，即使是已经犯了罪的人，他们的合法权益也不容侵犯，否则就是破坏法制，一定要以高度认真负责的精神对待每一个案例。

针对教师而言，首先，要解决当下研究中覆盖面不广的问题，在教学设计中遵循引导原则，对于有价值的讨论内容，可将其提炼为研究范式。其次，需进一步梳理教学内容框架，将教学设计置于整体课程编排的宏观视角下，进一步明确刑法案例研究课程整体的内容分类体系。刑法案例分类对教学设计效果会产生不同的影响，在刑法案例研究课程的整体性框架下，后续可将有一定争议的案件横向整合进行专题探讨。最后，可以优化调整刑法案例研究课程的内容线索设计，内容线索往往以一课时或一次课教学为单元展开，可针对不同时期的学生分别采取正向或反向线索来构筑课程的内容。其中正向线索是按照递进式的方式对案件进行剖析，适合在初始单元中引入，帮助初学者建立基本的刑法案件框架与思路，也可以在难度较大、情节较复杂的案件中应用。而反向线索则是先陈述刑法案例的审判结果，再回顾结果产生的过程，并由此延伸不同可能性的探讨，激发学生思考与讨论，促进刑法案例研究的深入发展，适合于有一定基础的学习者。另外，还可以进一步完善教学展现形式，通过场景模拟还原刑法案件，理顺刑事案件涉及的法律主体关系，推演犯罪动机，有助于后续的刑事模拟审判以及执行更有据、合理，法律逻辑也更加通顺。

刑法是一门实践性极强的学科，刑法案例分析的方法与技巧没有统一的模式，更不存在绝对适合于某个人的最好方法，这需要我们在课程教学实践中不断地探索、积累与总结，最适合的就是最好的，最能解决实际问题的也是最好的。

**附件：**

# 刑法案例研究课程大纲（2022 版）

## 一、课程信息

课程名称：刑法案例研究

课程类别：专业发展选修课程

适用专业：法学

课程学时：32 学时

课程学分：2 学分

先修课程：法理学、宪法学、刑法

选用教材：《案例刑法学》，魏东著，中国人民大学出版社，2019 年版

主要参考书目：

（1）《刑法学》，高铭暄、马克昌主编，北京大学出版社、高等教育出版社。

（2）《刑法学》，张明楷主编，法律出版社。

（3）《刑法》，王作富、黄京平主编，中国人民大学出版社，2021 年版。

## 二、课程地位与作用

"刑法案例研究"属于法学本科阶段的专业发展选修课程。本课程以专业课程体系中的宪法、法理、刑法等课程的学习为基础，为后续专业实习、模拟审判等课程提供刑法学基本理论知识和案件分析能力。

法学需要理论联系实践，经过本门课程的训练，学生能及时关注实践中出现的复杂情况和新的变化，掌握相关的司法解释。本课程旨在培养学生运用刑法理论并根据刑法规定分析和解决实际刑事案件中各种基本问题的能力，掌握分析和解决刑事案件的方法和技巧。

## 三、课程目标

（一）目标设置

1. 课程教学目标

通过本课程的学习，学生实现以下目标：

（1）掌握我国刑法的基本精神和有关个罪的罪刑规定。【毕业要求 1　知识要求】

（2）学会运用刑法理论并根据刑法规定分析和解决实际刑事案件中的各种基本问题。【毕业要求 1　知识要求】

（3）对本课程知识与相关知识融会贯通，能够运用刑法学的思维、逻辑和

方法去考察、分析社会现实问题并作出回应。【毕业要求2　能力要求】

（4）培养学生坚持用刑法学思维看待刑事法律事务的习惯，熟知刑事法律术语，能够运用刑法分析刑事法律纠纷，厘清法律关系，具有解决法律纠纷的能力。具有优秀从业能力。【毕业要求2　能力要求】

2. 思政教育目标

（1）从知识学习层面，通过课程教学，将社会主义法价值引领渗透至具体的知识点；通过具体分析刑事案件，引导法学专业人才基本素养和法治品格的形成，确保学生在接受刑法知识与实务训练的初级阶段就能形成最基本的社会主义法价值观，利于学生真正建立起社会主义法律信仰。

（2）从过程方法层面，通过刑法教学，促使"刑法知识传授"与"法价值引领"的无缝对接，最终实现培养"德法兼修"社会主义法律人才的目标。

（3）从情感态度、价值观层面，通过刑法教学，帮助学生树立法治意识和执法为民的理念，同时培养学生养成遵纪守法、遵守职业道德的良好品质。

（二）课程目标与毕业要求的关系

1. 课程目标与毕业要求的对应关系

| 课程目标 | 权重 | 支撑的毕业要求 | 支撑的毕业要求指标点 |
|---|---|---|---|
| 课程目标1 | 0.3333 | 1. 知识要求 | 1.2以职业能力培养为导向，接受法学思维和处理法律事务的基本训练，具有运用法学理论、方法分析解决问题的基本能力 |
| 课程目标2 | 0.3333 | 1. 知识要求 | 1.3学习法律实务操作，获得庭审观摩、模拟审判、法律文书写作等知识和实践性体验 |
| 课程目标3 | 0.1667 | 2. 能力要求 | 2.1专业学习应用能力。能够保持前瞻性的专业发展眼光，具备独立自主地获取法学专业相关前沿动态的学习更新能力；能够将所学的法学专业理论与知识融会贯通，具备灵活地综合应用法学专业相关知识的法律实务处理能力 |
| 课程目标4 | 0.1667 | 2. 能力要求 | 2.2探索创新合作能力。具有浓厚的创业兴趣和坚强的创业毅力，具有批判性思维和探索创新意识，能创造性解决专业和职业发展中的问题；具有优秀的敬业品质、完善的创业沟通能力、学习能力和丰富的创业知识 |

2. 课程目标与毕业要求的矩阵关系

| 名称 | 知识要求 | | | 能力要求 | | | 素质要求 | | |
|---|---|---|---|---|---|---|---|---|---|
| | 1.1 | 1.2 | 1.3 | 2.1 | 2.2 | 2.3 | 3.1 | 3.2 | 3.3 |
| 刑法案例研究 | | H | | | M | | | | |
| 课程目标1 | | H | | | | | | | |
| 课程目标2 | | | H | | | | | | |
| 课程目标3 | | | | | M | | | | |
| 课程目标4 | | | | | M | | | | |

## 四、课程教学内容与重难点

| 序号 | 课程内容框架 | 教学要求 | 教学重点 | 教学难点 | 思政融入点 |
|---|---|---|---|---|---|
| 1 | 成都快递分拣员杨某窃取快递物品案 | 通过本章的学习，了解刑法解释，厘清司法公正逻辑，理解法条竞合的运用规则 | 刑法解释 | 司法公正逻辑 | 培养学生的社会主义法治观念和法治思维，倡导学生树立公正司法理念，践行社会主义核心价值观 |
| 2 | 眉山吴某强迫妇女"坐台"案 | 通过本章的学习，理解罪刑法定原则，掌握拐卖妇女罪、非法拘禁罪的概念和构成，理解认定两罪应当注意的问题 | 拐卖妇女罪、非法拘禁罪的概念和构成 | 两罪的认定 | 引导学生学习用证据的、规范的、权利的、程序的法治思维分析解决案例。建立立足中国实际、解决中国问题的理论自信、文化自信、制度自信 |
| 3 | 山东于某案 | 通过本章的学习，理解正当防卫的概念和特征，把握认定正当防卫权应当注意的问题 | 正当防卫，正当防卫的正当化根据，防卫挑拨，防卫过当 | 正当防卫权的认定 | 强化学生对正当防卫的认识，鼓励守法护法，弘扬社会正气，谨守法律底线 |
| 4 | 成都孙某醉驾致人死亡案 | 理解以危险方法危害公共安全罪的危害性和整体特征，掌握这个罪名同其他犯罪的界限 | 以危险方法危害公共安全罪 | 以危险方法危害公共安全罪罪名的认定 | 引导学生学习用证据的、规范的、权利的、程序的法治思维分析解决案例。建立立足中国实际、解决中国问题的理论自信、文化自信、制度自信 |

| 序号 | 课程内容框架 | 教学要求 | 教学重点 | 教学难点 | 思政融入点 |
|---|---|---|---|---|---|
| 5 | 北京庞某飙车案 | 通过本章的学习，理解危险驾驶罪的危害性和整体特征，重点掌握危险驾驶罪的特征及其司法适用 | 危险驾驶罪 | 危险驾驶罪罪名的认定 | 强化学生对危险驾驶罪严重性的认识，倡导社会主义核心价值观，鼓励守法护法，弘扬社会正气，谨守法律底线 |
| 6 | 杭州胡某飙车肇事案 | 通过本章的学习，掌握交通肇事罪同其他犯罪的界限，并了解相应犯罪的处罚规定 | 交通肇事罪 | 交通肇事罪的认定 | 强化学生对交通肇事罪严重性的认识，倡导社会主义核心价值观，鼓励守法护法，弘扬社会正气，谨守法律底线 |
| 7 | 内蒙古王某收购玉米案 | 通过本章的学习，掌握非法经营罪的特征及认定，理解经济犯罪的刑法解释要义 | 非法经营罪 | 非法经营罪的认定 | 强化学生对非法经营罪严重性的认识，倡导社会主义核心价值观，鼓励守法护法，弘扬社会正气，谨守法律底线 |
| 8 | 成都张某被控合同诈骗案 | 通过本章的学习，理解合同诈骗罪同其他诈骗犯罪的区别。重点掌握合同诈骗罪与一般经济纠纷的界限 | 合同诈骗罪 | 合同诈骗罪的认定 | 强化学生对诈骗犯罪严重性的认识，倡导社会主义核心价值观，鼓励守法护法，弘扬社会正气，谨守法律底线 |
| 9 | 宜宾何某被控虚开增值税专用发票案 | 通过本章的学习，重点掌握虚开增值税专用发票用于骗取出口退税、抵扣税款发票罪的认定 | 虚开增值税专用发票用于骗取出口退税、抵扣税款发票罪 | 虚开增值税专用发票用于骗取出口退税、抵扣税款发票罪的认定 | 强化学生对虚开增值税专用发票用于骗取出口退税、抵扣税款发票罪严重性的认识，倡导社会主义核心价值观，鼓励守法护法，弘扬社会正气，谨守法律底线 |
| 10 | 宁夏邵某杀妻案 | 通过本章的学习，重点掌握故意杀人罪的认定，理解不纯正的不作为犯，作为义务，刑法"但书"、缓刑、死刑的适用 | 故意杀人罪 | 故意杀人罪的认定 | 强化学生对故意杀人罪严重性的认识，倡导社会主义核心价值观，鼓励守法护法，弘扬社会正气，谨守法律底线 |
| 11 | 浙江叶某盗窃案 | 通过本章的学习，重点掌握盗窃罪的认定。理解保护法益、单位盗窃、使用盗窃及盗窃罪的既遂标准 | 盗窃罪 | 盗窃罪的认定 | 强化学生对盗窃罪严重性的认识，倡导社会主义核心价值观，鼓励守法护法，弘扬社会正气，谨守法律底线 |

| 序号 | 课程内容框架 | 教学要求 | 教学重点 | 教学难点 | 思政融入点 |
|---|---|---|---|---|---|
| 12 | 深圳梁某机场拾金案 | 通过本章的学习，重点掌握侵占罪的认定 | 侵占罪 | 侵占罪的认定 | 强化学生对侵占罪严重性的认识，倡导社会主义核心价值观，鼓励守法护法，弘扬社会正气，谨守法律底线 |
| 13 | 湖南陈某拒绝警察强制传唤案 | 通过本章的学习，重点掌握妨害公务罪的认定 | 妨害公务罪 | 妨害公务罪的认定 | 强化学生对妨害公务罪严重性的认识，倡导社会主义核心价值观，鼓励守法护法，弘扬社会正气，谨守法律底线 |
| 14 | 四川刘某黑社会性质组织案 | 通过本章的学习，重点掌握组织、领导、参加黑社会性质组织罪及包庇、纵容黑社会性质组织罪的认定 | 组织、领导、参加黑社会性质组织罪 | 组织、领导、参加黑社会性质组织罪的认定 | 强化学生对组织、领导、参加黑社会性质组织罪严重性的认识，倡导社会主义核心价值观，鼓励守法护法，弘扬社会正气，谨守法律底线 |
| 15 | 重庆宋某购买毒品案 | 通过本章的学习，重点掌握走私、贩卖、运输、制造毒品罪及非法持有毒品罪的认定。理解行为犯和两罪的既遂标准 | 走私、贩卖、运输、制造毒品罪及非法持有毒品罪 | 走私、贩卖、运输、制造毒品罪的认定 | 强化学生对毒品犯罪严重性的认识，倡导社会主义核心价值观，鼓励守法护法，弘扬社会正气，谨守法律底线 |
| 16 | 重庆李某被控辩护人妨害作证案 | 通过本章的学习，重点掌握辩护人、诉讼代理人毁灭证据、伪造证据、妨害作证罪的认定 | 辩护人、诉讼代理人毁灭证据、伪造证据、妨害作证罪 | 辩护人、诉讼代理人毁灭证据、伪造证据、妨害作证罪的认定 | 强化学生对辩护人、诉讼代理人毁灭证据、伪造证据、妨害作证罪严重性的认识，倡导社会主义核心价值观，鼓励守法护法，弘扬社会正气，谨守法律底线 |
| 17 | 北京肖某殴打打假人员案 | 通过本章的学习，重点掌握寻衅滋事罪的认定 | 寻衅滋事罪 | 寻衅滋事罪的认定 | 强化学生对寻衅滋事罪严重性的认识，倡导社会主义核心价值观，鼓励守法护法，弘扬社会正气，谨守法律底线 |

续表

| 序号 | 课程内容框架 | 教学要求 | 教学重点 | 教学难点 | 思政融入点 |
|---|---|---|---|---|---|
| 18 | 乐山官某收受干股案 | 通过本章的学习，重点掌握受贿罪的认定。理解约定受贿及该罪既遂的标准 | 受贿罪 | 受贿罪的认定 | 强化学生对受贿罪严重性的认识，倡导社会主义核心价值观，鼓励守法护法，弘扬社会正气，谨守法律底线 |

## 五、课程教学内容、教学方式、学时分配及对课程目标的支撑情况

| 序号 | 课程内容框架 | 教学内容 | 教学方式 | 学时 | 支撑的课程目标 |
|---|---|---|---|---|---|
| 1 | 成都快递分拣员杨某窃取快递物品案 | 文义解释，论理解释，刑事政策解释，司法公正逻辑，法条竞合 | 探究式教学为主，讲授为辅 | 1 | 课程目标1 课程目标2 课程目标3 课程目标4 |
| 2 | 眉山吴某强迫妇女"坐台"案 | 罪刑法定原则，拐卖妇女罪、非法拘禁罪认定 | 探究式教学为主，讲授为辅 | 2 | 课程目标1 课程目标2 课程目标3 课程目标4 |
| 3 | 山东于某案 | 正当防卫的概念和特征，把握认定正当防卫权应当注意的问题 | 探究式教学为主，讲授为辅 | 2 | 课程目标1 课程目标2 课程目标3 课程目标4 |
| 4 | 成都孙某醉驾致人死亡案 | 以危险方法危害公共安全罪 | 探究式教学为主，讲授为辅 | 2 | 课程目标1 课程目标2 课程目标3 课程目标4 |
| 5 | 北京庞某飙车案 | 危险驾驶罪的特征及其司法适用 | 探究式教学为主，讲授为辅 | 2 | 课程目标1 课程目标2 课程目标3 课程目标4 |
| 6 | 杭州胡某飙车肇事案 | 交通肇事罪同其他犯罪的界限 | 探究式教学为主，讲授为辅 | 2 | 课程目标1 课程目标2 课程目标3 课程目标4 |

续表

| 序号 | 课程内容框架 | 教学内容 | 教学方式 | 学时 | 支撑的课程目标 |
|---|---|---|---|---|---|
| 7 | 内蒙古王某收购玉米案 | 非法经营罪的特征及认定，经济犯罪的刑法解释 | 探究式教学为主，讲授为辅 | 2 | 课程目标1<br>课程目标2<br>课程目标3<br>课程目标4 |
| 8 | 成都张某被控合同诈骗案 | 合同诈骗罪同其他诈骗犯罪的区别，合同诈骗罪与一般经济纠纷的界限 | 探究式教学为主，讲授为辅 | 2 | 课程目标1<br>课程目标2<br>课程目标3<br>课程目标4 |
| 9 | 宜宾何某被控虚开增值税专用发票案 | 虚开增值税专用发票用于骗取出口退税、抵扣税款发票罪的认定 | 探究式教学为主，讲授为辅 | 2 | 课程目标1<br>课程目标2<br>课程目标3<br>课程目标4 |
| 10 | 宁夏邵某杀妻案 | 故意杀人罪的认定，不纯正的不作为犯，作为义务，刑法"但书"、缓刑、死刑的适用 | 探究式教学为主，讲授为辅 | 2 | 课程目标1<br>课程目标2<br>课程目标3<br>课程目标4 |
| 11 | 浙江叶某盗窃案 | 盗窃罪的认定，保护法益、单位盗窃、使用盗窃及盗窃罪的既遂标准 | 探究式教学为主，讲授为辅 | 2 | 课程目标1<br>课程目标2<br>课程目标3<br>课程目标4 |
| 12 | 深圳梁某机场拾金案 | 侵占罪的认定 | 探究式教学为主，讲授为辅 | 2 | 课程目标1<br>课程目标2<br>课程目标3<br>课程目标4 |
| 13 | 湖南陈某拒绝警察强制传唤案 | 妨害公务罪的认定 | 探究式教学为主，讲授为辅 | 2 | 课程目标1<br>课程目标2<br>课程目标3<br>课程目标4 |
| 14 | 四川刘某黑社会性质组织案 | 组织、领导、参加黑社会性质组织罪及包庇、纵容黑社会性质组织罪的认定 | 探究式教学为主，讲授为辅 | 2 | 课程目标1<br>课程目标2<br>课程目标3<br>课程目标4 |
| 15 | 重庆宋某购买毒品案 | 走私、贩卖、运输、制造毒品罪及非法持有毒品罪的认定，行为犯和两罪的既遂标准 | 探究式教学为主，讲授为辅 | 2 | 课程目标1<br>课程目标2<br>课程目标3<br>课程目标4 |

| 序号 | 课程内容框架 | 教学内容 | 教学方式 | 学时 | 支撑的课程目标 |
|---|---|---|---|---|---|
| 16 | 重庆李某被控辩护人妨害作证案 | 辩护人、诉讼代理人毁灭证据、伪造证据、妨害作证罪的认定 | 探究式教学为主,讲授为辅 | 1 | 课程目标1 课程目标2 课程目标3 课程目标4 |
| 17 | 北京肖某殴打打假人员案 | 寻衅滋事罪的认定 | 探究式教学为主,讲授为辅 | 1 | 课程目标1 课程目标2 课程目标3 课程目标4 |
| 18 | 乐山官某收受干股案 | 受贿罪的认定。理解约定受贿及该罪既遂的标准 | 探究式教学为主,讲授为辅 | 1 | 课程目标1 课程目标2 课程目标3 课程目标4 |

## 六、课程目标与考核内容

| 课程目标 | 考核内容 |
|---|---|
| 课程目标1　掌握我国刑法的基本精神和重点罪名的罪刑规定 | 刑法总论/分论案例分析 |
| 课程目标2　学会运用刑法理论并根据刑法规定分析和解决实际刑事案件中的各种基本问题 | 刑法总论/分论案例分析 |
| 课程目标3　对本课程知识与相关知识融会贯通,能够运用刑法学的思维、逻辑和方法去考察、分析社会现实问题并作出回应 | 刑法总论/分论案例分析 |
| 课程目标4　培养学生坚持用刑法学思维看待刑事法律事务的习惯,熟知刑事法律术语,能够运用刑法分析刑事法律纠纷,厘清法律关系,具有解决法律纠纷的能力。具有优秀从业能力 | 刑法总论/分论案例分析 |

## 七、课程考核

（一）考核方式

本课程采用学习过程和期末考试相结合的方式进行考核,其中,学习过程考核包括课堂表现、平时作业,占总成绩的比例为40%;期末考试为开卷考试,占总成绩的比例为60%。各种考核方式在课程考核中所占比例与细则见下表。

| 考核方式 | 比例 | 考核/评价细则 |
|---|---|---|
| 学习过程 | 40% | 包括课堂表现（10%）和平时作业（30%）。<br>1. 课堂表现评价标准：基础分60分。在此标准下，本课程按以下细则考核课堂表现：<br>（1）上课做与课程无关的事，每一次扣5分<br>（2）课堂回答内容与本问题无关，每一次扣5分<br>（3）完成小组讨论质量较好，每一次加5分<br>（4）课堂上积极讨论，每一次加5分<br>课堂表现的评判依据，具体见评价标准。<br>注：期末核算，分数为0至100分，超过100分记100分，少于0分记0分<br>2. 平时作业评价标准：<br>包括个人单次作业或小组集体作业。<br>（1）个人作业成绩为个人单次成绩，小组集体作业成绩为小组成员共用成绩<br>（2）每次作业以百分制评分，作业未交或未做记0分<br>（3）以平均数作为平时作业的最终分数 |
| 期末考试 | 60% | 开卷，按照学校的考试安排进行考试。严格按照期末试题参考答案及评分细则进行阅卷 |
| 综合成绩 | 100% | 学习过程（40%）＋期末考试（60%） |

（二）考核标准（略）

## 八、其他说明

课程资源：

（1）自建线上课程资源。

（2）引用线上教学资源——中国裁判文书网，https://wenshu. court. gov. cn/。

# 第三节　实践教学课程之法庭演讲

法庭演讲是指依法出庭的公诉人、辩护人或代理人在法庭调查结束之后、法庭辩论开始阶段，以事实为根据，以法律为准绳，就具体案情当庭发表意见、宣传法制的独白式公开讲话，具有论辩性、宣传性、感染力。[①] 法庭演讲作为一门实践教学课程，是2022版法学专业人才培养方案在2018版法学专业人才培养方案"演讲与口才"课程上的一项改革，力图使课堂教学内容更贴近法学专业学生的需求。

随着社会政治、经济与文化的发展，沟通交流成为人们工作与生活中最普遍的一种社会活动，口才成为人们沟通思想与传递信息必不可少的手段。毋庸置疑，良好的口才是成功的前提条件，对一个人的工作与生活起着重要的促进作用，甚至可以说是决定事业获得成功的一个关键因素。对于法律工作者而言，在处理诉讼案件时，面对特殊对象和对特殊对象实施特殊行为时，以事实为根据，以法律为准绳，直接使用口头语言，正确、高效实施法律或协助法律实施所表现的口语才能至关重要。所以，法庭演讲课程教学具有极强的现实意义，需要广大高校法律教育工作者与法学专业学生高度重视。法庭演讲课程教学既是一门学科知识的传授，又是一项实用技能的培养，与其他学科一样，法庭演讲课程教学需讲究方式方法，与时俱进，创新课堂教学技巧，力争让每位学生都能拥有良好的司法口才，切实增强法学专业学生的综合素质。

## 一、法庭演讲课程教学的方式

在法庭演讲课程教学中，多采用启发式的教学方法，穿插大量的真实司法实例，讲练结合，以练为主，在练中学，在学中练。目前法庭演讲课程教学中大量采用多媒体的辅助教学，能够有效提升课堂教学效率，而且网络资源的整合共享能够为课程的教学提供大量丰富多彩的教学素材，还能打破传统课堂教学的局限性，从而拓展教学的时空性与灵活性，极大地方便学生的学习。另外，通过多媒体技术，任课教师能将抽象、枯燥乏味的教学内容生动、直观地展示在学生面前，更好地营造活跃、轻松的课堂气氛，有助于师生之间的交流，提高学生学习课程的兴趣。比如，播放典型的庭审案例，或中外成功法学专家的公开演讲视频等，这些典型实例教学更易让学生领悟法律的精髓。同时根据课堂教学条件，设置疑问，组织分组讨论或分组进行演讲竞赛，让学生身临其境，从而更灵活地掌握法庭演讲的教学重点与难点。

法庭演讲是一门实践性极强的课程，课程教学必须回归实践，在实践中提升学生的法学理论知识与水平。在突出课程实践的过程中，需要紧紧围绕大纲

---

① 安秀萍：《司法口才学教程（第四版）》，中国政法大学出版社，2023年版，第246页。

要求，明确课程教学的总体目标，并分解到具体的章节，同时还要科学、合理地将教学理论付诸实践，不论课时安排还是实践任务都要统筹兼顾，从而有重点、有针对性地实现教学目标，避免课程教学的无序和盲目性，这样才能提升课程教学的效果。

## 二、法庭演讲课程教学的主要目的

法庭演讲是特殊主体依法出庭参加论辩的控方和辩方发表的公开讲话，是控辩双方从各自诉讼角度出发充分阐述意见、宣传法制的最佳时机，在特殊语境中的艺术性极强的独白式公开讲话，它具有对抗性、攻击性、复杂性等特征。[①] 从演讲与口才学的角度看，法庭演讲既具有一般社会演讲的共同特性，同时又有其突出的个性。从现阶段法庭演讲课程设计的主要内容来看，其教学主要内容包括公诉人演讲、辩护人演讲和诉讼代理人演讲的实训。

公诉人演讲实训主要结合热点案例引发学生探索兴趣，尤其在资讯发达和大众文化影响广泛的当代，学生接触信息的渠道较多，但是各类信息常常是混杂的，案件所涉的各种事实与信息不但是摆在教师和学生面前的丰富的学习资源，更是锻炼思维的敏锐度和准确度的参照物。法庭演讲课程要真正拓展学生知识面和信息量，培养学生思考问题、表述思想的能力，就一定要在课堂中实时加入实际案例，引导学生紧紧围绕起诉书所指控的罪名、犯罪事实、适用法律和社会危害等内容进行分析，对该案证据、案件情况、定罪量刑、适用法律等重大问题，集中发表支持公诉的意见，以达到实际庭审时提醒法庭注意的效果。同时在实训过程中让学生体会到公诉人在法庭上发表公诉意见，刑事诉讼的特定程序为演讲提供了得天独厚的条件。而先发制人，抓住良机，主动发起攻势，占领法庭论辩制高点，给合议庭及旁听群众以强烈的先入为主的首次效应，取得主动权，是公诉人演讲最常用的技巧。公诉人演讲应以理服人，以情感人，以气夺人，融理、情、气于一体，挥洒自如。法庭演讲之后是法庭辩论，法庭演讲的观点就是法庭辩论的焦点。所以，法庭演讲的首要任务是把理说准、说透，抓住案件可能出现的分歧，运用事实和法律，阐述清楚，说理透彻，措辞严密，不给辩护人留下口实，切忌出现不恰当的比喻。

辩护人演讲实训主要针对律师担任被告人的辩护人依法出庭辩护的情形进行。根据刑事诉讼法的规定，律师在法庭辩论的开始阶段，依照事实和法律针

---

① 安秀萍：《司法口才学教程（第四版）》，中国政法大学出版社，2023 年版，第 247 页。

对公诉人的公诉意见发表辩护意见。在庭审活动中发表辩护意见是具有演讲特性的口语表达活动，其内容主旨是行使辩护权，维护被告人的合法权益，提出被告人无罪、罪轻或者应当免除、减轻刑罚的意见。在实训过程中让学生体会到辩护人在法庭上发表辩护意见的优势与劣势，从劣势角度来讲，控方是主动的，辩方是被动的，这一天然的劣势没法改变，因为控方掌握证据在先，始终处于攻势的地位；辩方掌握证据在后，处于守势。但是，律师也有天然优势，这个优势就是举证责任，因为是控方举证，辩方反驳，控方必须保证证据的真实性、合法性、一致性和排他性，这一点对控方来讲压力很大。而作为辩方律师只要攻破控方证据就可以取胜，并不一定要举出反证。律师在辩护时只需要攻破一点，釜底抽薪这一证据就不能成立，就打破了控方证据，控方就要失利，这点就是律师的优势。同时，虽然法庭辩论是一种演讲性质的口头表达活动，实训时也要引导学生明白律师进行法庭辩论的目的是使自己的观点能够被合议庭接受，而不是哗众取宠。司法实践中有一些律师的口才不错，思维敏捷，但是不考虑实效，以各种华丽的辞藻来展示他的个人才华，可能会博得一些掌声和喝彩声，然而这样的表演并未充分表达案件辩护的理由，甚至有时适得其反，因此法庭辩论的侧重点应当是脚踏实地的晓之以理、动之以情、言之有据，重在被合议庭理解与采纳。

诉讼代理人演讲实训主要针对律师担任各类刑事、民事、行政案件的诉讼代理人在法庭调查结束以后，依法依次发表的代理意见进行。在实训过程中，力图使学生准确把握不同性质的诉讼活动的代理演讲的内容、侧重点和方式方法。这部分实训将采取"项目化"的方式分别展开：一是公诉案件中的被害人诉讼代理演讲，二是刑事自诉案件中的自诉人诉讼代理演讲和被告人诉讼代理演讲，三是刑事附带民事案件中的原告人诉讼代理演讲和被告人诉讼代理演讲，四是民事、行政案件中的原告诉讼代理演讲、被告诉讼代理演讲和第三人诉讼代理演讲。学生选择其中部分角色进行训练，体验性质不同的案件在演讲内容、演讲形式、演讲风格上的差异。

为配合公诉人、辩护人、诉讼代理人的演讲实训，课程教学中还需要对法庭演讲稿的拟写进行训练，使学生对公诉意见书、辩护词、代理词的撰写有初步的了解；同时注重训练学生的司法口语表达的技巧，要求学生在演讲中姿势得体，语言表达有一定的修养，声音洪亮悦耳，吐字清晰明快，语速适中、富有节奏。

## 三、法庭演讲课程教学的实施效果展望

法庭演讲课程属于新开设课程，与之前开设的演讲与口才课程侧重点有所不同，还没有实际的经验可供参考与总结，因此这里基于之前演讲与口才课程的实施效果对本次课程改革的未来进行展望。

法庭演讲是法学与演讲口才学交叉的课程，是一门创新课程，它的法律专业性很强，需要深厚的法学理论知识为基础，同时涉及的知识面也很广，包括语法学、修辞学、逻辑学、语言学等相关学科知识。法庭演讲是法律职业工作者的一项专业技能，是依照法律规定，在长期工作实践中积累起来的行之有效的法言法语工作技能和口才艺术。这种技能或艺术具有综合性和专业性的特点，是专业性、知识性、实践性、经验性、技术性很强的法律职业工作。因此，在法庭辩论课程的实际操作中，教师应通过总结司法人员在具体办案过程中常见的司法口才方法和技巧，注重理论与实践相结合，对学生进行司法口才方法、技巧的训练，使学生养成以事实为根据、以法律为准绳，言之有据、言之成理、深入浅出、言简意赅、合乎逻辑、妙语连珠的专业口语技能，培养学生具备娴熟的庭审驾驭技巧、缜密的逻辑思维和敏捷的应变能力、扎实的法律基础及优秀的口语表达能力。

教师在讲授法庭演讲课程时，应该坚持以学生为本与教师为主导的教学思想，培养学生学习的积极性。在日常教学过程中，通过教学平台，为学生创设多元化的教学情景，为学生提供自主学习与自由活动的机会，同时教师也要积极发挥教学主导的教育思想，把握自主学习与自由活动的大方向，及时帮助学生查补缺漏，发现自身存在的问题，在这个基础上让学生在自主学习与自由活动的过程中锻炼自己，真正有所收获，促进法学专业学生未来发展，为学生奠定坚实的专业基础，实现法庭演讲课程的良性发展。

**附件：**

## 法庭演讲课程大纲

### 一、课程信息

课程名称：法庭演讲

适用专业：法学

课程类别：专业发展选修课程

课程性质：综合实践课

课程学时：16 学时

课程学分：1 学分

先修课程：刑法、民法、民事诉讼法、刑事诉讼法、法律文书写作

选用教材：无

主要参考书目：

（1）《司法口才学教程（第四版）》，安秀萍编，中国政法大学出版社，2021 年版。

（2）《杜万华大法官民事商事审判实务演讲录》，杜万华编，人民法院出版社，2016 年版。

**二、课程地位与作用**

本课程是本校开设的专业发展选修课，本课程总共设计了导论、演讲、法律演讲、民事案件法庭代理演讲和刑事案件法庭辩护演讲 5 个模块。法庭演讲的训练模块，旨在提高学生演讲能力和辩护词、代理词的写作，区别一般演讲和法庭演讲。

**三、课程目标**

（一）目标设置

1. 课程教学目标

通过本课程的学习，学生实现以下目标：

（1）了解一般演讲和法庭演讲的区别，学会撰写公诉意见书、辩护词、代理词，熟悉法庭演讲的基本要求和技巧，模拟法庭演讲训练。【毕业要求 1 知识要求】

（2）将所学的专业理论与庭审模拟融会贯通，灵活地综合应用于专业实务之中的法律服务能力与创新创业能力。具备独立自主地获取和更新法学专业相关知识的学习能力。【毕业要求 1 知识要求】

（3）培养学生的法庭演讲能力，进行法律职业道德教育，坚定学生理想信念，秉持法治理念与法律信仰。【毕业要求 2 能力要求】

（4）热爱社会主义祖国，拥护中国共产党的领导，具有服务于建设社会主义法治国家的责任感和使命感，实现德法兼修、立德树人的教学目标。【毕业要求 3 素质要求】

2. 思政教育目标

（1）把社会主义核心价值观引领、法治思维形成、法律实务能力培养，以及涵养忠诚公正、清正廉洁的法律职业道德和法律基础知识的传授贯穿于法庭演讲课堂教学之中，实现德法兼修、立德树人的教学目标。

（2）以法律文书的释法明理，诠释司法裁判在国家治理、社会治理中的规则导向和价值引领作用。

（二）课程目标与毕业要求的关系

1. 课程目标与毕业要求的对应关系

| 课程目标 | 权重 | 支撑的毕业要求 | 支撑的毕业要求指标点 |
|---|---|---|---|
| 课程目标1 | 0.3333 | 1. 知识要求 | 1.2 以职业能力培养为导向，接受法学思维和处理法律事务的基本训练，具有运用法学理论、方法分析解决问题的基本能力 |
| 课程目标2 | 0.3333 | 1. 知识要求 | 1.3 学习法律实务操作，模拟法庭演讲，学会法律文书的写作 |
| 课程目标3 | 0.1667 | 2. 能力要求 | 2.2 探索创新合作能力。具有浓厚的创业兴趣和坚强的创业毅力，具有批判性思维和探索创新意识，能创造性解决专业和职业发展中的问题；具有优秀的敬业品质、完善的创业沟通能力、学习能力和丰富的创业知识 |
| 课程目标4 | 0.1667 | 3. 素质要求 | 3.2 具备良好的人文素养和科学素养，养成良好的道德品格、健全的职业人格、强烈的法律职业认同感，具有服务于建设社会主义法治国家的责任感和使命感 |

2. 课程目标与毕业要求的矩阵关系

| 名称 | 知识要求 | | | 能力要求 | | | 素质要求 | | |
|---|---|---|---|---|---|---|---|---|---|
| | 1.1 | 1.2 | 1.3 | 2.1 | 2.2 | 2.3 | 3.1 | 3.2 | 3.3 |
| 法庭演讲 | | H | | | M | | | H | |
| 课程目标1 | | H | | | | | | | |
| 课程目标2 | | | H | | | | | | |
| 课程目标3 | | | | | M | | | | |
| 课程目标4 | | | | | | | | M | |

## 四、课程内容、教学方式、支撑的课程目标、学时安排

| 课程内容 | 教学方式 | 支撑的课程目标 | 学时安排 |
|---|---|---|---|
| 法庭演讲概述 | 讲授和讨论 | 课程目标 1<br>课程目标 3<br>课程目标 4 | 2 |
| 法庭演讲的特点 | 讲授和讨论 | 课程目标 1<br>课程目标 3<br>课程目标 4 | 3 |
| 公诉意见书、代理词、辩护词的撰写 | 实训 | 课程目标 2<br>课程目标 3<br>课程目标 4 | 3 |
| 法庭演讲训练 | 实训 | 课程目标 1<br>课程目标 3<br>课程目标 4 | 8 |
| 合计 | | | 16 学时 |

### 五、课程考核

（一）法庭演讲考核方式

本课程采用过程考核、期末考核等方式进行，其中，过程考核占总成绩的比例为 40％，期末考核占总成绩的比例为 60％。各种考核方式在课程考核中所占比例与细则见下表。

| 考核方式 | 比例 | 考核/评价细则 |
|---|---|---|
| 过程考核 | 40％ | 分组代理词、辩护词、公诉意见书的撰写质量，学生课堂的参与程度 |
| 期末考核 | 60％ | 文书写作质量和法庭演讲的水平、效果 |
| 综合成绩 | 100％ | 过程考核（40％）＋期末考核（60％） |

（二）考核标准（略）

### 六、其他说明

课程资源：

中国庭审公开网，http://tingshen.court.gov.cn/live。

# 第四节　实践教学课程之法律文书写作

　　法律文书是记录法律活动的文字载体，也是具体实施法律的重要工具。"法律文书写作"课程是具有法律专业性质的应用写作课。

　　法律文书写作是法学学生进入司法实践后接触最多的活动之一，该课程能有效提高学生的法律职业素养和技能，是高校法学教育中不可或缺的一环，是培养新时代全面依法治国法治人才的必备课程。学校应顺应实务部门的实际需求为学生提供极具职业化色彩的文书写作培训，避免学生因缺乏制作法律文书的基本知识和技能，在从业后出现文书制作方面力不从心的状况，无法制作出高质量的法律文书，难以快速进入良好的工作状态，阻碍其自身发展。法律文书的写作水平能反映学生的综合素质，能考查学生对法律专业知识的掌握情况及学生文字语言的驾驭和表达能力，反映学生分析问题、解决问题的法律逻辑思辨能力。作为法学专业学生必修课程，法律文书写作为培养学生满足法律职业应用型、复合型人才的需要，实现国家"德法兼修"法律人才培养目标奠定了基础。

## 一、法律文书写作课程教学的方式

　　为了调动学生学习的积极性和主动性，法律文书写作课程多采用案例与情景教学相结合的方法，通过典型案例设计对学生进行角色分工，使学生切实地感受到现实司法实践工作情境，在模拟训练中学会处理具体法律问题。法律文书写作课程从利于学生掌握法律文书写作的程序性和体系性出发，主要按照民事诉讼、刑事诉讼、行政诉讼三大诉讼情景和非诉讼情景划分教学内容，以案件常规处理流程中所可能依次涉及的相关重要文书确定文书的讲授顺序，要求学生从不同职业视角撰写文书，让学生接触实际案例，模拟制作案件可能涉及的各种重要文书。这种教学方式具有"实战化"的特点，更有利于培养高素质的法治人才。

　　以刑事诉讼情景与案例教学为例，在课堂教学中任课教师将经过处理的典型案例的案情及案件涉及的所有移送审查起诉的证据材料复印件展示、提供给学生，并将全部学生分成四组：第一组为公诉组，模拟检察机关公诉人的角色，负责起诉书、公诉词的拟制；第二组为被害人组，模拟被害人代理律师的角色，负责刑事附带民事诉讼诉状、刑事附带民事诉讼原告代理词的拟制；第三组为辩护组，模拟被告人辩护律师的角色，负责辩护词、刑事附带民事诉讼被告答辩状、刑事附带民事诉讼被告代理词的拟制；第四组为审判组，模拟审判法官的角色，负责一审刑事判决书、刑事附带民事诉讼一审判决书的拟制。所有参与模拟诉讼角色法律文书训练教学活动的学生，在四个小组内自由组合、分工协作完成任务，教师要求四个小组按照诉讼程序，在指定时间内完成诉讼法律文书制作，每组完成的法律文书，均制作成电子版、纸质版转发给教师和其他三组学生，相互比较。每组学生在课堂上通过多媒体展示制作的法律文书并介绍文书的写作思路，通过文书展示案件的诉求主张、证据、事实认定及理由、法律法规适用及法律判定。任课教师当场对每组学生文书中存在的格式欠规范，采纳证据理由、事实认定逻辑说理不到位等问题，及时提出修改建议，激发学生修订完善法律文书的兴趣，引导学生学会用法理发现问题，培训学生掌握撰写相应法律文书的写作技能。在法律文书写作情景模拟的教学方式中，学生作为课堂参与学习主体，教师作为引导者与辅助者，可极大地提升教学效果。

## 二、法律文书写作课程教学的主要目的

法律文书写作课程的主要教学目的在于要求学生掌握我国现行各类主要法律文书体系的构成，结合自己所学的法律知识，以专业的思维方式和严谨的表达方式掌握常用的法律文书写作方法，使其具备一定的法律事务方面的写作基本技能。

在教学过程中，教师引导学生结合具体案例掌握各类法律文书的写作，对每类法律文书相对固定的结构、格式与用语等有清晰把握，详细地了解各类法律文书在重点内容以及格式上的共性要求。要求学生在各类法律文书的写作中，内容要简洁、概括，涉及诉求主张的要有理有据，陈述意见要条理清晰与切中要害，表达观点要明晰有力与通俗易懂，措辞要用法言法语而不要口语化；避免在文书中宣泄个人情感，切忌从道德上贬低或恶意攻击他人。要使学生明白规范化的诉讼文书不仅清楚地反映出案件的真实情况与表达出各方的观点，而且是对法律适用的严谨性与公平性的最好体现。

### 三、法律文书写作课程教学的总结与反思

法律文书写作课程在教学过程中存在一些问题，有待总结与反思，主要有以下三种情况需要进一步思考与改进。

一是现阶段课程地位较低。在教育部 2018 年发布的法学类高等教育教学质量国家标准及 2021 年教育部更新的法学类教学质量国家标准中，要求法学专业核心课程进行分类设置，不论是 2018 版实行的"10+X"还是 2021 版"1+10+X"课程设置模式，法律文书写作课程都属于高校根据自身办学特色开设的其他专业课程。从学时和课时的设置上来说，该课程的学时和课时都不多，导致其在法学专业课程体系中的地位不突出，实际教学中也容易被学生轻视。

二是教师教学热情不高，实践型教学师资有待强化。实务中，各类法律事务往来都是通过法律文书来完成的，写作法律文书对于法律从业者来说是一项极其重要的专业技能。教师虽然清楚其重要性，但由于课程地位等影响，教师的教学热情并不高，对课堂教学活动的设计还不够重视，部分环节无法充分调动学生学习积极性及感知法律文书重要性，课堂气氛略显沉闷。法律文书写作是一门实践性极强的学科，经验在法律实务课程教学中十分重要，目前使用的案例教学法、实训法等教学方式，仅仅只是对司法实践中法律实务工作者撰写文书的模仿，与法律实践中撰写法律文书尚有一定距离，所以该门课程的教师必须由从事兼职律师工作的任课教师来担任。实务型教师能够将自己的法治理念、专业知识和实务经验通过法律文书评析，以生动形象的方式传授给学生。法律文书写作教学中，真实的案例远比空乏理论与范文更具说服力。一方面，具备法律实务经验的教师能够将自身在实践中历练出的实务技能，通过具体案例以法律文书多样化形式加以呈现，将学生引入庭审化模式，在训练过程中传导法律思维方式；另一方面，能够尽可能为学生参与案件撰写法律文书提供实践机会，通过展示文书写作实务经验，传授法律职业技能。

三是课程教学内容须紧跟实务需求。新时代全面依法治国对法学人才教育提出了新的要求，实务部门对法律人员也提出了"来之则能写"的新要求，为应对实务部门的这些新需求，教师必须紧跟热点法律问题，关注社会，积极参与法律实践、了解法律实务，及时、合理地对法律文书写作课程的教学内容和教学方法进行相应调整。基于目前学院部分教师兼职律师的实际状况，应尽快建立一支既富有法学理论课程教学经验，又长期兼职从事律师实务工作的"双

师型"教师为骨干的法律文书写作课程实践性教学团队，促进法律文书写作课程教学水平的提高，革新法律文书写作课程的教学方式。

**附件：**

## 法律文书写作课程大纲（2022版）

### 一、课程信息

课程名称：法律文书写作

课程类别：专业选修课

适用专业：法学专业

课程学时：32学时

课程学分：2学分

先修课程：刑法、民法、刑事诉讼法学、民事诉讼法学

选用教材：《法律文书写作》，马克思主义理论研究和建设工程编委会，高等教育出版社、人民出版社，2022年版

主要参考书目：

（1）《法律文书写作与训练》，王重高主编，中国人民大学出版社，2020年版。

（2）《法律文书格式及实例点评》，周道鸾主编，法律出版社，2018年版。

（3）《司法文书写作指南》，刘洁、刘玉莲主编，法律出版社，2019年版。

（4）《司法文书学》，宁致远主编，中国政法大学出版社，2021年版。

### 二、课程地位与作用

法律文书写作是一门综合性、应用性很强的课程，是法学专业的专业选修课。开设本课程，旨在通过传授国家司法机关、依法授权的法律组织、律师以及国家行政机关、企事业单位、公民个人为解决法律事务而制作的各种法律文书的写作知识，使学生达到能用会写各种法律文书的目的。

学好这门课程可以使学生具体了解和掌握各种常用法律文书的写作知识及要领，并对重要的法律文书辅以必要的实际写作练习，以达到切实提高学生实际写作法律文书技能的根本要求。文书写作训练可以增强法学专业学生法治观念，使其坚定社会主义制度自信，牢固树立社会主义法治理念，为社会主义法治建设的推进贡献力量。

### 三、课程目标

（一）目标设置

通过本课程的学习，学生实现以下目标：

（1）掌握法律文书写作的基本内容，包括基本概念、特点、种类、作用、历史沿革、文书写作需要注意的问题等。【毕业要求1　知识要求】

（2）能够厘清刑事、民事和行政及非讼业务类文书之间的区别和写作要求。【毕业要求2　能力要求】

（3）能够撰写公安机关刑事法律文书及人民检察院刑事法律文书、人民法院裁判文书与律师实务文书和其他非讼业务文书。【毕业要求2　能力要求】

（4）能够综合运用法律文书写作的相关理论，结合国内外法律文书写作学研究现状，正确认识和分析我国司法实践中的现象、案例，能够运用法律文书解决实际问题，运用法律文书承载法治思想，传递平等、正义和法治理念。【毕业要求3　素质要求】

（二）课程目标与毕业要求的关系

1. 课程目标与毕业要求的对应关系

| 课程目标 | 权重 | 支撑的毕业要求 | 支撑的毕业要求指标点 |
|---|---|---|---|
| 课程目标1 | 0.3333 | 1. 知识要求 | 1.2理解和掌握法律文书写作学的基本概念和理论，理解并掌握中国特色社会主义制度的基本内容及其运行规则等 |
| 课程目标2 | 0.3333 | 2. 能力要求 | 2.1保持前瞻性的专业发展眼光，具备独立自主地获取法律文书相关前沿动态的学习更新能力 |
| 课程目标3 | 0.1667 | 2. 能力要求 | 2.2灵活地综合应用法律文书相关知识的处理法律实务问题能力 |
| 课程目标4 | 0.1667 | 3. 素质要求 | 3.2具备良好的人文素养和科学素养，养成良好的道德品格、健全的职业人格、强烈的法律职业认同感，具有服务于建设社会主义法治国家的责任感和使命感 |

## 2. 课程目标与毕业要求的矩阵关系

| 名称 | 知识要求 | | | 能力要求 | | | 素质要求 | |
|---|---|---|---|---|---|---|---|---|
| | 1.1 | 1.2 | 1.3 | 2.1 | 2.2 | 2.3 | 3.1 | 3.2 |
| 法律文书写作学 | | H | | | H | | M | |
| 课程目标1 | | H | | | | | | |
| 课程目标2 | | | | H | | | | |
| 课程目标3 | | | | | M | | | |
| 课程目标4 | | | | | | | | M |

## 四、课程教学内容与重难点

| 序号 | 课程内容框架 | 教学要求 | 教学重点 | 教学难点 | 课程思政 |
|---|---|---|---|---|---|
| 1 | 基础理论 | 通过本章学习，要求学生从总体上了解法律文书写作的基本内容，包括基本概念、特点、种类、作用、历史沿革、文书写作需要注意的问题等，为后续各种具体法律文书写作知识的学习和运用奠定基础 | 法律文书的概念和特点，法律文书的种类和作用，法律文书的历史沿革，法律文书写作的基本要求 | 法律文书写作的基本要求 | 培育爱国情怀，增强文化自信；培育执着专注、严谨审慎的文书制作态度 |
| 2 | 公安机关刑事法律文书及人民检察院刑事法律文书 | 通过本章学习，要求学生全面了解公安机关和人民检察院的刑事法律文书的概念、特点、种类和作用，理解和掌握各类文书的概念、作用、具体写作要求和文书写作需要注意的问题，并达到结合司法实践，能写会用的要求 | 公安机关刑事法律文书：立案、破案文书，强制措施文书，侦查取证文书，延长羁押期限文书，侦查终结文书，补充侦查和复议、复核文书<br>人民检察院刑事法律文书：立案决定书、批准逮捕决定书、起诉书、不起诉决定书、公诉意见书、刑事抗诉书、纠正审理违法意见书 | 立案决定书、提请批准逮捕书、起诉书、公诉意见书 | 培育社会主义法治意识、依法维权意识、程序意识，培育严谨审慎的文书制作态度 |

续表

| 序号 | 课程内容框架 | 教学要求 | 教学重点 | 教学难点 | 课程思政 |
|---|---|---|---|---|---|
| 3 | 人民法院裁判文书 | 通过本章学习,要求学生在了解人民法院刑事、民事、行政裁判文书的概念、作用和分类的基础上,具体了解和掌握几种常用文书的概念、作用、具体写作要求、文书写作需要注意的问题,并能达到结合司法实践,能写会用的要求 | 人民法院刑事裁判文书:刑事判决书、第一审刑事判决书、第二审刑事判决书、再审刑事判决书、刑事裁定书 人民法院民事裁判文书:民事判决书、第一审民事判决书、第二审民事判决书、再审民事判决书、民事调解书、民事裁定书 人民法院行政裁判文书:第一审行政判决书、第二审行政判决书、再审行政判决书、行政赔偿调解书、行政裁定书 | 一审刑事判决书、二审刑事判决书、再审刑事判决书 一审民事判决书、调解书、二审民事判决书、再审申请书、再审裁定书 一审行政判决书 | 培育社会主义法治理念和公正为民的司法精神,培育严谨审慎、规范权威的司法文书制作态度 |
| 4 | 律师实务文书与其他非讼业务文书 | 通过本章学习,要求学生在全面了解律师实务文书与其他非讼业务文书的概念、作用、特点和种类的基础上,具体了解和掌握律师实务文书与非讼业务文书中常用的诉状类文书、申请书、法庭发言词等文书的概念、作用、具体写作要求、文书写作需要注意的问题,并达到结合司法实践,能写会用的要求 | 诉状类文书、申请书、其他非讼业务文书 | 民事起诉状,答辩状、保全申请书,民事代理词、证据清单,民事上诉状,行政起诉状,合同拟定,赋予强制执行效力的债权文书公证,和解协议、调解协议,仲裁申请书、仲裁裁决书 | 培养程序意识、权力制约意识,强化培育法治、诚信、敬业等社会主义核心价值观;培育执着专注的文书制作态度 |

## 五、课程教学内容、教学方式、学时分配及对课程目标的支撑情况

| 序号 | 课程内容框架 | 教学内容 | 教学方式 | 学时 | 支撑的课程目标 |
|---|---|---|---|---|---|
| 1 | 基础理论 | 法律文书的概念和特点，法律文书的种类和作用，法律文书的历史沿革，法律文书写作的基本要求 | 讲授 | 2 | 课程目标1<br>课程目标2<br>课程目标3<br>课程目标4 |
| 2 | 公安机关及检察院刑事法律文书 | 公安机关刑事法律文书：立案、破案文书，强制措施文书，侦查取证文书，延长羁押期限文书，侦查终结文书，补充侦查和复议、复核文书<br>人民检察院刑事法律文书：立案决定书、批准逮捕决定书、起诉书、不起诉决定书、公诉意见书、刑事抗诉书、纠正审理违法意见书 | 案例讨论与文书练习及讲授辅导相结合 | 10 | 课程目标1<br>课程目标2<br>课程目标3<br>课程目标4 |
| 3 | 人民法院裁判文书 | 人民法院刑事裁判文书：刑事判决书、第一审刑事判决书、第二审刑事判决书、再审刑事判决书、刑事裁定书<br>人民法院民事裁判文书：民事判决书、第一审民事判决书、第二审民事判决书、再审民事判决书、民事调解书、民事裁定书<br>人民法院行政裁判文书：第一审行政判决书、第二审行政判决书、再审行政判决书、行政赔偿调解书、行政裁定书 | 案例讨论与文书练习及讲授辅导相结合 | 10 | 课程目标1<br>课程目标2<br>课程目标3<br>课程目标4 |
| 4 | 律师实务文书与其他非讼业务文书 | 诉状类文书、合同拟定、其他非讼业务文书 | 案例讨论与文书练习及讲授辅导相结合 | 10 | 课程目标1<br>课程目标2<br>课程目标3<br>课程目标4 |

### 六、课程目标与考核内容

| 课程目标 | 考核内容 |
|---|---|
| 课程目标 1 | 法律文书基础理论 |
| 课程目标 2 | 公安机关及检察院刑事法律文书 |
| 课程目标 3 | 人民法院裁判文书 |
| 课程目标 4 | 律师实务文书与其他非讼业务文书 |

### 七、考核方式与评价细则

本课程采用过程考核和期末考试相结合的方式进行考核，其中，过程考核包括课堂表现、平时作业、小组讨论，占总成绩的比例为 40%；期末为闭卷考试，占总成绩的比例为 60%。各种考核方式在课程考核中所占比例与细则见下表。

| 考核方式 | 比例 | 考核/评价细则 |
|---|---|---|
| 过程考核 | 40% | 完成平时作业和小组讨论、课堂表现等活动，最后以平均数作为最终分数 |
| 期末考试 | 60% | 严格按照期末试题参考答案及评分细则进行阅卷 |
| 综合成绩 | 100% | 课堂表现（12%）＋平时作业（16%）＋小组讨论（12%）＋期末考试（60%） |

### 八、其他说明

课程资源（学生课外学习资料参考）：

（1）明德公法网，http://www.calaw.cn/。

（2）中国大学 MOOC，http://www.icourse163.org/法律文书写作学。

## 第五节　实践教学课程之模拟审判

模拟审判是法学专业实践教学环节的重要组成部分，作为一种应用性极强的实践教学方式，模拟审判是在教师的指导下，选择典型刑事、民事、行政案例，让学生模拟担当诉讼当事人和参与人，通过扮演法官、当事人、律师等各种诉讼角色来模拟真实的诉讼庭审过程，参与预先设计好的案件审理与裁判。模拟审判由于具有实践导向，以学生为主体、教学环境的逼真性及思维训练的多维度性，成为普通高校法学专业教学实践课程的中心环节。模拟审判教学，要求学生研读案例，梳理卷宗信息，查找证据，识别争议焦点，开展讨论研究，组织庭审，展开辩论，撰写法律文书等，综合课堂教学与知识实践教学的各种元素，能指导学生融会贯通所学的各部门法知识。模拟审判教学在训练学生分析、解决实务问题方面可以解决传统法学教学理论与实践脱节的矛盾，学生在校期间通过接触和处理真实案件，理解、运用与掌握所学的专业知识，协同能力和基本职业技能得以提升，对职业责任和道德的理解进一步加深，可为培养合格的法律实务人才奠定坚实基础。

## 一、模拟审判课程教学的方式

现行模拟审判课程的主流教学方法为"表演型"模拟法庭。这种模拟法庭训练课程的操作模式基本如下：首先，由授课教师选择近几年有争议和讨论点的案例，然后让学生进行分组并确定小组组长，以组长抽签的方式，让每组学生拿到一个不同的案例。其次，学生自行分配角色，了解庭审程序，进行庭审模拟。在庭审模拟的过程中，学生遇到问题，可以向指导教师请教。再次，学生能够独立完成庭审程序后，指导教师再次对学生进行指导，从程序把控和文书写作等方面给予学生建议。最后，在所有学生在场的情况下，以表演的方式进行验收，指导教师总结并点评。这种"表演型"授课模式，能够达到学生初步掌握庭审程序这一教学目的，也能够让学生初步掌握法律文书的写作，可在一定程度上锻炼学生查找资料、分析资料、法言法语运用等方面的能力。

模拟审判在具体实践教学中，主要从庭审前的充分准备、正式的开庭审理模拟、模拟后的评价与总结等具体方面开展。

### （一）庭审前的充分准备

#### 1. 学生自主选择模拟案例和分配角色

教师提供案例材料，并分配学生组成各个小组选择案件模拟，学生也可自行组成小组集体商量讨论，选定合适的模拟案件。教师对案例进行把关，尽量选择争议性较大的案例，以此可以锻炼学生的能力。每个班级根据学生的总人数确定可供选择的案件的数量与模拟的数量，要求每个学生都能参与模拟法庭的实践学习。学生根据选定案件的具体情况，确定模拟案件的控方、辩方、审判方等角色。学生之间也可以沟通商量转换角色，通过角色互换，针对同一案

例再进行模拟以达到换位思考的目的。通过对不同角色的认知，学习不同角色
应承担的职责，以及法律实务流程的技巧，提升学生的综合实务技能。

### 2. 小组讨论分析案情

学生拿到案件材料后，要善于查找资料，充分熟悉案情，对模拟案件进行
初步分析。对于案件中涉及的证据材料，学生要运用逻辑推理的方式对证据进
行比较、鉴别、评判等，确认证据的真实性、合法性、关联性，看证据是否达
到证据确实的要求等。案例小组可以通过开会等形式对案件进行集体讨论。每
一个小组成员向其他成员表达自己的看法，并以此为基础，根据案件事实、证
据对案件的定罪与量刑，进行深入的讨论与思考。在集体讨论时，每位学生要
充分发言，表达自己的看法并合理听取他人的观点，同时在教师的指导、启发
下，进一步解决疑难问题，从而得出一个较为准确的初步结论。

### 3. 诉讼文书的准备工作

学生根据模拟的角色承担其各项权利、义务和职责。各个学生根据模拟的
角色要求，完成起诉书、辩护词、代理词等诉讼文书。需要注意的是，诉讼文
书的制作一定要符合法律规范。学生通过诉讼文书的准备工作，可以进一步熟
悉法庭的基本运作程序和技巧。

### （二）正式的开庭审理模拟

开庭审理是整个模拟法庭教学中的关键环节。为了使模拟法庭教学更加贴
合实践中的庭审现场，学校配备专门的模拟法庭实验室，配置了法官服、法警
服等。通过真实的模拟法庭，学生体验到法律的威严性和公正性，有助于提升
学生对法律的信仰和从事法律的职业道德素质。此外，对庭审过程进行录像，
能帮助学生和教师进行课后复盘和教学评价。

### （三）模拟后的评价与总结

指导教师对案件的模拟演示过程进行观摩，在案件模拟结束后，针对模拟
过程中存在的亮点和问题进行现场点评，对学生的展示予以有针对性、全面性
的评价。学生在模拟法庭课程结束后，要及时对该课程进行自我思考与总结。
学生以书面形式提交总结材料，作为模拟法庭课程的成绩评定依据。在总结材
料中学生应重点表达自己对模拟法庭课程的认识和感想，对自身参与模拟法庭
有一个明确的评价。学生在模拟法庭中发现自己和同学的优点与不足，以及给

予一定的建议与意见等，实现内化吸收和外部升华。

## 二、模拟审判课程教学的主要目的

模拟审判课程通过民事、刑事和行政案件的精心选择、分组讨论、角色扮演与模拟审判，在教学中系统地对学生的民事与行政诉讼代理、刑事辩护与公诉，以及各类案件的审判能力进行有针对性的训练，帮助学生掌握诉讼法的基本概念、基本理论和各类案件庭审程序的具体内容，全面提高学生分析、解决诉讼中实际问题的能力，培养其创造性、实践操作能力与法律知识的综合运用能力，并进一步夯实学生的理论功底，为学生将来毕业后从事法律实务工作打好坚实的基础。学生通过模拟法庭的实践，遵从程序法的相关规定，对各类案件一审、二审和再审庭审程序有更直观而深刻的认识和把握；学生通过对案件材料的阅读、分析、整理和总结，掌握案件分析方法、庭审辩论方法、法律文书制作技巧等法律专业技能；学生通过实实在在的亲身感知，了解司法实践的实际运行过程。学生在整个模拟训练过程中，逐步养成积极的法律职业意识和态度，主动学习如何在小组中与同学沟通协作，学习在庭审过程中抗辩的沟通技巧。模拟审判课程可以帮助学生更加具体和全面地了解必备的法律职业技能，并在实际运作法庭程序中将实体法知识运用于案件纠纷的解决，激发学生对程序法的兴趣，锻炼法律思维能力与掌握解决问题的技巧，为学生自身未来的法律职业发展奠定基础。

## 三、模拟审判课程教学的总结与反思

模拟审判课程教学模式在实际运用中存在一些问题，在一定程度上影响着模拟法庭的教学价值。

首先，模拟审判课程教学方式在模拟时存在呆板的"表演式"情况。在教学过程中，由于在模拟前案件就预先设计好庭审中各个角色的发言及流程，忽视了"货真价实"的实践，往往学生通过戏剧化的"表演"来完成模拟法庭的教学课程，使得教学活动变成了学生对案件"剧本"照本宣科的复述，学生过分追求模拟而忽略了课程教学本身带给学生的价值，将一场本应充分展现学生思辨能力的教学案件模拟沦为简单的司法实务流程的演练。

2017年10月，为深入推进院校合作，创新"法院开放日"形式和内容，深化司法公开，推动省级"卓越法律人才"与"法制教育示范基地"创建，内江市中级人民法院与内江师范学院联合开展了一次庭审模拟教学活动。入选教育部、中央政法委"高等学校与法律实务部门人员互聘'双千计划'"的内江市中级人民法院民三庭庭长，以内江师范学院兼职教师与案件承办人的双重身份，为政治与公共管理学院 230 余名法学专业学生和实习生，进行了一堂别开生面的现场教学。参加活动的学生和实习生在法院第一审判庭进行了一场规范化庭审模拟，学生进入角色情境，进一步获得学校知识以外的实践经验，将平时在学校里学习的理论知识与实践有效地结合起来。在现场互动环节，法院指导教师与学生就案件中涉及的法律问题进行了热烈讨论。这场活动得到了大多数学生积极正面的反馈。但也有学生在总结材料中认为从模拟法庭的现场气氛来看，整个模拟法庭都在一个较安静、平和的环境下进行，而在真正的法庭上，矛盾双方肯定会因彼此的矛盾而争吵不休，法官维持秩序的作用没有很好地体现。同时模拟法庭上，双方除了发表对问题的看法外，没有更多的语气或表情，感觉不到矛盾的气氛。他们认为法庭也是一个解决矛盾的地方，所有与案件相关的人都会积极参与到法庭审理中，也会积极发表自己的见解，特别是在法庭辩论阶段，当事人双方应该就问题展开较多的争论，而在模拟法庭的辩论阶段却非常短暂。此次参与模拟法庭的诉讼人员的表现都十分投入，但旁听的学生只能从表面去了解案件事实，而不能深入理解案件当事人的心情、想法，也不能体会胜诉对自己的重要性。审判长在敲法槌时过于谨慎，没有表现出应有的威信度；双方代理人表现过于平淡，似乎与案情无关。参与人对模拟法庭准备得不充分，对案件涉及的一些专业知识了解不够，不能完全拿出有力的证据去辩驳对方的言辞，在出示证据的时候，证据较少，对被告人犯罪后的一系列行为的质疑和疑问的追究不够深入，存在很多漏洞。由此可见，"表演式"的模拟审判在学生心目中的地位不及预期，在培养学生聚焦案件核心问题与临场反应的能力上有待加强。

其次，模拟审判教学案例选取需要精耕细作。在教学过程中，被选用的案例大多都是经过教师改编简化的，被改编后的案例在真实性和完整性上有所欠缺，使得学生模拟的案件与在真实的司法实践中接触的案件相差甚远，无法感知真实的庭审，也无法真正锻炼学生解决司法实践中疑难案件的能力。在这种情况下，学生在面临真实的司法案件时无从下手，不能正确地处理司法案件。因此在选择模拟法庭教学案例时，指导教师应当确保使用的模拟法庭教学材料真实，与现实的司法案件材料相同或相近，或者选取指导意义较强，具有代表性、在区域范围内有较大影响的案件，同时保证模拟法庭教学材料的完整性，使用的证据材料应更原始且更接近真实案件，对案件的细节内容材料反复斟酌，让学生利用理论知识进行分析，真切体验到真实案件的庭审过程，以培养学生在案件模拟过程中面对复杂案情和突发状况时的应对能力，使学生对案件事实有关法律的运用更为熟练，关键问题的分析更为精准。

最后，进一步增强模拟审判教学保障的措施。一方面，模拟审判课程配置的课时时间较短，课堂上基本由学生参与模拟，以走流程的形式完成教学内容，从而导致学生发言、教师点评、教师与学生分析交流等环节的时间不够。另一方面，师资力量不强，无法形成教学团队。目前学校专业教师大部分注重科研理论上的教学，缺乏司法实践经验，在实践教学上能力不足。同时，与校外法院、检察院、律所等司法实务部门的沟通和交流不畅，学校与这些部门尚未达成成效显著的联合培养学生机制，这也导致无法配置良好的师资力量服务于模拟审判教学。近年来学校与内江市中级人民法院加强了这方面的合作，但总体效果还有待提升，双方在开展优秀的模拟法庭教学，使模拟法庭更加规范化及让学生得到更多的锻炼方面还需进一步深度交流与合作。

**附件：**

**模拟审判课程大纲**（2022 版）

**一、课程信息**

课程名称：模拟审判

课程类别：专业选修课

适用专业：法学专业

课程学时：64 学时

课程学分：4 学分

先修课程：刑法、民法、刑事诉讼法学、民事诉讼法学、行政法与行政诉讼法

选用教材：《模拟审判：原理、剧本与技巧（第四版）》，廖永安、唐东楚、王聪著，北京大学出版社，2022 年版

主要参考书目：

（1）《模拟审判教程》，姜文明主编，中国社会出版社，2021 年版。

（2）《模拟审判实务教程》，刘潇潇、彭家明主编，中国政法大学出版社，2018 年版。

（3）《模拟法庭教科书》，申君贵主编，湘潭大学出版社，2007 年版。

（4）《模拟法庭实验教程》，赵杰主编，北京大学出版社，2020 年版。

## 二、课程地位与作用

模拟审判是一门综合性、应用性很强的课程，是法学专业的专业选修课。开设本课程，旨在通过传授和模拟审判知识，培养学生解决具体法律问题的实践能力。

学好这门课程可以使学生具体了解和掌握各种审判程序和技巧，并对重要的法律文书辅以必要的实际写作练习，以达到切实提高学生分析法律问题、收集合法证据、准确运用法律的技能这一根本要求。模拟庭审训练可以增强法学专业学生法治观念，使其坚定社会主义制度自信，牢固树立社会主义法治理念，为社会主义法治建设的推进贡献力量。

## 三、课程目标

（一）目标设置

通过本课程的学习，学生实现以下目标：

（1）掌握模拟审判的基础理论，熟悉民事、刑事和行政诉讼的庭审程序，熟悉各类司法文书，真正理解证据的"三性"并能收集、审查、判断和运用证据。【毕业要求1 知识要求】

（2）能够分析和处理刑事、民事和行政具体案件，能担任公诉人、审判员、辩护人和原告、被告等司法角色，具备法律思维能力、法言法语运用能力、文书写作能力和庭审心理素质。【毕业要求1 知识要求】

（3）能够综合运用审判的相关理论，结合国内外司法审判的研究现状，正确认识和分析我国司法实践中的现象、案例，能够通过诉讼解决实际问题，通过审判承载法治思想，传递平等、正义和法治理念。【毕业要求2 能力要求】

（4）通过各类案件的模拟审判，引导法学专业人才基本素养和法治品格的形成，确保学生在接受法律知识与实务训练的阶段就能形成最基本的社会主义法价值观，培养学生真正建立起社会主义法律信仰。【毕业要求3 素质要求】

（二）课程目标与毕业要求的关系

1. 课程目标与毕业要求的对应关系

| 课程目标 | 权重 | 支撑的毕业要求 | 支撑的毕业要求指标点 |
|---|---|---|---|
| 课程目标1 | 0.2857 | 1. 知识要求 | 1.2理解和掌握模拟审判的基本概念和理论，理解并掌握中国特色社会主义司法制度的基本内容及其运行规则等 |
| 课程目标2 | 0.2857 | 1. 知识要求 | 1.3能够运用所学知识分析、解决审判实践中相关问题 |
| 课程目标3 | 0.2857 | 2. 能力要求 | 2.1能够保持前瞻性的专业发展眼光，具备独立自主地获取模拟审判相关前沿动态的学习更新能力 |
| 课程目标4 | 0.1429 | 3. 素质要求 | 3.1坚持德育为先，掌握基础的通识知识，掌握马克思主义、毛泽东思想与中国特色社会主义理论思想的基本观点与基本方法，增进对中国特色社会主义的政治认同、思想认同、理论认同和情感认同，践行社会主义核心价值观。牢固树立正确的世界观、人生观和价值观，树立良好的法律职业道德观，全面发展、健康成长 |

2. 课程目标与毕业要求的矩阵关系

| 名称 | 知识要求 | | | 能力要求 | | | 素质要求 | |
|---|---|---|---|---|---|---|---|---|
| | 1.1 | 1.2 | 1.3 | 2.1 | 2.2 | 2.3 | 3.1 | 3.2 |
| 模拟审判学 | | H | | | H | | L | |
| 课程目标1 | | H | | | | | | |
| 课程目标2 | | | H | | | | | |
| 课程目标3 | | | | H | | | | |
| 课程目标4 | | | | | | | L | |

## 四、课程教学内容与重难点

| 序号 | 课程内容框架 | 教学要求 | 教学重点 | 教学难点 | 课程思政 |
|---|---|---|---|---|---|
| 1 | 模拟审判理论 | 全面介绍模拟审判的基础理论，兼顾普遍性和特殊性，将法庭审判的一般原理与中国特色紧密结合 | 审判的原理，审判的结构，审判的基本原则，审判制度的改革方向和成果 | 审判的基本原则和审判技巧 | 让学生理解中国法治思维是马克思列宁主义关于国家与法的理论同中国国情和现代化建设实际相结合的产物，是中国社会主义民主与法治实践经验的总结 |
| 2 | 刑事审判模拟 | 全面了解刑案公诉、辩护和审判的程序，会撰写起诉书等文书，会收集证人证言、口供等证据，能担任公诉人、辩护人和审判长等角色 | 法庭调查和法庭辩论的法律规定和司法运用，定罪和量刑的最新立法和司法运用 | 举证和质证的方法和技巧，证据规则的运用 | 坚定"四个自信"，注重社会主义核心价值观传播，强化学生的使命感和责任感，培养学生的法治理念 |
| 3 | 民事审判模拟 | 全面了解民案起诉、答辩和审判的程序，会撰写判决书等文书，会收集鉴定意见、书证等证据，能担任代理人、证人和审判长等角色 | 民诉法庭调查和法庭辩论的法律规定和司法运用，债权、物权和侵权的最新立法和司法运用 | 判决书如何说理 | 注重社会主义核心价值观传播，增强实事求是理念，强化学生的唯物主义认知论 |
| 4 | 行政诉讼模拟 | 全面了解行政诉讼起诉、答辩和审判的程序，会撰写判决书等文书，会收集鉴定意见、书证等证据，能担任代理人、证人和审判长等角色 | 法庭调查和法庭辩论的法律规定和司法运用；民事检察的相关制度，包括听证会制度 | 举证责任倒置背景下的证据运用技巧 | 培养程序意识、权力制约意识，强化公正意识 |

## 五、课程教学内容、教学方式、学时分配及对课程目标的支撑情况

| 序号 | 课程内容框架 | 教学内容 | 教学方式 | 学时 | 支撑的课程目标 |
|------|------------|---------|---------|------|--------------|
| 1 | 模拟审判理论 | 模拟审判的基础理论，模拟审判的方法，主要诉讼法律的梳理，证据法的梳理，模拟审判的注意事项，法律思维的庭审运用，法律语言的特点和要求，司法礼仪的历史和要求 | 讲授与讨论结合 | 4 | 课程目标1<br>课程目标2<br>课程目标3<br>课程目标4 |
| 2 | 刑事审判模拟 | 小组训练，全班模拟、点评、总结 | 练习为主，讲解为辅 | 28 | 课程目标1<br>课程目标2<br>课程目标3<br>课程目标4 |
| 3 | 民事审判模拟 | 小组训练，全班模拟、点评、总结 | 练习为主，讲解为辅 | 27 | 课程目标1<br>课程目标2<br>课程目标3<br>课程目标4 |
| 4 | 行政审判模拟 | 小组训练，全班模拟、点评、总结 | 练习为主，讲解为辅 | 5 | 课程目标1<br>课程目标2<br>课程目标3<br>课程目标4 |

## 六、课程目标与考核内容

| 课程目标 | 考核内容 |
|---------|---------|
| 课程目标1：掌握模拟审判的基础理论，熟悉民事、刑事和行政诉讼的庭审程序，熟悉各类司法文书，真正理解证据的"三性"并能收集、审查、判断和运用证据 | 法律思维、法律理念、司法礼仪、诉讼法常识、证据法核心内容 |
| 课程目标2：能够分析和处理刑事、民事和行政具体案件，能担任公诉人、审判员、辩护人和原告、被告等司法角色，具备法律思维能力、法言法语运用能力、文书写作能力和庭审心理素质 | 庭审模拟表现 |
| 课程目标3：能够综合运用审判的相关理论，结合国内外司法审判的研究现状，正确认识和分析我国司法实践中的现象、案例，能够通过诉讼解决实际问题，通过审判承载法治思想，传递平等、正义和法治理念 | 分析具体刑事、民事和行政司法事件，典型案例的发言与总结 |

| 课程目标 | 考核内容 |
|---|---|
| 课程目标4：通过各类案件的模拟审判，引导法学专业人才基本素养和法治品格的形成，确保学生在接受法律知识与实务训练的阶段就能形成最基本的社会主义法价值观，培养学生真正建立起社会主义法律信仰 | 庭审模拟文书写作内容与技巧 |

## 七、考核方式与评价细则

本课程完全采用过程考核的方式进行考核，包括课堂表现、文书写作、证据运用、法律运用、模拟效果，分别占总成绩的比例为 20%，评价细则见下表。

| 序号 | 考核点 | 占比 |
|---|---|---|
| 1 | 课堂表现 | 20% |
| 2 | 文书写作 | 20% |
| 3 | 证据运用 | 20% |
| 4 | 法律运用 | 20% |
| 5 | 模拟效果 | 20% |

## 八、其他说明

课程资源（学生课外学习资料参考）：

（1）明德公法网，http://www.calaw.cn/。

（2）中国大学 MOOC，http://www.icourse163.org/模拟审判。

# 第六节 实践教学课程之专题辩论

辩论是一个对抗的过程，其目的是说服对方接受己方的观点，或迫使对方放弃自己片面的、错误的见解或主张。辩论是日常生活中常见的、广泛使用的会话形式。①

专题辩论是由法学教研室选取理论界与实务界分歧比较大、与社会生活联系比较密切的热点法学专题，组织学生以正反方的形式展开辩论，通过教研室

---

① 滕龙江：《辩论技法与辩论口才》，云南人民出版社，2020年版，第4页。

教师分组组织辩论赛的方式实施。教研室提前将论题布置给全班，全班分小组进行辩论比赛，辩论赛结束后提交书面总结。法律专题辩论课程为学生掌握辩论技巧、运用法律知识、使用法言法语发表观点创造了条件，也培养了学生的语言表达能力、逻辑思辨能力和临场应变能力。

## 一、专题辩论课程教学的方式

专题辩论课程教学的关键环节是案例分析与讨论，辩论材料的选择是课程教学的重中之重。教研室主导教师选择作为法庭辩论大赛的案例多为当年典型、真实且引发社会广泛关注与探讨的热点话题。这些案例因为有法律界及社会各界人士的广泛讨论，不同观点与丰富的资料可供学生查阅并作为辩论参考，方便学生深入了解案件的来龙去脉，激发学生的参与积极性，更好地运用法律知识进行辩论。

为了确保全部学生都能参与实践环节，主要借鉴普通辩论赛的相关程序，避开真实法庭辩论环节对参与人数和程序的限制。在审判组学生宣布法庭辩论正式开始后，先由原告组（公诉组）学生简要陈述其控诉主张，再由被告组（辩护组）学生简要陈述本方答辩（辩护）意见；接着在审判组学生引导下，双方进入自由辩论阶段，每位学生均需参与发表辩论观点；最后由双方组长分别作总结陈述。审判组学生对双方的辩论进行公正评判并评分；指导教师确认评分具有区分度且无遗漏之后，当场对辩论进行总结并表彰宣布 2~4 名学生为最佳辩手。为了确保学生在专题辩论课程中实现刑事、民事、行政案件各类角色的互换，以达到职业换位思考，分别体验检察官、律师和法官这三种职业的不同感受，本门课程教研室全体教师参与分小组教学，严格要求学生在专题辩论中必须进行角色轮换。在辩论阶段，要求每位学生全心投入，用语文明，不得使用讽刺、侮辱的语言；要有良好的体态，展现法律人的风度与气魄，引导学生构建起完善、系统的逻辑思维能力。

## 二、专题辩论课程教学的主要目的

专题辩论课程教学的主要目的在于帮助学生储备与消化法学专业知识，积累法庭辩论的实战经验，在辩论中体验律师、检察官和法官这三种法律职业的不同要求与感受，形成法律从业人员的司法理念与职业精神，摒弃不同法律职业间的偏见和误解，提高对法律专业的认同感，全面培养适合于未来法律岗位的优秀人才。

专题辩论课程教学的目的还包括强化学生团队精神和促进学生自我导向学习能力的养成，分组讨论与辩论是一个团队的合作活动，全体成员齐心协力共同努力，方能打败对手。因此在辩论进行的各个环节，每位学生分工明确，各司其职，各尽其责；共同协商并各抒己见，通过深入思考并不断开阔思维，学生的创新竞争意识和学习热情得到极大的激发；讨论环节每组汇总的观点以及辩论环节每位辩手发言的观点更是博采众长的智慧结晶，学生的口头表达能力、临场应变和分析问题等综合实践能力得到有效提升。

## 三、专题辩论课程教学的总结与反思

专题辩论中的双方在辩论中必须做到依法论事，以法说理及以理服人，要求学生具备稳重的心态、敏捷的思维、语言的气势以及相应的辩论技巧。

从专题辩论实践教学模式实施的情况来看，指导教师在实训中还需要在以下几方面进行完善：一是在灵活度与难度较大的自由辩论阶段，学生易出现诸多问题。对实体法掌握得是否扎实以及临场发挥能力是否过硬，都会直接影响学生对辩论焦点的把握，指导教师应及时引导学生全面把握和紧扣案件的争议焦点展开充分辩论，明晰辩论思路。指导教师训练学生在辩论时保持沉着冷静，不能慌张，以不变应万变，直接按照既定的辩论框架与思路，清晰阐述本方的辩论观点，见招拆招，把握时机寻找对方狡辩中的逻辑漏洞与自相矛盾之处等辩论技巧。二是辩论一方在遇到突发辩论状况时无法很好应对，特别是面对对方突然提出的犀利观点时措手不及，辩论突然出现卡顿、冷场或场面混乱等现象时，指导教师应主动介入，加强课堂组织，引导学生全神贯注听取辩论意见，调整好心态，组织好自己的语言进行反击，并想办法打破对方的进攻节奏，提升学生的临场应变能力，不断积累实战经验。三是辩论一方在情急之下不经思考说出没有证据支持的观点，甚至出现与案情无关的不严肃发言现象，需要指导教师及时引导学生坚持以事实与法律为依据的辩论基本原则；当学生辩论中缺乏风度与规范意识时，也需要指导教师及时制止。对一些学生在辩论过程中过于紧张，只关注自己即将发言的内容，无法与对手针锋相对，或底气不足或注意力很难集中的现象，指导教师也应作积极引导，促使学生增强自信。指导教师要控制好整个专题辩论的时间与节奏，以确保辩论充分与辩论效率的兼顾。综上所述，学生在专题辩论中难免存在一些不足，但在指导教师的耐心指导下，学生通过多次辩论实践训练，不足之处必将逐步地被克服和解决。专题辩论作为法学实践模式，能有效弥补程序模拟训练的局限，帮助学生加深对相关实体法理论知识的认识和理解。

附件：

## 专题辩论课程大纲（2022 版）

### 一、课程信息

课程名称：专题辩论

课程类别：专业发展选修课程

适用专业：法学

课程学时：16 学时

课程学分：1 学分

先修课程：刑法、民法、刑事诉讼法、民事诉讼法、行政诉讼法

选用教材：无

主要参考书目：

（1）《法庭辩论》，尚永昕编著，南京大学出版社，2019 年版。

（2）《辩论技法与辩论口才》，滕龙江编著，云南人民出版社，2020 年版。

（3）《实用辩论技法大全》，《实用文库》编委会编，电子工业出版社，2007 年版。

### 二、课程地位与作用

专题辩论是一门实践性、应用性很强的课程，是法学专业的专业选修课。开设本课程，旨在通过开展专题辩论，培养学生实践能力。

学好这门课程可以使学生具体了解法庭辩论的方法和技巧，以达到切实提高分析法律问题，并让事实问题、证据问题和法律适用问题越辩越明这一根本要求。专题辩论可以增强法学专业学生法治观念，使其坚定社会主义制度自信，牢固树立社会主义法治理念，为社会主义法治建设的推进贡献力量。

### 三、课程目标

（一）目标设置

1. 课程教学目标

通过本课程的学习，学生实现以下目标：

（1）掌握法庭辩论的基本方法与技巧，理解法庭辩论和一般辩论的区别。

【毕业要求 1 知识要求】

（2）运用法律思维、法律逻辑分析法律问题，熟练运用法言法语表达法律

问题，具备较强的临场心理素质和应变能力。【毕业要求 2　能力要求】

（3）综合运用法学的相关理论，结合国内外司法审判的现状，正确认识和分析我国司法实践中的现象、案例，能够通过专题辩论解决实际问题，养成法律职业精神，传递平等、正义的法治理念。【毕业要求 3　素质要求】

（4）充分体验律师、检察官和法官这三种法律职业的不同要求与感受，形成相应的司法理念与职业精神，谨记维护公平公正的职业伦理与专业使命。【毕业要求 3　素质要求】

2. 思政教育目标

（1）培养学生实事求是、诚信守法的思想道德品质。

（2）增进法治意识，提升法治素养，激发学生追求公平正义的职业理想。

（3）树立正确的世界观、人生观、价值观。

（二）课程目标与毕业要求的关系

1. 课程目标与毕业要求的对应关系

| 课程目标 | 权重 | 支撑的毕业要求 | 支撑的毕业要求指标点 |
|---|---|---|---|
| 课程目标 1 | 0.3333 | 1. 知识要求 | 1.3 学习法律实务操作，获得庭审观摩、模拟审判、法律文书写作等知识和实践性体验 |
| 课程目标 2 | 0.3333 | 2. 能力要求 | 2.1 能够保持前瞻性的专业发展眼光，具备独立自主地获取法学专业相关前沿动态的学习更新能力；能够将所学的法学专业理论与知识融会贯通，具备灵活地综合应用法学专业相关知识的法律实务处理能力 |
| 课程目标 3 | 0.1667 | 3. 素质要求 | 3.1 坚持德育为先，掌握基础的通识知识，掌握马克思主义、毛泽东思想与中国特色社会主义理论思想的基本观点与基本方法，增进对中国特色社会主义的政治认同、思想认同、理论认同和情感认同，践行社会主义核心价值观。牢固树立正确的世界观、人生观和价值观，树立良好的法律职业道德观，全面发展、健康成长 |
| 课程目标 4 | 0.1667 | 3. 素质要求 | 3.2 具备良好的人文素养和科学素养，养成良好的道德品格、健全的职业人格、强烈的法律职业认同感，具有服务于建设社会主义法治国家的责任感和使命感 |

2. 课程目标与毕业要求的矩阵关系图

| 名称 | 知识要求 | | | 能力要求 | | | 素质要求 | |
|------|------|------|------|------|------|------|------|------|
| | 1.1 | 1.2 | 1.3 | 2.1 | 2.2 | 2.3 | 3.1 | 3.2 |
| 专题辩论 | H | | | | L | | M | |
| 课程目标1 | | H | | | | | | |
| 课程目标2 | | | | L | | | | |
| 课程目标3 | | | | | | | L | |
| 课程目标4 | | | | | | | | M |

## 四、课程教学内容与重难点

| 序号 | 课程内容框架 | 教学要求 | 教学重点 | 教学难点 | 课程思政 |
|------|------|------|------|------|------|
| 1 | 刑事案件专题辩论 | 熟悉刑诉程序,理解刑事案件办理方法,掌握刑事诉讼证据制度,理解刑事案件辩护和代理制度 | 刑事案件法庭辩论方法与技巧 | 审判的技巧公诉的策略辩护的技巧 | 让学生树立良好的法律职业道德观,全面发展、健康成长 |
| 2 | 民事案件专题辩论 | 熟悉民诉程序,理解民事案件办理方法,掌握民事诉讼证据制度,理解民事案件代理制度 | 民事案件法庭辩论方法与技巧 | 审判的技巧代理的技巧 | 让学生树立良好的法律职业道德观,全面发展、健康成长 |
| 3 | 行政案件专题辩论 | 熟悉行诉程序,理解行政案件办理方法,掌握行政诉讼证据制度,理解行政案件代理制度 | 行政案件法庭辩论方法与技巧 | 审判的技巧代理的技巧 | 让学生树立良好的法律职业道德观,全面发展、健康成长 |

## 五、课程教学内容、教学方式、学时分配及对课程目标的支撑情况

| 序号 | 课程内容框架 | 教学内容 | 教学方式 | 学时 | 支撑的课程目标 |
|------|------|------|------|------|------|
| 1 | 刑事案件专题辩论 | 小组训练,分组对抗 | 讨论法探究法 | 7 | 课程目标1课程目标2课程目标3课程目标4 |
| 2 | 民事案件专题辩论 | 小组训练,分组对抗 | 讨论法探究法 | 7 | 课程目标1课程目标2课程目标3课程目标4 |

续表

| 序号 | 课程内容框架 | 教学内容 | 教学方式 | 学时 | 支撑的课程目标 |
|---|---|---|---|---|---|
| 3 | 行政案件专题辩论 | 小组训练，分组对抗 | 讨论法探究法 | 4 | 课程目标1课程目标2课程目标3课程目标4 |

## 六、课程目标与考核内容

| 课程目标 | 考核内容 |
|---|---|
| 课程目标1：掌握法庭辩论的基本方法与技巧，理解法庭辩论和一般辩论的区别 | 法律思维、法律理念、司法礼仪、诉讼法常识、证据法核心内容 |
| 课程目标2：运用法律思维、法律逻辑分析法律问题，熟练运用法言法语表达法律问题，具备较强的临场心理素质和应变能力 | 从法院、检察院、律师等不同角度分析具体刑事、民事和行政典型案例的能力 |
| 课程目标3：综合运用法学的相关理论，结合国内外司法审判的现状，正确认识和分析我国司法实践中的现象、案例，能够通过专题辩论解决实际问题，养成法律职业精神，传递平等、正义的法治理念 | 辩论表现与技巧，旁听表现 |
| 课程目标4：充分体验律师、检察官和法官这三种法律职业的不同要求与感受，形成相应的司法理念与职业精神，谨记维护公平公正的职业伦理与专业使命 | 辩论表现与技巧，旁听表现 |

## 七、考核方式与评价细则

本课程完全采用过程考核的方式进行考核，包括辩论表现、旁听表现，评价细则见下表。

| 序号 | 考核点 | 占比 |
|---|---|---|
| 1 | 辩论表现 | 80% |
| 2 | 旁听表现 | 20% |

## 八、其他说明

课程资源（学生课外学习资料参考）：

（1）明德公法网，http://www.calaw.cn/。

（2）中国大学MOOC，http://www.icourse163.org/模拟审判。

# 第七节　实践教学课程之热点案例研讨

　　法学是一门理论性极强的学科，在法学教学的过程中，不仅要注重其理论价值，重视对学生法学理论知识的传授；更要注重其应用价值，加强对学生法学应用能力的培养。案例教学是法学教育中至关重要且不可缺少的部分，是体现法学应用价值最为直接的方式。而热点案例因其备受公众关注，社会反响强烈，更能起到良好、明显且紧贴时代现实的教育效果。学校在 2022 版法学专业人才培养方案修订过程中，新开设了热点案例研讨课程，旨在以经典案例为主，从学生与社会公众关注的热点问题的视角切入，案例研讨注重时效性、新颖性、热点性，力争在案例选取上贴近学生、贴近生活、贴近社会，将学生真正关注的、当今社会正在发生的一些热点法律问题融入课程教学，引起学生关注和共鸣，让学生主动参与到教学过程中，提升对社会主流价值观的认同与感受，提高案例教学的有效性与学生的法律职业能力。

## 一、热点案例研讨课程教学的方式

　　热点案例研讨课程教学模式是将法学理论教学融入当今社会经典的引发热议的真实案例之中进行讨论和深入解析的案例教学法。任课教师在课程案例教学的设计上，根据课程内容的章节设定，精心编制 15 个章节的案例大纲，每个章节的案例整体上要分别回应 15 个章节部分的教学目标，具体案例的设计又要充分考虑章节内的知识点和主要内容，让每个案例彼此独立，各具特色，又互为补充，共同支撑热点案例研讨课程的教学总体目标。

　　热点案例研讨课程教学过程，首先，由指导教师在课前将精心准备的典型案例与思考题布置给学生，学生在课外查阅资料，认真阅读和分析案例，做好充分的准备；其次，指导教师在课堂上组织学生分组讨论与发表观点，以问答为基本形式，为学生提供一种模拟的法律环境，以及进行法律分析的素材和机会，使学生学会结合法律规范、法学理论、法律原则、法律意识以及社会诸因素对具体案件进行分析、选择和应用，并在归纳各组讨论观点后，引导学生多角度对思考题进一步讨论与深入思考；最后，指导教师对学生的临场反应和结论作出批判性的剖析，并引导学生更深入地分析和理解课程内容，使学生努力形成自己的思维方式和理解法律的能力，不盲从教师及他人的观点，形成具有个性化的法律观。

## 二、热点案例研讨课程教学的主要目的

热点案例研讨课程旨在帮助学生了解和认知法律，加深理解法学理论，以学法、用法以及培养学生口头表达能力为基本要求，力求以分析与研究现实生活中的热点案例为依托，在此基础上引导学生深入理论、实践思考，达到延伸知识、拓展思维的效果。所选案例往往涉及多个部门法知识，通过综合训练最后达到提高法学专业学生最基本的对社会现实问题和法律规范的理解适用，乃至对立法完善方向等方面进行法律透析能力的目的。

热点案例研讨实践教学模式是学生学以致用的最基础的法律素养培养模式。指导教师选择的剖析案例具有一定社会影响或各界观点多元化的特点，学生在课前查阅大量的资料，有利于锻炼学生收集与检索资料的能力。在课堂讨论中，学生在事实、证据、程序或法律适用等方面或多或少存在分歧或争议，提出的观点具有深刻的社会性或分歧的对抗性，有利于锻炼学生整理语言与逻辑思维的能力。同时针对热点案例中的法学、社会乃至人性问题，在教师的提问和引导下，学生可以多角度、全方位展开互动交流与讨论，探讨与阐述如何理解并运用法学理论与法律规范，弥补学生在学校缺乏接触社会的缺陷，以及分析案例思维定向、角度单一的不足，调动思辨的情绪，活跃学生的思维，帮助学生精准地理解案例思考题的深层法理意义，加深学生对相关法学观点与原理等知识的深入讨论、思考与理解，锻炼学生运用法学理论和法律知识分析与解决社会现实问题的能力，增强学生的思辨能力以及口头表达能力。热点案例研讨课程根本上是教师组织的集体实践活动，学生之间的交流与合作是必不可少且极为重要的；大家在查阅资料的基础上，进行小组间的交流，在表达自我观点的同时，听取别人的意见，并更快和更深入地认识到自己的不足。课程教学过程中重视提问、思考和讨论、交流，不仅能挖掘学生的个人潜力，还能增进学生之间的友谊，增强大家的团队合作精神，而学会合作正是学生将来法律职业工作中不可缺少的基本素质。

## 三、热点案例研讨课程教学的总结与展望

热点案例研讨是学校 2022 版法学专业人才培养方案新开设的一门课程，其主要研讨方向以民事与行政案例为主，所以对该课程的教学反思主要建立在

2018 版法学专业人才培养方案中民法案例研究与行政法案例研究课程的基础之上。从之前两门课程的教学探索来看，还有一些不成熟的地方需要完善。

案例研究课程的具体做法是教师将某一案例交给学生，让学生结合所学知识、类似案例以及社会各界尤其是法官裁判意见对案件进行评述。因此想要使案例研究课程名副其实并取得实效，可采用如下方法。

首先，指导教师必须精选案例，避免出现案例不典型与陈旧的现象。案例的选择是教学取得成功的关键，一是教师在教学时所选的案例应具有典型性和代表性，案例的内容应紧密围绕所要传授的法学原理或法律规则，直接说明相关理论的应用，达到帮助学生理解理论并能恰当应用理论的教学目的。二是所选案例应具有广泛争议性和一定的疑难性，案例本身有一定的深度和难度，在现实中引起激烈争议或冲突，社会各方存在一定的对立意见，引发不同的观点，充分激发学生的讨论兴趣，拓展学生的思考空间。三是所选案例应具有综合性，即案例不能局限于一个知识点，应涉及部门法的多个知识点，甚至涉及部门法运用的冲突，以增强学生综合运用法学原理去分析、解决实际问题的能力。

其次，指导教师应强化课前预习环节。要求学生必须在课前认真阅读和分析案例，有充分的准备，这样才能够完成教学过程中的互动与讨论。避免出现部分学生对案情茫然不知，讨论时只能做一个尴尬的旁观者的现象。这也是学生自我学习、自我提高的过程，对培养学生独立思考、形成独立见解有非常重要的意义。

最后，指导教师的综合素养应逐步提高。案例研究课程教学过程中，需要教师对各环节进行点评和总结。在点评和总结时，教师应将案例中涉及的法学概念和原理与分析案例相结合，对案例进行分析，使学生掌握法学理论，帮助学生找到分析案例的切入点和关键问题之所在，熟练运用法学理论来分析和解决实际问题，对学生的疑问耐心地讲解。教师还应对学生所做的课前预习准备，课堂讨论中的观点、理由、分析、结论和表达技巧等进行综合的评价和指导，使学生在教师的指导和帮助下对当前学习的内容所反映事物的性质、规律达到较深刻的理解和建构。如果教师的知识面、知识层次、实践能力不足以引领学生积极思考，那么对实现教学目标就可能带来极为不利的后果。因此教师无论在理论上或实践上都必须有更深的造诣，需要花费时间和精力做好充分准备。在课堂讨论过程中，教师通过不预设对与错的标准，引导学生自由发表各自意见，并对学生作出的初步反应和结论进行批判性的剖析，使学生更深入地分析和理解课程内容。

**附件：**

## 热点案例研讨课程教学大纲（2022 版）

### 一、课程信息

课程名称：热点案例研讨

课程类别：专业发展选修课程

适用专业：法学

课程学时：32 学时

课程学分：2 学分

先修课程：宪法、法理、民法、刑事诉讼法、行政法与行政诉讼法

选用教材：无

主要参考书目：

（1）《行政法案例研习（第二辑)》，赵宏主编，中国政法大学出版社，2020 年版。

（2）《民法案例分析教程（第五版)》，杨立新编著，中国人民大学出版社，2021 年版。

### 二、课程地位与作用

热点案例研讨是针对法学专业本科生所开设的选修课程。本课程以专业课程体系中的宪法、法理、民法、行政法与行政诉讼法等课程的学习为基础，在已有相关法学基本理论知识的基础上提升案件分析能力。本课程内容主要围绕行政法、民法展开，因此应当在学习完相关课程后开设较为合适。

本课程旨在通过对现实生活中发生的案例，进行深度分析和论证，培养学生独立思考的能力；同时连接相似案例与相关知识点来丰富课程内容，从而培养学生养成理论联系实际的习惯，帮助学生形成正确的法律逻辑思维方式。

### 三、课程目标

（一）目标设置

1. 课程目标设置

通过本课程的学习，学生实现以下目标：

（1）了解法学的基本理论、基本原则，掌握部门法的具体内容，培养学生坚持用法学思维看待法律事务的习惯，熟知法律术语，能够运用法律规范分析法律纠纷，厘清法律关系，具有解决法律纠纷的能力。【毕业要求 1　知识目标】

（2）培养学生运用法学的思维、逻辑、方法去考察和分析社会现实问题，并运用法学理论知识对现实问题进行解答和回应，进一步提升学生提出问题、分析问题和解决问题的能力。【毕业要求2 能力目标】

（3）以习近平法治思想为指导，增进对中国特色社会主义的政治认同、思想认同、理论认同和情感认同，践行社会主义核心价值观。牢固树立正确的世界观、人生观和价值观，全面发展、健康成长。【毕业要求3 素质目标】

（4）掌握现代法律社会作用的进步意义，加深对依法治国的认识，增强法律意识和法治观念，弘扬法治精神。增强法律职业认同感，具有服务于建设社会主义法治国家的责任感和使命感。【毕业要求3 素质目标】

2. 思政教育目标

（1）从知识层面引导学生整体把握中国法学发展脉络，培养学生树立坚持运用马克思主义唯物史观探讨法律现象及问题的信念。

（2）在教学过程中通过案例分析，引导学生树立求真务实、诚实守信、依法办事的职业品质，让学生明白自己的所思所学的过程也是运用自己的法学专业知识为社会建设贡献力量的过程。引导学生形成正确的世界观、人生观、价值观，培养学生成为优秀的社会主义法律人。

（3）从意识层面帮助学生树立法治意识和执法为民的理念，同时培养学生养成遵纪守法、遵守职业道德的良好品质。

（二）课程目标与毕业要求的关系

1. 课程目标与毕业要求的对应关系

| 课程目标 | 权重 | 支撑的毕业要求 | 支撑的毕业要求指标点 |
|---|---|---|---|
| 课程目标1 | 0.4 | 1. 知识目标 | 1.3专业应用知识。学习法律实务操作，获得庭审观摩、模拟审判、非诉业务技巧、法律文书写作等知识和实践性体验 |
| 课程目标2 | 0.2 | 2. 能力目标 | 2.2探索创新合作能力。具有浓厚的创业兴趣和坚强的创业毅力，具有批判性思维和探索创新意识，能创造性解决专业和职业发展中的问题；具有优秀的敬业品质、完善的创业沟通能力、学习能力和丰富的创业知识 |

续表

| 课程目标 | 权重 | 支撑的毕业要求 | 支撑的毕业要求指标点 |
|---|---|---|---|
| 课程目标3 | 0.2 | 3. 素质目标 | 3.1思想道德素质。坚持德育为先，掌握基础的通识知识，坚持以马克思列宁主义、毛泽东思想、邓小平理论、"三个代表"重要思想、科学发展观、习近平新时代中国特色社会主义思想为指导，增进对中国特色社会主义的政治认同、思想认同、理论认同和情感认同，践行社会主义核心价值观。牢固树立正确的世界观、人生观和价值观，全面发展、健康成长 |
| 课程目标4 | 0.2 | 3. 素质目标 | 3.2职业素质。具备良好的人文素养和科学素养，养成良好的道德品格、健全的职业人格、强烈的法律职业认同感，具有服务于建设社会主义法治国家的责任感和使命感 |

2. 课程目标与毕业要求的矩阵关系

| 名称 | 知识要求 | | | 能力要求 | | | 素质要求 | | |
|---|---|---|---|---|---|---|---|---|---|
| | 1.1 | 1.2 | 1.3 | 2.1 | 2.2 | 2.3 | 3.1 | 3.2 | 3.3 |
| 热点案例研讨 | H | | | | M | | | M | |
| 课程目标1 | | | H | | | | | | |
| 课程目标2 | | | | | M | | | | |
| 课程目标3 | | | | | | | M | | |
| 课程目标4 | | | | | | | | M | |

## 四、课程教学内容与重难点

| 序号 | 课程内容框架 | 教学要求 | 教学重点 | 教学难点 | 课程思政 |
|---|---|---|---|---|---|
| 1 | 行政法基本理论 | 理解行政法渊源的概念、特征以及种类，掌握行政法的特点，了解行政法律关系 熟悉行政法基本原则的概念和意义，了解行政法基本原则体系，掌握依法行政原则、行政合理性原则、程序正当原则、诚实守信原则、高效便民原则 | 行政法渊源的概念、特征、种类，行政法律关系的特征。职权法定，法律优先，法律保留，比例原则、平等对待原则，行政公开、程序公正、公众参与，诚实守信、信赖保护，高效原则、便民原则 | 行政法的特征以及行政法律渊源的种类，法律保留、比例原则、信赖保护的具体含义及理解 | 通过相关案例的学习，引导学生整体把握中国行政法发展脉络，培养学生树立坚持运用马克思主义唯物史观探讨法律现象及问题的信念 通过对行政法基本原则相关案例的介绍和了解，引导学生深入理解法治行政的内涵以及意义，帮助学生树立法治意识和执法为民的理念，同时培养学生养成遵纪守法、遵守职业道德的良好品质 |
| 2 | 行政法主体 | 掌握行政主体的界定、行政主体资格的认定，了解行政授权与行政委托，理解行政相对人的权利与义务 | 行政主体的概念和特征，行政主体的种类，行政授权与行政委托的区别，行政相对人的权利与义务 | 行政主体的特征和种类，行政委托，行政相对人的权利 | 通过对我国行政法主体相关知识的了解，引导学生正确认识行政机关以及公务人员执法为民、依法行政的重要意义以及树立相关责任意识，坚定法治理想信念。树立法治文化自信，树立法治信仰。同时通过行政相对人权利与义务内容的学习，帮助学生明确权利与义务是相对的，公民既要正确行使权利，同时也应正确履行义务 |

| 序号 | 课程内容框架 | 教学要求 | 教学重点 | 教学难点 | 课程思政 |
|---|---|---|---|---|---|
| 3 | 具体行政行为 | 掌握抽象行政行为与具体行政行为的区别、行政强制措施和刑事强制措施的区别、催告程序和行政处罚合法要件，理解行政许可概念、行政处罚概念及程序，了解行政许可程序，掌握行政许可范围、行政许可设定、行政处罚基本原则 | 行政行为的概念、分类，行政强制，行政许可设定，行政处罚程序 | 抽象行政行为与具体行政行为的分类，地方性法规对行政许可的设定，行政许可撤销、吊销、注销的区别，地方性法规对行政处罚的设定，一事不再罚原则，行政处罚简易程序，查封、扣押的程序，催告，代履行，执行罚 | 通过对行政行为相关内容的了解，引导学生树立正确的权力观、价值观，树立建设社会主义法治强国的信心，培养学生践行法治的精神、严格执法的理念 |
| 4 | 其他行政行为 | 通过学习学生理解行政协议的概念和特征，了解行政奖励，掌握行政指导的特征，理解政府信息公开制度 | 行政协议的概念和特征，行政指导与具体行政行为的区别，政府信息公开的范围、监督和保障 | 行政指导的救济，政府信息公开的主体 | 通过了解其他行政行为，引导学生思考行政机关在具体实施过程中所遇到的问题以及解决方案，帮助学生树立依法行政、责任行政的意识，同时通过具体制度的讲解可以进一步培养学生人文精神、科学精神和批判精神 |
| 5 | 行政复议 | 熟悉行政复议的原则，掌握行政复议的参加人，理解行政复议的范围，熟悉行政复议的程序 | 行政复议的概念及性质，行政复议参加人，可复议的范围，不能申请复议的范围，附带审查行政规范性文件，行政复议的申请、受理，行政复议的审理、决定 | 不可复议的范围，附带审查，行政复议的审理 | 通过对行政复议相关知识的了解，引导学生进一步认识责任行政的具体含义，从而帮助学生树立责任意识、人权保障、法治行政理念，树立法治文化自信，培养法治思维 |

| 序号 | 课程内容框架 | 教学要求 | 教学重点 | 教学难点 | 课程思政 |
|---|---|---|---|---|---|
| 6 | 行政诉讼受案范围和管辖 | 掌握行政诉讼的受案范围，掌握行政诉讼管辖制度 | 行政诉讼受案范围的概念，行政诉讼受案范围的内容，级别管辖，地域管辖，移送管辖，指定管辖，管辖转移，管辖异议 | 不能受理的范围，中级人民法院管辖范围，移送管辖和管辖权转移的区别 | 通过对行政诉讼受案范围不断扩大历程的了解，引导学生树立保护公民权利的价值观。通过管辖制度的讲解，学生明白权力应受制约的价值理念 |
| 7 | 行政诉讼参加人 | 掌握行政诉讼原告、被告，熟悉行政诉讼第三人 | 行政诉讼参加人的概念，行政诉讼当事人，行政诉讼代表人，共同诉讼人，行政诉讼原告的概念，行政诉讼原告资格的转移，行政诉讼被告资格的转移，行政诉讼第三人的概念 | 行政诉讼原告的确认，行政诉讼被告的确认，行政诉讼第三人的确认 | 通过对行政诉讼参加人的了解，引导学生树立人权保护理念，培养学生深入了解中国法治现状，坚定法治理想信念 |
| 8 | 行政诉讼证据 | 掌握行政诉讼证据的概念和特征，了解行政诉讼证据的分类及特征，理解行政诉讼证明标准，掌握行政诉讼举证责任 | 行政诉讼证据的概念和特征，行政诉讼证据分类，举证与证明责任，法院收集证据的权利与义务 | 现场笔录，行政诉讼举证责任由被告承担的理由 | 通过对行政诉讼证据制度的学习，引导学生树立"以事实为依据，以法律为准绳"的法治思维，培养学生追求公平、正义的执着精神 |
| 9 | 行政诉讼程序 | 掌握起诉与受理，掌握普通程序，了解二审程序，熟悉审判监督程序，掌握行政诉讼判决 | 起诉的条件，受理，普通程序，上诉的审理和裁判，审判监督程序的提起，行政诉讼判决 | 起诉的时间条件，撤诉，一审和二审的区别，确认判决、变更判决、驳回诉讼请求判决 | 通过对行政诉讼程序的了解，引导学生树立程序公正的意识，培养学生坚持对公平正义不懈追求的法治精神 |
| 10 | 民法总论 | 理解自然人的民事权利能力和民事行为能力、监护制度、法人、个人独资企业，掌握物的概念和类型、意思表示、代理 | 自然人民事权利能力与人格权的关系 | 代理制度，意思表示 | 通过学习民法学总论基础理论，系统掌握重要的民法条文、司法解释以及相关的最高人民法院指导性案例对习近平新时代中国特色社会主义思想以及社会主义核心价值观的体现 |

续表

| 序号 | 课程内容框架 | 教学要求 | 教学重点 | 教学难点 | 课程思政 |
|---|---|---|---|---|---|
| 11 | 物权 | 理解物权法的基本原则、所有权的取得原因、建筑物区分所有权、相邻关系的处理原则和规则,掌握共有、建设用地使用权、抵押、质押、占有的概念和类型 | 建筑物区分所有权、建设用地使用权、抵押 | 共有、占有,质押,相邻关系 | 通过对物权制度的讲解,促使学生形成"以人民为中心"的法治理念 |
| 12 | 合同 | 掌握合同的成立与生效、常见合同,非典型合同、不当得利、无因管理 | 合同的效力、不当得利 | 非典型合同 | 通过对合同制度的学习、研讨,引导学生树立公平、法治、爱岗敬业等社会主义核心价值观,培育学生的权利意识、规则意识、诚实守信的契约精神 |
| 13 | 人格权 | 理解生命权,掌握名誉权、隐私权和个人信息 | 名誉权、隐私权 | 隐私权和个人信息 | 通过讲解,引导学生学会对人格权的尊重,对最广大人民根本利益的重视与维护 |
| 14 | 婚姻家庭 | 掌握婚姻、家庭关系、离婚、继承 | 离婚、继承 | 夫妻共同财产 | 通过婚姻制度的学习,引导学生树立正确的世界观、人生观、价值观、法律观和婚姻家庭观 |
| 15 | 侵权责任 | 掌握教育机构责任、高度危险责任 | 高压电作业的侵权责任 | 经营者的认定 | 通过侵权责任制度的学习,引导学生树立诚实守信、实事求是、依法担责的品质 |

## 五、课程教学内容、教学方式、学时分配及对课程目标的支撑情况

| 序号 | 课程内容框架 | 教学内容 | 教学方式 | 学时 | 支撑的课程目标 |
|---|---|---|---|---|---|
| 1 | 行政法总论 | (根据知识点选取实务案例)<br>第一节 行政法渊源,行政法的特点,行政法律关系,行政法基本原则的概念和意义<br>第二节 行政法基本原则体系,依法行政原则、行政合理性原则、程序正当原则、诚实守信原则、高效便民原则 | 讲授为主探究式教学 | 2 | 课程目标1<br>课程目标2<br>课程目标4 |

| 序号 | 课程内容框架 | 教学内容 | 教学方式 | 学时 | 支撑的课程目标 |
|---|---|---|---|---|---|
| 2 | 行政主体 | 第一节 行政主体的界定、行政主体资格的认定 | 讲授为主探究式教学 | 2 | 课程目标1 课程目标2 课程目标3 |
| | | 第二节 行政授权与行政委托，行政相对人的权利与义务 | | | |
| 3 | 具体行政行为 | 第一节 抽象行政行为与具体行政行为的区别，行政强制措施和刑事强制措施的区别，催告程序 | 讲授为主探究式教学 | 2 | 课程目标1 课程目标2 课程目标3 课程目标4 |
| | | 第二节 行政许可，行政处罚，行政强制措施，行政强制执行 | | | |
| 4 | 其他行政行为 | 第一节 行政协议，行政奖励 | 讲授为主探究式教学 | 2 | 课程目标1 课程目标2 课程目标3 课程目标4 |
| | | 第二节 行政指导，政府信息公开制度 | | | |
| 5 | 行政复议 | 第一节 行政复议的原则，行政复议的参加人，行政复议的范围 | 讲授为主探究式教学 | 2 | 课程目标1 课程目标2 课程目标3 课程目标4 |
| | | 第二节 行政复议决定的执行，附带审查行政规范性文件，行政复议的申请、受理，行政复议的审理、决定 | | | |
| 6 | 行政诉讼受案范围和管辖 | 第一节 行政诉讼受案范围的概念，行政诉讼受案范围的内容 | 讲授为主探究式教学 | 2 | 课程目标1 课程目标2 课程目标3 |
| | | 第二节 行政诉讼管辖 | | | |
| 7 | 行政诉讼参加人 | 第一节 行政诉讼原告、被告 | 讲授为主探究式教学 | 2 | 课程目标1 课程目标2 课程目标4 |
| | | 第二节 行政诉讼第三人，共同诉讼人，诉讼代表人，公益诉讼人 | | | |
| 8 | 行政诉讼证据 | 第一节 行政诉讼证据的概念和特征，行政诉讼证据的分类及特征 | 讲授为主探究式教学 | 2 | 课程目标1 课程目标2 课程目标3 |
| | | 第二节 行政诉讼证明标准，行政诉讼举证责任 | | | |
| 9 | 行政诉讼程序 | 第一节 起诉与受理，掌握普通程序，二审程序 | 讲授为主探究式教学 | 2 | 课程目标1 课程目标2 课程目标3 课程目标4 |
| | | 第二节 二审程序，审判监督程序，行政诉讼判决、裁定 | | | |
| 10 | 民法总论 | 第一节 自然人的民事权利能力和民事行为能力、监护制度 | 讲授为主探究式教学 | 2 | 课程目标1 课程目标2 |
| | | 第二节 法人、个人独资企业、物的概念和类型、意思表示、代理 | | | |

续表

| 序号 | 课程内容框架 | 教学内容 | 教学方式 | 学时 | 支撑的课程目标 |
|---|---|---|---|---|---|
| 11 | 物权 | 第一节　物权法的基本原则、所有权的取得原因、建筑物区分所有权、相邻关系的处理原则和规则 | 讲授为主探究式教学 | 2 | 课程目标2课程目标3 |
| | | 第二节　共有、建设用地使用权、抵押、质押、占有的概念和类型 | | | |
| 12 | 合同 | 第一节　合同的成立与生效、合同效力 | 讲授为主探究式教学 | 2 | 课程目标1课程目标2课程目标3课程目标4 |
| | | 第二节　常见合同类型、非常见合同 | | | |
| 13 | 人格权 | 第一节　生命权、名誉权 | 讲授为主探究式教学 | 2 | 课程目标2课程目标3课程目标4 |
| | | 第二节　隐私权和个人信息 | | | |
| 14 | 婚姻家庭 | 第一节　婚姻、家庭关系 | 讲授为主探究式教学 | 2 | 课程目标1课程目标2课程目标3 |
| | | 第二节　离婚、继承 | | | |
| 15 | 侵权责任 | 第一节　侵权责任构成要件、特殊侵权责任 | 讲授为主探究式教学 | 4 | 课程目标1课程目标2课程目标4 |
| | | 第二节　免责事由、侵权责任承担 | | | |

## 六、课程目标与考核内容

| 课程目标 | 考核内容 |
|---|---|
| 课程目标1：了解行政法的基本理论、基本原则，掌握部门法的具体内容，培养学生坚持用法学思维看待法律事务的习惯，熟知法律术语，能够运用法律规范分析法律纠纷，厘清法律关系，具有解决法律纠纷的能力 | 行政法的特征，行政法渊源的种类，行政主体的种类，行政行为的概念，行政行为的成立、生效、失效，行政立法的概念，行政许可的概念及特征，行政处罚的种类、特征，行政强制执行的种类，行政强制措施的实施机关，行政强制执行的主体，行政确认，行政复议的特征，行政诉讼的概念，行政诉讼与民事诉讼的区别，行政诉讼受案范围的内容，行政诉讼原告的概念，行政诉讼原告的确认，行政诉讼第三人的概念，行政诉讼证据的特征，行政诉讼证据分类，举证期限，证明标准和非法证据排除，撤诉，上诉的审理和裁判，行政诉讼法律适用的特征，行政诉讼判决，行政诉讼裁定，行政诉讼决定，自然人的民事权利能力和民事行为能力，监护制度，法人、个人独资企业，物的概念和类型，意思表示，代理，物权的效力，物权的类型，合同的成立与生效，常见合同，名誉权，隐私权和个人信息，家庭关系，侵权责任归责原则，侵权责任构成要件，《中华人民共和国民法典》及相关司法解释的规定 |

| 课程目标 | 考核内容 |
|---|---|
| 课程目标2：培养学生运用法学的思维、逻辑、方法去考察和分析社会现实问题，并运用法学理论知识对现实问题进行解答和回应，进一步提升学生提出问题、分析问题和解决问题的能力 | 行政法的渊源的效力等级，行政行为的效力，行政法律关系的概念，行政法律关系的主体，行政法律关系的内容、客体、特征与变动，行政委托和行政授权的区别，行政行为的分类，行政主体的概念，行政主体的特征，行政许可的概念，行政处罚的概念，行政处罚的管辖、适用，行政处罚的实施机关，行政强制措施、行政强制执行的概念，行政强制措施、行政强制执行的设定，行政复议的概念，行政指导，行政诉讼受案范围的概念，行政诉讼当事人，行政诉讼代表人，共同诉讼人，行政诉讼被告资格的转移，行政诉讼原告资格的转移，行政诉讼证据的概念，行政诉讼法律适用的概念，普通程序，简易程序，所有权，土地空间权，抵押、质押、占有，不当得利，无因管理，高度危险责任，买卖合同、赠与合同、借款合同、租赁合同、承揽合同、运输合同、保管合同等具体的合同类型，生命权，名誉权，离婚，继承，具体侵权责任承担 |
| 课程目标3：以习近平法治思想为指导，增进对中国特色社会主义制度的政治认同、思想认同、理论认同和情感认同，践行社会主义核心价值观。牢固树立正确的世界观、人生观和价值观，全面发展、健康成长 | 行政行为主体合法、内容合法、权限合法、程序合法的具体内容，行政规范性文件的法律效力，行政许可的设定，行政许可的实施机关，行政许可的一般程序，特别程序，行政处罚的设定，行政处罚程序，行政强制措施与行政强制执行的区别，行政强制措施与行政处罚的区别，行政复议的申请、受理，行政复议的审理、决定，行政诉讼管辖，起诉的条件，行政诉讼法律适用的依据，规范冲突的处理，行政相对人的权利与义务，行政行为的公定力、确定力、拘束力、执行力，行政许可的基本原则，行政处罚的基本原则，行政强制措施的程序，行政强制执行的程序，行政强制执行的限制，行政协议，行政复议附带审查行政规范性文件，司法有限变更原则，法院收集证据的权力与义务，举证与证明责任，审判监督程序，相邻关系，合同的订立、变更、解除、解释，隐私权，婚姻 |
| 课程目标4：掌握现代法律社会作用的进步意义，加深对依法治国的认识，增强法律意识和法治观念，弘扬法治精神 | 职权法定、法律优先、法律保留，比例原则、平等对待原则、行政公开、程序公正、公众参与原则，诚信原则，高效便民原则，行政许可的撤销、撤回、注销、延期，政府信息公开，行政复议的性质，行政复议参加人，行政复议的基本原则，可复议的范围，不能申请复议的范围，行政诉讼参加人的概念，行政诉讼被告资格的确认，起诉、受理，起诉期限，规范性文件的审查，违约责任，个人信息，免责事由 |

### 七、课程评价

#### （一）考核方式

本课程采用学习过程考核、期末考试等方式进行考核，其中，学习过程考核包括课堂表现、课堂展示、平时作业，学习过程占总成绩的比例为40%；期末考试为闭卷考试，占总成绩的比例为60%。在期末闭卷考试的试卷中重点考查学生对基础知识的掌握以及对相关案例的分析。各种考核方式在课程考核中所占比例与细则见下表。

| 考核方式 | 比例 | 形式 | 考核/评价细则 |
| --- | --- | --- | --- |
| 学习过程 | 40% | 课堂表现（10%） | 评价标准：基础分70分。在此标准下，本课程按以下细则考核课堂表现：<br>（1）上课做与课程无关的事，有明显的注意力分散行为，如玩手机、睡觉、聊天等，每一次扣5分<br>（2）课堂讨论中表现优异每次加5分<br>（3）上课坐在教室前部，认真听讲，认真作笔记，积极回答老师问题，加10分<br>注：期末核算，分数为0至100分，超过100分记100分，少于0分记0分 |
| | | 课堂展示（10%） | 根据学生分享案例的具体表现评定分数，包含案例选取、PPT制作、分享表现以及课堂互动情况 |
| | | 平时作业（20%） | 评价标准：根据学生作业完成程度给出具体分数，作业未交、未及时上交或未做记0分<br>最后以平均数作为平时作业的最终分数 |
| 期末考试 | 60% | 考试 | 闭卷，按照学校的考试安排进行考试。严格按照期末试题参考答案及评分标准进行阅卷 |
| 综合成绩 | 100% | | 学习过程（40%）＋期末考试（60%） |

#### （二）考核标准（略）

### 八、其他说明

课程资源（引用线上教学资源）：

（1）中国大学慕课，"中国行政法原理及应用"，https://www.icourse163.org/course/NJU-1001623003。

（2）中国大学慕课，"民法与生活"，https://www.icourse163.org/course/JNU-1002146003?from=searchPage&outVendor=zw_mooc_pcssjg_。

# 第八节　实践教学课程之专业实习

　　法学专业实习是学生深入公检法和律师事务所等部门，直接接触法律实务问题，将所学理论知识在实践中进行验证和应用，向一线法律工作者学习和获取相应法律实践经验的过程；也是落实法学专业培养目标，培养适应国家需要的高层次法律人才的重要环节之一。法学专业实习能提高法学专业学生运用所学法律知识分析问题和解决问题的能力，对培养学生实践能力和创新创业精神，树立起强烈的事业心及高尚的职业责任感等方面有着重要作用。在实习过程中，学生通过密切接触实际，巩固已有的理论知识，增加社会阅历和办案经验，通过了解社会生活，体会社会所需，培养起积极的动手能力和良好的交际能力；同时也能通过工作了解国情，开阔眼界，培养法律工作者应具备的艰苦奋斗、实事求是、紧密联系群众的生活作风和善于发现问题、思考问题、解决问题的工作作风，为将来步入社会打下坚实的基础。

## 一、专业实习课程实施的方式

　　专业实习是学生理论联系实际的一个学习过程，是整个专业教学计划的一个组成部分，是学生将所学知识转化为能力，向社会职业过渡的重要环节。通过实习，学生在社会实践中接触与本专业相关的实际工作，增强感性认识，提高学生对所学知识的应用能力，增强学生工作的责任感和事业心，培养学生综合运用所学的基础理论、基本技能和专业知识去分析和解决实际问题的能力。为了做好法学本科专业学生实习的组织和领导工作，在学校实习领导小组的统一领导下，政治与公共管理学院成立相应的实习领导小组，实习领导小组下设办公室，具体负责实习的有关工作。实习学生在实习期间同时接受所在实习单位的领导。每年法学专业根据学校相关规定，按照比例分别组织学生集中实习和自主实习。集中实习的学生由学院统一安排进入实习基地实习；自主实习的学生应进入与法学专业密切相关的单位与部门实习，接受学校统一的打卡监督管理。

　　在专业实习期间，要求学生了解实习单位的组织机构与各项规章制度，熟悉司法机关或法律服务部门的日常运作，熟悉司法程序和司法过程，学习司法技术、司法信息材料处理，向司法工作人员学习，强化司法伦理和职业道德修养。具体要求学生明确目的，端正态度，诚恳、虚心地向实习单位的同志学习，尊重单位领导，全面了解实习单位的工作性质、工作条件、工作程序和工作方法，熟悉所学专业工作的内容，尽量接触各种法律事务，培养良好的职业道德，养成良好的工作作风和工作习惯。学生在实习工作中应履行以下职责：深入实习单位各部门，熟悉工作环境，了解工作性质；听取实习单位领导的情况介绍，掌握实习单位的规章制度、作息制度和纪律要求；服从实习单位领导，听从工作安排，一切行动听指挥；各实习小组制定实习工作安排表和办公制度；服从实习单位指导教师的领导，遵守司法纪律，保守有关司法秘密；注意工作安全和交通安全。严格遵守实习单位的安全操作规程，若因违反实习纪律和安全工作要求造成自身伤害者，由学生本人负责；造成国家或他人财产或人身伤害的，应由学生本人及家长承担经济和法律责任。遵守国家法律和实习单位的规章制度，遵守社会公德和社会秩序。不准擅自离开实习地点，不准迟到、早退和旷工，不准寻衅闹事、打架斗殴。若有违纪行为，按学院有关规定处理。尊敬指导教师，虚心向他们请教，听取他们的意见，每个学生在实习过程中至少要收集 2 个以上的典型案例；讲究文明礼貌，爱护公物，搞好环境卫生；积极主动地参加一些力所能及的劳动。同时注意与实习单位的同志搞好团结；勤于思考，不断总结经验，在实践的基础上写好实习报告（要求 3000 字以上）。

根据法学本科专业的培养方案，专业实习时间一般安排在第 7 学期，实习时间为 11 周（其中在单位实习 10 周，回校总结 1 周）。在每年的 5—6 月，政治与公共管理学院会派出专门人员走访内江市、县（区）有关部门和单位，联系落实法学专业实习基地。自己联系实习单位的学生到单位领取实习单位的接收函。在第 7 学期开学第 1 周，学院召开所有专业学生实习动员大会，进行思想动员，加强实习组织纪律教育后，实习学生到实习单位报到。

学生在实习阶段结束后，由实习单位领导和指导教师对实习学生进行鉴定并评定成绩。要求学生离开实习单位时必须做好善后工作，给实习接收单位留下良好印象。待全体学生实习结束返校后，学院召开实习总结大会，学生汇报实习情况，实习班级写出书面总结，同时召开实习经验交流会，要求法学专业全体学生参加。

## 二、专业实习课程教学的主要目的

学生通过参与公安机关、检察院、法院、律师事务所、司法局、公证处、企业法务部门等机构的工作，加深对所学理论知识的认识，提高运用法律知识解决实际问题的基本能力。通过实习学生达到以下目的：

第一，深化法学理论知识的学习，进一步加深对法律基本概念、基本体系和基本制度的理解。法学是实践性很强的学科，法学专业的实习就是学生将所学的法学理论知识和司法实践紧密结合，在实习单位指导教师的帮扶下，运用所学的法学理论知识解决实际问题，深刻理解和把握课堂上所学的理论知识，通过实践的检验，进一步提高和巩固所学知识。在参与法律实务的过程中，学生也对所学的理论知识重新认识和反思，消化吸收所学法学理论知识，不断深化、完善；同时对于具体案件的质疑与探究，可以进一步建构所学理论知识，从而得出创新结果，为毕业论文设计打下基础。

第二，知晓和熟悉相关法院、检察院、行政执法部门、律师事务所和公司企业法务部门等机构的基本工作情况，了解各部门处理法律事务和办理具体案件的程序、方法、流程，进一步加深对实体法的理解与掌握，加深对各种法律条文的理解，提高运用法律处理法律事务和制作各种法律文书等司法实践能力。现阶段学校学生主要集中在法院、检察院和律师事务所实习，根据实习单位的工作性质，有针对性地设计实习目的。法院实习要求学生深入司法实践，要求学生旁听庭审或承担法庭记录工作，了解庭审全过程；学习各种笔录的制作，学会判决书、决定书、裁定书等基本法律文书的撰写，接待当事人，学习如何调解矛盾；独立完成卷宗的整理和装订工作，体验司法工作的日常事务。检察院实习要求学生熟悉并掌握检察工作的程序和操作规程，学习公诉案件的程序性规定；学习查阅卷宗分析各种证据，协助检察官制作公诉案件审查报告、起诉书，熟悉各种法律文书的格式和写作要求，了解并参与公益诉讼；帮助整理和装订卷宗，以及检察工作中涉及的具体实务性工作，如审查批捕、提起公诉等。律师事务实习要求学生了解与熟知律师事务所业务运行情况以及律师办案经过，熟悉律师执业纪律，协助指导律师办理案件；参与各种法律文书的起草，如起诉状、代理词、辩护词；整理案卷，组织证据，参与开庭；在律师指导下接待当事人、解答基本法律咨询。

第三，充分理解我国法治建设进程，体会司法机关的工作人员和法律工作者的基本素质要求；增加学生接触和了解社会的机会，增强学生的群众观念、组织观念和劳动观念，增强事业心和社会责任感，培养学生的创新精神和创新能力，使学生进一步明确方向，为将来工作做好充分的知识和能力准备。

## 三、专业实习课程教学的总结与反思

从近年来专业实习开展的情况来看，学院虽然每年都在不断调整与改进，但仍然存在一些问题，需要改进。

第一，进一步完善管理制度，提升实习效果。由于学生分散在不同的实务部门实习，实习的效果差异性较大。一方面，不同单位的工作人员对于实习指导学生有不同的工作方式和态度。有些工作人员对于实习指导比较重视和负责，对学生比较积极和耐心，常常会交给学生一些比较有实用价值、能够提高专业技能和锻炼实习生的工作，如撰写起诉书、审查合同、书写辩护词等，学生能有比较大的收获。也有一部分工作人员对于指导实习生的工作比较敷衍，认为学生的能力有限，对自己的工作帮助不大，只分派给学生一些繁杂的、对于学生锻炼价值较小的日常工作，如整理案卷、打印资料或寄送快递等，学生接触到的能锻炼专业技能的工作很少，导致收获较小。另一方面，实习单位安排学生实习工作不规范。不同的实习单位对于学生的安排有着不同的方式，实习的工作内容也不同，导致不同的实习效果。此外，学生实习的积极性、态度直接影响着实习效果。学生在实习过程中的态度具有较大的差别，大部分学生是抱着比较积极的实习态度，希望能得到更多的锻炼，实习的过程中更加忙碌，从而能够有更多收获。也有小部分学生在实习的过程中贪图清闲，希望能够做一些自己的事情，对实习单位安排的工作不愿意承担。这两种不同的实习态度最终会影响到实习的效果。

第二，学院在实习内容设计及指导教师职责设定上还存在漏洞。一是法学专业人才培养方案在学生课程和方案设计方面并不完善，没有贴近实际，在实践技能培养课程上存在重复设计，如案例研讨课就存在着重复设计问题，学生平时投入大量精力准备课堂展示与课后总结，占用了很多学习理论知识的时间，影响了学生深化吸收理论知识。目前2022版法学专业人才培养方案已有所改进。二是法学专业学生在实习阶段，校内指导教师没有充分发挥对学生的指导、带领作用。校内指导教师在学生前往实务部门进行专业实习前，应进行专业实习指导，帮助学生对实习有一个系统全面的认识。目前这一过程仅限于实习动员活动，内容简单，效果不理想。在学生实习过程中，校内指导教师与学生通过网络交流，虽然教师会针对学生在实习过程中遇到的比较典型的问题或者案件进行研讨，但教师指导的内容没有明确定位，学生在交流中发言不积极，收获甚少。三是校内指导教师同实习部门工作人员的沟通不够充分，很少主动与实习单位指导教师联系沟通，无法达到监督、指导学生实习的作用，也会影响到学生实习的效果。其主要原因是校内指导教师制度没有规范化，存在一定的缺陷，因此无法切实保障学生专业实习的效果。

第三，学院与实务部门合作还不够充分。西部基层法律职业人才的培养目标决定了人才培养离不开职业化和技能化的教育和引导，但是学院与部分实务部门的合作往往限于形式，未达成深入的实质合作。目前法学专业实习的合作对象有内江市各级人民法院、内江市各级人民检察院、内江市司法局和律师事务所、内江市公安局、内江市政法委等。而除了在法院实习的学生实行双导师制（即校内指导教师和校外实习单位导师）外，其他单位双导师制的落实并不理想，合作的有效衔接往往不能达到预期的效果。另外，学生在实习单位并不能自由选择单位内部的实习部门，由此也导致学生的兴趣与实习内容不相一致，部分学生只能在不合自己心意的部门实习，影响了学生实习的积极性，在具体业务上没有得到更多的锻炼。

针对以上问题，在新一轮专业建设与改革周期中，应根据实践教学需要对人才培养方案进行调整，更改其中不合理之处。一是将案例研讨类课程设置为与理论必修课程相关的专业选修课程，降低学分比重，使学生有更多时间投入主干理论法学及一些分支部门法选修课的学习，夯实学生人文科学的逻辑与理论基础。二是对学生实习的共通性问题进行规范化要求，制定相应的制度。目前已落实实习学生打卡登记工作，为学生提供商业保险，实习部门推行考勤制度等。同时规范实习学生的工作内容。目前在法院实习的学生应完成的工作内容已经固定下来，并公示于学生，很好地解决了学生进入实务部门无事可做的问题。学校近年来为实习学生提供力所能及的实习待遇，确保学生基本的餐补和适当的交通补助，也为学生实习的顺利完成奠定了基础。

**附件：**

## 专业实习课程教学大纲

**一、课程信息**

课程名称：专业实习

课程类别：综合实践环节

适用专业：法学

课程学时：10 周

课程学分：6 学分

先修课程：法理学、中国法律史、宪法学、行政法与行政诉讼法学、民法学、商法学、知识产权法学、经济法学、刑法学、刑法案例研究、民事诉讼法学、刑事诉讼法学、国际法学、国际私法学、国际经济法学、婚姻家庭法学、物权法学、合同法原理与实务、法律职业伦理、侵权责任法学、专业见习

## 二、课程地位与作用

毕业实习是法学专业一个重要的实践教学环节，是对学生的专业知识、业务水平、工作能力和身心素质进行综合培养和检阅的教学形式。

法学专业的学生通过实习，熟悉我国法律工作的实际情况，学习法律工作人员的立场、观点和工作方法，提升解决法律实践问题的能力，增强学生职业道德意识和社会责任感，增强未来参加工作的适应性。

## 三、课程目标

（一）目标设置

1. 课程教学目标

（1）学生实习期间以职业能力培养为导向，接受法学思维和处理法律事务的基本训练，提升运用法学理论、方法分析解决问题的基本能力。【毕业要求1　知识要求】

（2）学生在实习中获得庭审观摩、模拟审判、非诉业务技巧、法律文书写作等知识和实践性体验，学习法律实务操作，加深对法律和法学的理解。【毕业要求1　知识要求】

（3）学生实习能够将所学的法学专业理论与知识融会贯通，具备灵活地综合应用法学专业相关知识的法律实务处理能力。【毕业要求2　能力要求】

2. 思政教育目标

（1）学生通过对法律职业者工作任务、工作方式和工作对象的观察，能够总结法律职业者的职业特点，加深对法律职业的认识与理解，增加对法律职业的感性认识。

（2）学生通过实习，增强从事法律职业的光荣感和责任感，为形成良好的法律职业伦理道德打下基础。

（二）课程目标与毕业要求的关系

1. 课程目标与毕业要求的对应关系

| 课程目标 | 权重 | 支撑的毕业要求 | 支撑的毕业要求指标点 |
|---|---|---|---|
| 课程目标1 | 0.4 | 1. 知识要求 | 1.2 专业方法知识。以职业能力培养为导向，接受法学思维和处理法律事务的基本训练，提升运用法学理论、方法分析解决问题的基本能力 |
| 课程目标2 | 0.4 | 1. 知识要求 | 1.3 专业应用知识。学习法律实务操作，获得庭审观摩、模拟审判、非诉业务技巧、法律文书写作等知识和实践性体验 |
| 课程目标3 | 0.2 | 2. 能力要求 | 2.1 专业学习应用能力。能够保持前瞻性的专业发展眼光，具备独立自主地获取法学专业相关前沿动态的学习更新能力；能够将所学的法学专业理论与知识融会贯通，具备灵活地综合应用法学专业相关知识的法律实务处理能力 |

2. 课程目标与毕业要求的矩阵关系

| 名称 | 知识要求 | | | 能力要求 | | | 素质要求 | | |
|---|---|---|---|---|---|---|---|---|---|
| | 1.1 | 1.2 | 1.3 | 2.1 | 2.2 | 2.3 | 3.1 | 3.2 | 3.3 |
| 实习 | | H | | | M | | | | |
| 课程目标1 | | H | | | | | | | |
| 课程目标2 | | | H | | | | | | |
| 课程目标3 | | | | M | | | | | |

## 四、课程内容、教学方式、支撑的课程目标、学时安排

实习主要在人民法院、人民检察院、公安机关、行政机关、律师事务所、企事业单位等展开。实习学生应直接参与实习单位的办案工作，具体承办案件。由于各实习单位的性质不同，实习的内容也有所不同。

| 课程内容框架 | 实习内容 | 实习方式 | 支撑的课程目标 | 学时安排 |
|---|---|---|---|---|
| 法院实习的主要内容 | （1）了解人民法院各业务庭的工作程序，尤其是所在业务庭的工作程序<br>（2）旁听2～3件案件的审理过程<br>（3）参与人民法院有关业务庭开展的案件调查取证工作<br>（4）参与人民法院有关业务庭主持的证据交换、质证、整理案件争议焦点<br>（5）收集有关资料，参与人民法院对有关案件的讨论<br>（6）参与人民法院开展已决案件的执行工作<br>（7）学习制作人民法院法律文书<br>（8）在人民法院实习指导人员的指导下，学习案件卷宗的整理与归档工作 | 学校统一安排与自主实习相结合 | 课程目标1<br>课程目标2<br>课程目标3 | 10周 |
| 检察院实习的主要内容 | （1）了解人民检察院各科室的工作程序，尤其是所在科室的工作程序<br>（2）参与人民检察院对案件调查取证工作<br>（3）旁听2～3件公诉案件的审理过程<br>（4）参与人民检察院有关业务庭制作证据目录、归纳案件要点<br>（5）收集有关资料，协助人民检察院对有关案件的讨论<br>（6）学习制作人民检察院法律文书<br>（7）在人民检察院实习指导人员的指导下，学习案件卷宗的整理与归档工作 | 学校统一安排与自主实习相结合 | 课程目标1<br>课程目标2<br>课程目标3 | |
| 律师事务所实习的主要内容 | （1）了解所在部门的办案程序、规则，虚心接受指导律师及其他律师的指导<br>（2）协助律师接待当事人，并在指导律师的同意下向当事人提供必要的法律咨询<br>（3）协助律师开展案件的调查取证工作<br>（4）收集与案件有关的资料，协助律师开展对案件的研究<br>（5）协助律师撰写案件代理意见或辩护意见<br>（6）协助法律顾问解决公司、企业、事业单位的具体法律问题 | 学校统一安排与自主实习相结合 | 课程目标1<br>课程目标2<br>课程目标3 | |

| 课程内容框架 | 实习内容 | 实习方式 | 支撑的课程目标 | 学时安排 |
|---|---|---|---|---|
| 人民政府及其职能部门实习的主要内容 | （1）了解所在人民政府或职能部门的具体工作性质和工作程序<br>（2）协助和参与人民政府或职能部门开展的行政管理工作<br>（3）积极参与人民政府或职能部门举办的法制宣传工作<br>（4）收集资料，协助人民政府或职能部门依法处理职责范围内发生的事件<br>（5）协助人民政府或职能部门做好与人民群众的沟通工作 | 学校统一安排与自主实习相结合 | 课程目标1<br>课程目标2<br>课程目标3 | |
| 公安机关实习的主要内容 | （1）协助警察处理一些简单的案件<br>（2）协助警察进行案件调查，如收集证据、调查嫌疑人背景等<br>（3）协助警察制作调查报告，如案件分析、证据整理<br>（4）协助警察为市民提供法律咨询服务，如解答法律问题、提供法律意见等<br>（5）协助警察进行宣传活动，如宣传法律知识、防范犯罪等<br>（6）在公安机关实习指导人员的指导下，学习案件卷宗的整理与归档工作 | 学校统一安排与自主实习相结合 | 课程目标1<br>课程目标2<br>课程目标3 | 10周 |
| 企业实习的主要内容 | （1）了解所在部门的具体工作<br>（2）协助并参与企业的生产经营活动<br>（3）在企业内部开展法制宣传工作<br>（4）收集资料，研究企业生产经营过程中面临的法律问题，并提出解决办法<br>（5）协助解决企业在生产经营过程中出现的法律纠纷<br>（6）协助制定并完善企业生产经营所需的规章制度 | 学校统一安排与自主实习相结合 | 课程目标1<br>课程目标2<br>课程目标3 | |

### 五、课程考核

（一）实习考核方式

本课程没有卷面考试，只采用过程考核的方式进行考核，实习学生必须在规定的时间内完成全部实习任务，并提交实习日志、实习总结（报告）和单位鉴定（必须加盖实习单位公章），方可参加考核。

（1）学生每天应撰写实习日志。

（2）学生应定期向实习带队教师和实习指导教师上交实习心得。

（3）实习结束时，学生应填写实习鉴定表，向实习带队教师和实习指导教师提交实习总结。

（二）考核标准

专业实习考核成绩由学院实习领导小组根据学生在实习期间的表现进行综合评定，即根据实习单位具体意见、指导教师意见、学生实习材料来综合评定学生实习成绩。

（1）对学生实习期间的思想表现、工作作风、组织纪律、业务能力、实习报告等五个方面综合考查，成绩按优秀、良好、中等、及格、不及格五级计。

（2）成绩评定标准。

优秀：实习态度端正，组织纪律性强，无缺勤和违纪；工作积极主动、刻苦、勤奋，按照大纲很好地完成了实习内容；实际操作能力强，理论联系实际好；实习报告全面系统。

良好：实习态度端正，组织纪律性强，无违纪现象；工作积极主动，较好地完成了大纲要求的实习内容；有一定实际操作能力，能理论联系实际；实习报告全面系统。

中等：实习态度基本端正，无违纪现象；完成了大纲要求的实习内容；有一定实际操作能力，能理论联系实际；实习报告全面。

及格：实习态度基本端正，无违纪现象；基本完成了大纲要求的实习内容；完成了实习报告。

不及格：违纪或违法，或者无故缺勤累计超过十天，或者因工作不负责任造成严重后果，或者不服从分配、不听从指挥，或者未完成实习报告。

（3）凡实习成绩不及格者，不能取得学分，须重修及格后方能毕业。

注：成绩评定依据内江师范学院《专业实习成绩考核册》。

# 第四章　地方高校法学专业实践教学管理体系的构建与探索

　　法学教育的一个重要目的在于对有志于从事法律实务的人进行科学且严格的职业训练，使他们掌握法律的实践技能及操作技巧，能够娴熟地处理社会当中各种错综复杂的矛盾。这就要求转变教学观念，加强实践教学在整个教学体系中的比重，完善实践教学的方式和内容。因此，在完善法学专业人才培养方案及实践课程建设的同时，构建起科学、完整、高效的法学实践教学保障体系十分必要。法学专业实践教学运行体系需要相应的教学条件和制度政策作保障，包括管理制度、评价体系、师资队伍、教学设施等，由此构成有效的实践教学保障体系，促进学生专业素质和专业技能的全面提升，为以后执业和深造夯定坚实基础，确保法学专业实践教学活动的质量。

　　2018年9月，《教育部关于加快建设高水平本科教育　全面提高人才培养能力的意见》提出，改革教学管理制度，加强本科教学管理，强化管理服务育人，完善各项管理制度。2019年7月，《教育部关于加强和规范普通本科高校实习管理工作的意见》强调，要加强和规范普通本科高校实习管理工作。2019年9月，《教育部关于深化本科教育教学改革　全面提高人才培养质量的意见》提出，严格教育教学管理，强调把思想政治教育贯穿人才培养全过程，激励学生刻苦学习，全面提高课程建设质量，推动高水平教材编写使用，改进实习运行机制，深化创新创业教育改革，推动科研反哺教学，加强学生管理和服务，严把考试和毕业出口关。2021年3月，《教育部关于加强新时代教育管理信息化工作的通知》提出，利用信息技术转变管理理念、创新管理方式、提高管理效率，支撑教育决策、管理和服务，推进教育治理现代化的进程。

　　管理的目的是服务教育教学、保障教育教学，最终实现教育教学以学生为中心的人才培养目标。随着我国高等教育进入新阶段，各类高等院校教育教学管理体系不断完善。宏观上，本科教育教学管理体系内容广泛，涉及部门多，管理队伍复杂。纵向上，一般分为学校和学院两个层级管理体系，校级层面主要涉及教务处、学生工作处、招生就业处、团委、校实验管理处等部门，学院层面主要涉及本科教学办公室、实验室、学生工作办公室、院团委等科室；横向上，校院两级每个部门、科室、组织主要负责的工作内容各有不同。目前法学专业实践教学保障体系已形成校级、院级两级管理队伍，形成以学生为中心的全员、全过程、全方位的"三全育人"管理模式。微观上，实践教学管理主导机构在校级层面为教务处，院级层面主要为教学管理办公室及相关教学组织。在实际的实践教学管理过程中，以校教务处各职能管理科室和院本科教学办为主发挥主要管理作用，附属有教学咨询委员会、教学督导委员会、教学基层组织等辅助教学的学术和质量监控管理团队。

现阶段学校教育教学管理体系已经比较健全，在实践教学领域的规章制度涵盖实践教学管理、实践教学基地管理、实验室建设与管理等关键环节，同时配合学生日常管理、思想政治引领等其他行政管理内容，在实践教育教学过程的各个模块和环节都建立了管理规范。

# 第一节　法学专业实践教学管理体系之专业实践管理办法

为加强专业实践工作，提高实践教学质量，《内江师范学院专业实践管理办法（试行）》（以下简称《办法》）于 2018 年 5 月 17 日发布实施，对专业实习各环节进行了详细规定。

专业实践是本科培养方案的重要组成部分，是培养学生综合运用专业知识分析、解决实际问题的能力，增强学生职业道德意识和社会责任感的主要途径。《办法》规定的专业实践是指人才培养方案中规定的除教育实践之外的各类见习、实习、实训、专业考察、艺术实践（采风、写生）等实践教学环节。

## 一、专业实践的目的

专业实践是学生对实习基地进行有针对性的参观和学习，旨在提高对本专业的了解和认识，增加学习兴趣和专业认同感，为专业课程的学习奠定基础。学生将所学专业的基础知识、基本理论和基本技能综合运用于实践，从而了解社会、接触生产实际、增强劳动观念，提升独立工作能力。同时，学校加强与企事业单位的联系，通过实践获得反馈信息，不断改进学校教育教学工作，提高人才培养质量。

## 二、专业实践的教学基本要求

专业实践教学要求严格执行专业实践方案，根据方案完成专业实践内容，不得随意缩短专业实践时间。遵守基地单位规章制度，尊重指导教师，虚心学习，注意培养自身职业道德意识和社会责任感。

实践教学工作实行校院两级管理，学校成立实践教学指导委员会，二级学院成立实践教学工作领导小组，统筹安排各专业实践教学工作。实践教学指导委员会由分管教学校长担任组长，教务处、评估处、学生处等部门负责人和教学指导委员会、教学督导委员会成员组成。具体组织管理工作由教务处负责，主要职责：一是制定全校实践教学工作管理办法；二是审定实践教学计划和预算实践教学经费；三是负责处理全校实践教学日常工作；四是检查实践教学工作开展情况，研究解决实践教学中出现的问题；五是组织全校性实践教学工作总结和经验交流。

实践教学工作领导小组由二级学院院长担任组长，分管教学工作的院长和分管学生工作的党总支书记担任副组长，成员包括教研室主任、专业负责人、教学科研办公室主任、班主任和教师代表。具体落实实践教学各项工作，主要职责：一是组织制订当年实践教学计划；二是落实实践教学场所；三是选派和考核实践教学指导教师；四是做好组织动员工作；五是做好实践教学质量监控；六是组织实践教学经验交流会，以及总结、评优工作。

## 三、专业实践的组织实施

专业实践须有专业实践大纲和实践方案，实践方案的制定要求如下：专业实践方案是按专业实践大纲要求，结合实践单位情况拟订的执行方案；实践方案由教研室（专业负责人或带头人）制定，在专业实践开展前两周，经教研室和二级学院审定并报送教务处同意后实施。专业实践方案应包括：专业实践的目的、内容与要求，经费开支范围及预算，专业实践安排表（学生姓名、指导教师姓名、基地单位名称、安排形式等），专业实践过程中突发事件处理预案，检查安排，考核要求与成绩评定标准。

专业实践原则上要求集中安排，根据专业和学生实际情况，允许少部分学生自行联系实践单位分散进行。无论采用何种形式，都须满足大纲要求，达到专业实践目的。对于分散实践的学生，二级学院要加强组织领导，制定切实可行的管理办法，严格实践要求，决不能放任自流。

## 四、实践基地建设

二级学院应重视实践基地建设，认真做好实践基地建设规划。基地建设须指定专人负责，建立和巩固实践与就业相结合的实践基地。

建设实践基地的总体要求和申报程序：

（1）各专业根据专业特点应建立相对稳定和充足的实践基地。

（2）专业对口，实践基地的条件能满足实践教学大纲要求。

（3）二级学院根据不同专业和学科性质特点，有目的、有计划、有步骤地选择能满足实习教学条件的企事业单位，对拟建实习基地进行考察论证，与实习基地所在单位协商并达成共识后，报学校审定，共同签订实践教学基地合作协议书。

## 五、实习指导教师及职责

实习指导教师由经验丰富、责任心强的教师担任。所有专业教师都有参加指导学生实践的义务，二级学院应根据专业实践内容选派指导教师，加强实习指导教师队伍建设，形成较为稳定的实习指导教师队伍。

实习指导教师的具体职责：

（1）提前熟悉实践单位情况，做好准备工作，结合实践教学大纲要求与实践单位共同制定实践方案。

（2）掌握学生思想状况，加强对学生进行纪律、安全、保密等方面的教育，防止意外事故发生，适时进行思想教育工作。

（3）积极配合实践单位解决学生实践中的问题，争取实践单位的支持和帮助。协同实践单位做好学生的成绩评定和总结工作。

## 六、学生行为规范

实习期间学生应遵守以下规范：

（1）学生应有敬业精神，刻苦钻研生产技术和管理知识，认真学习，服从分配，勇挑重担；按照实践的内容与要求全面完成规定的实践项目，主动向指导教师汇报。

（2）服从实践单位的管理，尊重实践单位员工，虚心接受指导；若对实践单位有意见或建议，应报学校指导教师，以恰当的方式处理。

（3）严格遵守实践单位的各项规章制度及操作规程，注意安全、爱护公物、勤俭节约。如有违纪行为，将按学校及实践单位有关规定，视情节轻重给予批评教育直至纪律处分，给实践单位造成损失的，按相关规定予以赔偿。

（4）中途不得私自调换实践单位，确因特殊情况需调换者，须由本人提出书面申请，经二级学院同意后方可调换；凡未经批准私自调换实践单位者，成绩记零分。

（5）学生在专业实践期间一般不得请假。如确实因事、因病（须附二级甲等及以上医院的证明）等需要请假，必须履行请假手续。在校外实践基地开展实践教学期间请假按以下程序办理：请假1天内，由二级学院指导教师和实践基地负责人审批；请假1天以上3天以内，经二级学院指导教师和实践基地负责人同意后，报二级学院实践教学工作领导小组批准，并报教务处备案；请假3天以上，经二级学院指导教师和实践基地负责人同意后，报二级学院实践教学工作领导小组批准，并报教务处审批。

## 七、成绩考核与评定

学生必须完成全部实践任务，写好实践总结，方可参加考核。专业实践成绩综合学生在专业实践中所表现出的综合专业素质情况和运用专业知识发现问题、分析问题、解决问题的能力进行评价，主要参考以下几方面进行评定：①实践内容完成情况；②实践总结；③实践调查报告；④考勤签到情况；⑤实践日志、实践作业等。

专业实践成绩的考核与评定采取评语与评分相结合的办法全面、综合评定，实事求是地反映学生实践成绩。实践成绩按优、良、中、及格、不及格五级记分制记分。学生的《专业实习成绩考核册》由二级学院存入学生个人档案，其他实践成绩考核册、实践材料由二级学院保存。

有下列情况之一者，成绩为不及格：①未完成实践教学大纲的基本要求，没有完成相应任务者。②请假超过实践时间三分之一及以上者。③实践中有违纪现象，经教育不改；或有严重违纪行为；或发生重大事故者。④违纪并给实践单位造成不良影响者。⑤因违反内江师范学院相关规定，中途停止实践者。⑥其他违反国家与学校有关规定的行为者。

实践结束时，带队教师应及时向二级学院汇报专业实践开展情况，并认真做好总结工作。学生返校后一周内二级学院将实践工作总结报送教务处。

## 八、经费保障

指导教师的酬金由二级学院支付,差旅费由学校报销。指导教师带队外出实践的工作量,每人每天不得低于 3 个教分;指导教师在校内指导实践的工作量,在培养方案规定的课时内以实际实施的课时为计算依据。指导教师指导实践应纳入教师教学工作量考核。学生外出实践的交通及住宿补助和实践单位指导教师的经费标准参照学校相关标准执行。

# 第二节　法学专业实践教学管理体系之实践教学基地管理办法

为贯彻落实《教育部等部门关于进一步加强高校实践育人工作的若干意见》《教育部关于开展"本科教学工程"大学生校外实践教育基地建设工作的通知》精神,大力实施"校地结合、校企合作、产教融合",强化实践教学环节,夯实实践教学基地建设,提高学生创新精神和实践能力,结合学校实际,《内江师范学院实践教学基地建设管理办法(试行)》于 2018 年 9 月 27 日审定通过。

实践教学基地是对学生进行实践能力训练、培养职业素质的重要场所,是实现学校人才培养目标的重要条件之一,必须重视和加强实践教学基地的建设、管理、使用和维护。实践教学基地主要承担学校学生的校外实践教学任务。通过建设实践教学基地,落实"扎根地方、追求卓越"的办学理念,探索学校发展与地方发展相互动、学科专业建设与地方需求相对接、教师教育与基础教育相融合的新机制,不断深化人才培养模式改革,努力把学生培养成为具有真诚的爱心、高度的责任心、执着的进取心,具有较强的实践操作能力、沟通协调能力、创新创业能力,具有良好的人文精神、科学精神、批判精神的高素质应用型人才。

## 一、实践教学基地的建立原则

坚持实践教学与生产实践、就业体验相结合的原则。实践教学基地的建立要有利于培养学生的创新精神和实践能力，有利于实践教学的开展和学校实践育人体系的建设与完善。

坚持先进性和多样性的原则。实践教学基地要尽可能涵盖多个学科专业，且资源共享、机制健全。实践教学基地的生产水平、管理能力、科研工作等方面要具有一定的先进性和代表性。

坚持稳定发展、动态调整的原则。实践教学基地要保持一定的稳定性，对于一些条件好、发展稳定的实习基地要相对固定。同时，也可根据实际情况对部分实践教学基地进行动态调整，确保实践教学基地的质量。

坚持"互惠互利、责任分担、共同建设、协同发展"的原则。学校依托实践教学基地安排学生、教师到共建单位开展实践教学活动，培养学生的实践创新能力，丰富教师的实践教学经历；共建单位借助学校的学科、师资等优势资源，建立职工培训和学历提升的合作机制，并享有从实践学生中选拔优秀人才的权益。

## 二、实践教学基地的建设条件

实践教学基地必须具有独立法人资格或能够独立承担民事责任的组织，运营正常，有承担学校实践教学任务的意愿，有与学校长期合作的积极性，有参与学校实践教学的热情。实践教学基地必须有接纳学生实践教学的能力，具备学生实践所需的学习、生活和劳动保护等方面的条件。实践教学基地必须拥有能满足实践教学所需的专业技术水平较高和现场教学经验较丰富的指导教师。

实践教学基地依托共建单位共同建设，双方围绕学生实践能力培养，探索建立可持续的合作模式，建立相关专业实践教学体系、实践项目或内容、师资队伍、条件保障、教学运行和安全保障等管理机制。

## 三、实践教学基地的教学体系

学校与实践教学基地以培养学生的实践操作能力、沟通协调能力、创新创业能力为目标，按照学生实践能力形成的不同阶段和认识发展的规律，共同制定实践教学目标及内容体系，共同组织实施实践教学过程，共同评价实践教学效果。

指导教师队伍由学校教师和共建单位具有丰富实践经验的专业技术人员、管理人员共同组建。通过举办专兼职指导教师培训班等有效措施促进指导教师队伍的相互交流，共同参与实践教学过程，不断提高实践教学师资队伍的整体水平。

建立开放共享机制。实践教学基地除主要承担对口二级学院的学生实践教学任务，在接纳能力许可的条件下还接收其他二级学院的学生进入实践教学基地学习。

建立科学的考核评价体系。根据学校培养方案与实践教学基地实际情况，共同制定学生实践教学期间的考核方法与考核手段，共同制定一套科学合理的评价指标体系，共同对学生在实践教学基地期间的学习效果进行评价。每年开展一次优秀实践教学指导教师、优秀实习生和优秀实践教学基地的评选。

构建安全保障体系。学校做好学生校外实践教学期间的安全、保密、知识产权保护等教育工作，提供充分的安全保护与劳动保护设备，协助基地方做好相关的管理工作。

## 四、实践教学基地的建设与管理

实践教学基地按照建设与使用结合、管理与维护结合的原则，采用校、院两级管理的模式。学校教务处负责统筹协调基地建设相关事宜，制定相关管理办法和配套制度；校地合作处负责对外协调，代表学校对各级各类行业组织、企事业单位进行调研考察，协助二级学院寻求引领行业发展方向、有成长潜质、有助于学校专业建设的企（事）业单位确定合作意向，组织开展与企（事）业单位的洽谈。二级学院依据学科及专业建设规划、培养目标、课程标准等，积极与满足专业人才培养要求的相关单位联系洽谈，具体负责实践教学基地的建设、使用、管理和维护等工作。

实践教学基地的设立程序：

（1）申请。二级学院在对拟建实践教学基地初步考察的基础上，与共建单位进行协商，达成建立实践教学基地的初步意向，填写"内江师范学院实践教学基地建立申请表"，按程序进行申请。

（2）审核。校地合作处组织专家对实践教学基地的条件以及建立的必要性进行审核、备案。

（3）签订协议。经批准建立的实践教学基地，由学校与实践教学基地按照相关流程正式签署"内江师范学院实践教学基地合作协议书"。协议合作年限一般不少于 3 年，协议书一式四份，校地合作处、教务处、二级学院和实践教学基地各执 1 份。协议到期时，根据双方合作意向与成效，可续签协议。

（4）挂牌。协议书签订后，实践教学基地可悬挂"内江师范学院实践教学基地"牌匾，或者经学校审批同意的其他称谓牌匾。牌匾由学校统一制作。二级学院与相关企事业单位开展的其他形式的合作事项，已单独签署校企合作协议，且协议内容包含实践教学工作的，经教务处审核通过，合作单位可视为实践教学基地建设对象，双方可不再单独签署协议书，但涉及的备案、挂牌、建档等建设管理事宜仍须按照学校规定执行。

实践教学基地的日常管理由共建单位与二级学院共同负责，双方应加强沟通与联系，构建实践教学基地可持续发展的长效机制。实践教学基地建立后，二级学院应对每个基地建立教学档案，主要内容包括：①实践教学基地材料，含实践教学基地简介、共建单位介绍及资质证明、基地负责人介绍、共建协议、基地的指导教师状况（人数、学历、职称等），实习岗位，适合专业等。②实践教学基地运行情况，含每年安排到基地实践的专业名单、学生名单、指导教师名单、学生的实习报告及实习成果、实践教学基地对基地指导教师及学生的管理制度等。③实践教学基地依托单位录用学校毕业生情况。

# 第三节　法学专业实践教学管理体系之实验课程建设与管理

为践行学校"教学做统一"教育理念，实践融知识、能力、素质、觉悟协调发展的实验教学理念，实践指导开放、培养递进、管理竞争的培养模式，着力培养具有人文思想、创新能力、实践精神的高素质文科人才，学校近年来分别在实验课程建设方面发布了相关制度，法学专业模拟法庭实验室管理均参照学校规定执行。

## 一、实验技术队伍建设

学校为建设一支素质优良、结构合理、相对稳定、能熟练掌握专业理论和现代实验技术、具有科学管理实验室能力的高水平实验技术队伍，调动实验技术人员的主动性、积极性和创造性，鼓励实验技术人员提高专业技术水平及履行相应职责的能力，进而提高实验室建设与管理的质量和水平，提高实验仪器设备的使用效率，构建高水平实验技术平台，根据《内江师范学院"十二五"师资队伍建设规划》《内江师范学院关于进一步加强师资队伍建设的实施意见》

等文件精神，结合学校实际情况，2013 年 4 月制定了《内江师范学院实验技术队伍建设暂行办法》（以下简称《办法》）。

《办法》指出实验技术人员是学校教师队伍的重要组成部分。实验技术人员是指在实验室从事实验教学准备、技术支持、日常管理、信息化管理、仪器设备管理及实验室管理维护等工作的其他专业技术人员，包括实验员和实验室管理员。实验技术人员的主要职责是实验辅助指导，大型仪器设备的运行管理、功能开发与利用，实验的准备，实验仪器设备的保管、维护及维修，自制实验仪器设备及实验室建设与日常管理等。

学校加强实验技术团队建设，采取切实有效措施，通过引进、公招具有相关学习和工作背景的高层次、高素质专业技术人才，加强在职实验技术人员的培训等，不断提高实验技术队伍的整体素质。实验技术人员的引进、公招按照四川省教育厅、四川省人力资源和社会保障厅、学校有关规定执行。

学校加强对实验技术人员的业务培训，更新和拓展知识结构，提高实验技术水平。学校将实验技术人员的培训纳入学校教师培训体系。各二级学院（部）、实验中心应积极创造条件，安排实验技术人员特别是青年技术人员参与培训与进修，要制订实验技术人员培训与进修计划，每年必须选派占实验技术人员总数 5%～10% 的人次进行各种形式的培训与进修，由人事处会同教务处和国有资产与实验设备管理处审核，经学校研究审批后实施。实验技术人员培养方式和途径以在职进修、校内学习、企业短期培训为主，进修时间一般为半年，如有特殊需求，经批准也可延长为一年。

学校各单位根据本单位具体情况制定实验技术人员工作量计算考核办法，坚持效率优先原则，严格按业绩付酬，以收入分配政策为导向，建立竞争激励机制。合理利用专业技术职务评定机制，激发实验技术人员的积极性。实验技术人员专业技术职务的评定按相关规定执行，学校合理设置实验技术人员专业技术岗位结构比例。在专业技术职务评审过程中将实验技术开发、实验室及仪器管理、工作态度与表现、奖惩等作为必要的考核内容。

## 二、实验课程教学工作规范

为加强学校教学工作，实现教学管理科学化和规范化，牢固树立教学工作的中心地位，聚焦全员育人、全过程育人、全方位育人的工作主线，保障和提高教学质量，依据《中华人民共和国高等教育法》《中华人民共和国教师法》《内江师范学院章程》以及学校教学管理等有关规定，2018 年 5 月学校制定了

《内江师范学院教学工作规范（试行）》，指出教学工作应秉承以学生为本的教育理念，紧紧围绕立德树人的根本任务和人才培养的核心使命，注重因材施教，培养学生的创新精神和实践能力，促进学生个性发展。实验教师应严格按照实验教学大纲要求组织教学，确保实验开出率100％，不得擅自变更或增减实验项目、学时和内容。确需变更的，由实验教师提出书面申请，经实验室主任（专业负责人）同意，二级学院审批，报教务处审核通过后，方可执行。实验技术人员应做好实验物资准备，包括检查、整理、调试仪器设备；准备材料、试剂、元器件、工具，并保证供电、供水、供气线路和通风系统畅通。实验教师和实验技术人员必须认真备课，明确实验的目的、要求，熟悉实验原理、方法、步骤及装置。对于新开的实验课和初次担任实验教学的青年教师和实验技术人员，必须试讲、试做，经二级学院考核，达到要求后方可向学生开课。首次实验课，实验教师应结合实验项目的具体要求向学生宣讲《学生实验守则》和实验室有关规章制度。对违反操作规程者应予教育和指导，对不听教育和指导的学生，教师有权责令其停止实验；对违反规章制度者应予批评，对造成事故者或人为丢失或损坏仪器设备者，应追究其责任，并按学校有关规定处理。在实验课上，实验教师应当讲解本次实验的原理、方法、要求和主要仪器设备的原理、结构及使用方法等；使用大型、精密、贵重仪器设备时，教师应加强巡回视导，以确保设备的安全使用；实验完成后，实验教师应指导学生按规定断电（水、气）、整理设备、清扫场地。

2017年发布的《内江师范学院实验教学质量及评价标准》对实验教学各步骤提出了基本要求。

一是对教学文件进行了详细规定。

（1）实验教学大纲。实验教学必须具备实验教学大纲，明确项目的类型和学时分配，明确各个实验项目应达到的目的和要求。实验教学大纲的编制应遵循科学性、可行性、先进性，其内容应包括：①实验课程的性质以及在专业人才培养中的地位和作用。②课程实验教学应达到的基本要求，学生应掌握的实验技术及基本技能，并设有一定比例的设计性、综合性实验。各专业含设计性、综合性实验的课程门数应占实验课程总数的80％以上。在实验项目配套中应设置一定数量的选开实验，供学生自选。③实验项目选定的原则和学时分配，明确必开实验和选开实验。④单项实验应达到的目的和要求，包括训练何种实验技能，掌握何种测试技术或实验方法，验证、巩固何种基本理论，探索、开拓什么新领域等。⑤采用的实验教材（讲义）或实验指导书。⑥明确实验教学考核办法。实验教学大纲的制定（修订）由二级学院（实验教学中心）

组织人员拟定（修订），并组织专家论证，经学校审定批准后实施。

（2）实验教材。①实验教材的选用。所选用的实验教材必须符合专业培养目标、教学大纲和实验教学的要求，坚持先进性、科学性与适应性相统一。应该优先选用近期出版且具有先进水平的实验教材。②自编实验教材。学校鼓励实验教师与其他高校、科研机构、大型企业合作，编写体现学校学科专业优势的高水平实验教材，并通过出版社出版。③实验指导书。实验指导书必须符合教学大纲的基本要求，与教材密切配合，相辅相成。要明确课程实验的目的和意义，以及实验前的安全事项。其内容还应涵盖实验项目名称、实验目的、实验内容和要求、实验设备技术参数和要求、实验原理说明、实验步骤、实验注意事项、预习与思考题、实验报告要求等相关内容。

二是关于教学准备过程的规定。

（1）实验环境准备。①实验所需设备和耗材应摆放到指定的工位，做到布局合理、整洁。②检查实验所需的水电，使其处于安全完好状态。③对于实验过程有污染物排放的实验室，实验前须检查污染物处理设备的状态，确保其处于正常工作范围。

（2）实验仪器准备。①按照实验项目的要求和分组数，准备足够的相关实验仪器及教学装备，并使之处于完好状态。②实验编组的标准是确保每个学生都有充分的动手机会，并便于教师个别指导。基础课实验1人1组，技术基础课实验2人1组。某些实验不能1人（或2人）完成的，以满足实验要求的最低人数为准，保证学生实际操作训练任务的完成。③实验耗材准备按照实验项目的要求和分组数，准备各种满足实验要求和数量的材料、元件或药品等，并摆放在实验台，便于学生操作。

三是对教学实施过程提出了要求。

（1）新开实验项目，实验室都要组织进行试做。试做实验要做到基本操作规范、实验数据准确、重现性好。

（2）新上岗教师应进行试讲和试做。其内容应包括实验目的、原则、要求、实验内容、使用设备材料、基本操作、影响因素与注意事项等。讲述和操作过程思路清晰，表述清楚，操作规范，实验数据准确，误差分析合理。

（3）教师讲解：①实验前，教师应根据实验指导提纲认真讲解实验的重点和难点，并给予必要的示范。在做示范的同时，对实验原理、操作及实验中易出现的问题、注意事项交代清楚，重要步骤要求板书。教师讲解和指导时间不宜超过20分钟。②教师在课堂上应语言准确、简洁、流畅，使用普通话，声音洪亮、清晰；语速快慢适中，富有启发性、形象性和逻辑性。③教师在课堂上应衣冠整洁、朴素，仪表端正，亲切和蔼，举止文明，教态自然大方。

（4）实验方案制定：①实验前，应制定并提供实验操作步骤、实验要领及实验操作中数据的采集方法。部分实验需提供实验数据采集表格和数据项，分析实验中可能出现的误差和产生误差的原因，提供减少误差的操作要领和误差分析方法。②实验现象观察与数据记录，指导学生详细记录实验过程中观察到的现象，包括异常现象的处理及其产生原因，影响因素分析；每次（项）实验结果必要数据处理和分析，并有明确的文字小结。

（5）实验审核。指导教师对每个实验项目进行验收，对不符合要求的应查看实验记录表和实验报告，分析原因；找不出原因的，应要求重做。

（6）实验报告批改。教师应严格要求学生认真、及时、独立地完成实验报告，并做到书写工整，叙述清楚。教师要对不按时完成实验报告、抄袭他人实验报告或粗制滥造达不到要求的学生，进行批评教育，并责其重做。教师要及时、认真批改学生的实验报告，实事求是地指出实验报告中存在的不足和错误，并督促学生自己纠正。批阅后的实验报告及时返发给学生。实验报告一般应采取记分制。教师应根据学生在实验中和在实验报告书写中反映出来的认真程度、实验效果、理解深度、独立工作能力、科学态度等给予恰当的评语和评分。教师批阅实验报告要做到认真细致，准确无误，无漏批、错批现象，并签署批阅人姓名和批阅日期。

（7）实验课程考核。独立设置的实验课程须单独进行考核。非独立设置的课程实验，实验学时较多（实验学时占总学时 1/2 及以上）的，原则上应单独进行考核。①独立实验课程平时实验成绩原则上占总成绩的 30%～50%。②非独立设置的实验，即课程实验，实验成绩占该课程总成绩的 20%～30%。③实验成绩采用百分制记载。④期末实验测试考核方式。期末实验课考试由任课实验教师在实验室组织实施，可采用多种方式开展。各门实验课程可以根据实验课程的教学内容和教学方式选择以下考试（考核）方式一种或多种组合：随机抽取实验项目，由学生在规定时间内独立完成；指定综合实验项目，由学生个人（或小组）在规定时间内独立完成；指定实验项目，由学生在规定时间内独立设计实验方案；期末实验课程答辩；实验平台自动评分；根据学生上交的多次实验报告，教师综合评分。

# 第五章　地方高校法学专业
# 实践教学基地建设探索

　　实践教学基地是培养大学生创新精神和实践能力的重要场所，是大学生了解社会和国情的桥梁，也是高等学校实现人才培养目标的重要条件保证。实践教学基地建设是实践教学的重要支撑，是理论课教学的延伸，是促进产、学、研结合，加强学校和社会联系，利用社会力量和资源联合办学的重要举措，是确保实践质量和增强学生实践能力、创新能力的重要手段，建设高质量的实践教学基地直接关系到实践教学质量，是培养复合型应用型人才的必备条件。

　　2010 年的《国家中长期教育改革和发展规划纲要（2010—2020 年）》提出，提高人才培养质量，牢固确立人才培养在高校工作中的中心地位，着力培养信念执着、品德优良、知识丰富、本领过硬的高素质专门人才和拔尖创新人才。加大教学投入，把教学作为教师考核的首要内容，把教授为低年级学生授课作为重要制度。加强实验室、校内外实习基地、课程教材等基本建设。深化教学改革，强化实践教学环节，创立高校与科研院所、行业、企业联合培养人才的新机制。2012 年的《教育部关于开展"本科教学工程"大学生校外实践教育基地建设工作的通知》对校外实践教育基地建设又作出了具体的部署。法学作为一门实践性极强的学科，其实践教学更是提高法学专业教育水平、培养创新法学人才的必要环节。

　　内江师范学院法学专业历来非常重视与地方的合作，在合作基地规范化、合作培养机制与合作成果等方面取得了一定的成绩。法学学科自 2003 年本科专业开办以来，学院对法律专业人才培养模式进行了广泛调研，依据学校校外实习基地建设及管理办法的指导思想，积极与司法实务部门合作，先后与内江市及下辖区县的多家法院、检察院、律师事务所、行政机关及企业等签订了合作建设实践教学基地协议。仅就法院而言，学院按照就近原则，对市区范围内的两级法院进行了考察、论证，并在双方洽谈的基础上签订了合作实践教学基地协议，举行了揭牌仪式，建立了实践教学合作关系，每年均按照培养方案安排学生在法院开展实习工作，搭建了教师、学生和法官开展互动交流的重要平

台，形成了法学教学与实践良性互动的重要机制，并于 2014 年获得了四川省
卓越法律人才教育培养计划校外示范性实践教学基地的立项。

## 第一节  地方高校法学实践教学基地建设的背景

我国法学教育经过三十多年的快速发展，完成了教育规模的扩张，初步形
成了法学人才培养的基本模式，取得了较大成就。随着我国法学教育蓬勃发
展，其缺点和弊端也日益突出。

2007 年的《教育部关于进一步深化本科教学改革全面提高教学质量的若
干意见》要求各高等学校高度重视实践环节，提高学生实践能力，特别要加强
专业实习和毕业实习等重要环节。由于法学属于应用性很强的学科，实践教学
是法学人才培养的基本途径和有机组成部分，从法学教育诞生之日起，实践性
教学就占有一席之地。

当然，法学实践性教学在长期的教学改革过程中已经探索出多种教学模
式，每一种模式都各具特点，从不同角度帮助学生理解所学的法学理论知识，
培养学生的实战能力，提高他们的综合素质。在当前社会背景下，法学教育应
当走校地合作人才培养模式。

校地合作对法学专业来说主要是指法学院与地方的法院、检察院、律师事
务所、企业等建立长期合作的实践基地，共同对法学专业学生的实践进行指
导，使学生掌握最基本的职业要求。

第一，法学专业的实践性，必须要有一定的理论作指导，但是法学的发展
必须与实践相结合。在我国法学教育中，理论知识传授长期占据着课堂、占据
着学生的学习时间，培养方案的设置、教师的教学重视纯理论知识的系统讲
解，对法学理论和法律条文进行详尽的解释传授成为法学教育的主要方式。尽
管理论传授和法条解释对于学生系统地学习、理解、掌握和提高其法律知识水
平与能力有着不可低估的作用，然而一定程度上却制约了学生运用法律知识解
决实际法律问题的能力。离开了法律实践，法学专业的发展将成为无源之水、
无本之木。法学专业的这种特性决定了法学人才的培养走校地合作之路会更加
突出其应用性。

第二，法律职业的特殊性决定了学生必须从理论走到实践。法律职业是法
律工作的总称，包括律师、法官、法院书记员、法警、检察官、立法人员、法
学专业教学人员、法制新闻记者或编辑、企业法务专员、司法鉴定中心的鉴定

员等职业，这些职业要求法学教育应当而且必须为社会培养具有法学基础知识和从事司法实务的专门型人才。而在我国法学教育中，重视对法律学科内容的精讲、细讲、深讲，重视单科部门法学自身内部结构和体系的完整，重视建构学生的法学理论知识结构，忽视了部门法学之间、法理学与部门法学之间的联系，忽视了边缘学科与其他学科的联系，忽视了法学与政治学、经济学、社会学等学科的关系，忽视了法律知识转化为法律技能和法律技巧的训练，重视书本理论的吸取而忽视社会现实的关注，呈现出法学学习和日常生活分离的状态。从高校的法学培养理念、方案和课程体系设计来看，定位上存在着偏差，不管有没有师资、有没有条件，都要求法学专业学生专注精深的法学理论，为未来从事法律工作打下坚实的理论基础。而对于从事法律工作所必需的职业知识、执业技能、执业技巧、职业道德等方面的教育与培养重视不够，导致法学专业学生毕业后难以迅速适应法律实务工作。所以，在整个大学法学教育过程中，必须贯彻培训和训练不仅具有法学理论还具有从事司法实务基本技能的教学理念。校地合作正好为学生提供了实践教学的平台。

第三，我国正在建设社会主义法治国家，需要一大批能够熟练应用法律的实践人才。现阶段高校普遍加强大学生思想政治教育，不但强化和提高了大学生的政治觉悟，使其精神面貌得到了较大改善，而且对坚定其理想信念、激发其爱国热情、增强其学习积极性都产生了极大影响。然而，对道德教育的重视程度却不够，从法学专业学生的培养方案和现实所开课程来看，基本上没有涉及这方面的内容，即使有也是浅尝辄止。法学教育应当是一种素质教育，这种素质教育的核心是培养学生的自主意识和独立思考的能力。但传统的考核方式使学生的主体性缺失，不利于培养学生独立而健全的人格，无助于提高学生学习的积极性、主动性和创造性，更别说培养学生对法治理念的信仰。法学教育培养的人才终究是为社会经济发展服务的，社会经济发展的情境决定了法律人才培养。为此，我国法律人才的培养必须为我国社会主义法治建设服务，注重司法实务部门与高校合作，从而为社会、为地方培养出社会需要且适应性强的应用型法律专门人才。校地合作的实践教学基地正好为法学专业学生接触并参与法律实践从而促成其将法学理论与实践相结合提供了一个平台。

内江师范学院法学专业通过法学校外实践基地建设，法学专业学生进入基地学习，已经成为学校贯彻人才培养定位、契合专业特性、提高法律人才培养质量的重要路径和必然选择。2012 年的《教育部关于开展"本科教学工程"大学生校外实践教育基地建设工作的通知》（以下简称《通知》）成为高校开展基地建设的指导性文件，值得关注的是，《通知》将项目区分为文科实践教育基地、理科实践教育基地、工程实践教育中心、农科教合作人才培养基地、法学教育实践基地、临床技能综合培训中心和药学实践教育基地等类别。法学教育实践基地的单列，与文科实践教育基地的并列，体现出对法学实践教育的重视，更是对法学应用性属性的深切关照。2014 年 12 月，学校与内江市中级人民法院联合获得"四川省卓越法律人才教育培养计划校外示范性实践教学基地"立项。以此为契机，我们认真梳理、深入思考和把握法学校外基地的发展，在近 8 年的建设中，取得了较好的成效。

附件：

## 四川省普通本科院校卓越法律人才教育培养计划试点专业
## 申报书（部分内容）

### 一、基本信息

| 申请学校 | 内江师范学院 | | |
|---|---|---|---|
| 专业名称 | 法学 | 修业年限 | 4 年 |
| 专业代码 | 030101 | 学位授予门类 | 法学学士 |
| 本专业设置时间 | 1998 年 | 专业现有在校生数 | 247 |
| 拟试点首批人数 | 48 | 拟试点年级 | 2012 级 |
| 所在院系 | 政法与历史学院 | | |
| 改革试点时间 | 2015 年 1 月—2023 年 7 月 | | |

### 二、改革背景

（一）本专业人才培养的现状分析

本专业自设立以来，经过十余年的法学教育、教学改革逐渐形成了明确的富有地方特色的人才培养目标，即通过四年的专业学习，培养适应时代需要，具有广泛的人文社会科学、自然科学领域基础知识和坚实的法学基础理论，了解国内外法学理论发展及国内立法信息，系统掌握法学知识和法律规定，能熟练应用有关法律知识和法律规定办理各类法律事务，解决各类法律纠纷，具有较强实践能力和创新精神，能在国家机关、企事业单位和社会团体，特别是能在西部基层立法机关、行政机关、检察机关、审判机关、仲裁机构和法律服务机构从事法律工作的高级专门人才。

考虑到法学专业近几年就业形势较为严峻，我们在制定本专业的人才培养模式时没有采用单一模式，而是将普通模式、实践型人才培养模式和双学位制结合起来，为学生提供多种途径选择，力争将其培养成"厚基础、宽口径、强素质、重能力"的综合性、实践型人才。学生经过本专业的学习，既可以选择通过司法考试从事法律职业，也可以经过实践教学模式的选择进入企事业单位担当法律顾问或从事其他法律职业，还可以通过选择其他专业课程取得双学位。培养模式的多样化，进一步拓宽学生的知识面和就业路径。

本专业在课程设计上重视法律基础理论知识教育。除了为学生开设了16门法学专业核心课程，还增开了20余门选修课程，学生经过四年的专业学习可以掌握系统的、核心的基础理论知识，为其将来进一步拓展奠定了基础。正是由于对基础知识的重视，近几年本专业学生参加司法考试平均通过率均在80%左右，取得了较好的成绩。

为改变学生考试分数高，但实际动手解决问题能力差的现象，也为配合本专业人才培养目标的实现，本专业开设了一定数量的实践课程。学生通过庭审观摩、法律义务咨询、专题辩论、法律文书写作、模拟审判、法制宣传、非诉业务技巧、司法见习、专业实习等教学环节的训练，大大增加与实践接触的机会，真正实现理论与实践的结合。另外，学校在2007年耗资上百万元设立了专门的模拟法庭，其布局完全依据法院设置，功能齐全、设施完善，学生可以进行大规模的超仿真实训，真实的案件、职业的模拟运作、法律的现场运用，极其逼真、身临其境，既增加了学生的学习兴趣，也为学生实现知识转化提供了重要场地，同时学生也可以及早了解社会及职业要求，打开法学教育与法律职业联系的通道。多年来本专业一直积极致力于模拟法庭实践教学的改革，经过努力，2012年被批准成为省级文科实验示范中心项目之一。2013年与内江市中级人民法院合作共建"四川省卓越法律人才教育培养计划校外示范性实践教学基地"项目获批为校级本科教学工程项目，获得学校10万元建设经费支持。

针对现行法学教育存在的"重知识教育，轻法律思维、法律人价值目标培养"的现状，本专业在开设课程时设置了大量的如法理学、西方法律思想史、中国法律思想史、法律职业道德等理论课程，教师在讲授过程中为其传授法律理念，帮助其形成追求社会公平正义，惩恶扬善，激浊扬清的法律人的价值目标。同时授课教师在教学过程中通过专题辩论、学术沙龙、读书活动，让学生自己在听、说、读、想的过程中逐渐培养法律思维能力，锻炼动手能力，加强团体合作、团结一致、集体攻关能力。

2013年，四川省廉洁文化社科普及基地成立，挂靠政法与历史学院，为法学专业学生法律信仰与职业道德的养成提供了良好的平台。

但在专业建设过程中，我们还存在以下问题亟待改进：

（1）人才培养方案长期采用统一的模式，学生在学习内容上"千人一面"，忽视了学生的个性发展，学生创新能力的培养欠缺。

（2）校外实践教学环节方案不明确，导致学生司法见习与专业实习效果不明显，个别自己联系实习的学生存在"放水"现象。

（3）教学方法的适应性不强，还未能摆脱以课堂为中心、以教师为中心、以课本为中心的传统教学模式，学生分析和解决问题的能力不足。

（4）教学内容中法律人文知识欠缺，对学生思考能力和批判精神的培养不够，导致学生只知法律条文，不知法律人文精神。

（5）师资队伍建设亟待增强，教授、博士数量较少，缺少有较大知名度和影响力的学科带头人，拔尖人才引进困难。

（二）本专业实施"卓越计划"的目标、意义

1. 总体目标

本项目总体目标为西部基层法律人才的培养提供这样一个平台：法律工作者、法学专业教师和学生体会法律职业生涯、培养法律职业道德的最真实平台，高校学生法律素养升华的教育平台。

2. 具体目标

（1）打造西部基层法律专业人才"双师型"教师培养平台，推动教师、法官、检察官、律师等实现双向交流。

（2）建成西部基层法律专业人才职业技能训练联动平台。

（3）建成高校学生法律素养养成基地，推动大学生法律信仰教育系列专题活动的开展；结合学校未来教师教育改革，有针对性地开展"依法治国"理念教育基地建设，为未来教师法律素养养成提供专门平台，以期为社会主义法治国家的建设添砖加瓦。

3. 意义

首先，有助于本专业改变传统的法律教学模式，整合校内外教学资源，以法律职业性教育为导向，注重法学教师与实务部门专家的相互结合，突出法学教学的实践性，改变现有的"灌输型"教学、"被动型"学习的模式，调动高等学校专任教师、实务部门专家、学生的多方积极性，培养出法学理论基础扎实、法律操作技能娴熟、"下得去、用得上、留得住"的西部基层应用型法律人才。

其次，推动学院法学专业转变法学教育思想观念，改革人才培养模式，加强法学实践教育环节，提高实践教学指导教师水平，实现法学实践教育培养目

标。提升法学专业大学生的实践创新精神、司法实践能力、法律职业道德、社会责任感和就业创业能力，为广阔的西部培养出高质量的卓越法律人才。

再次，有利于培养法律专业学生的职业认同感。为避免学生在专业学习过程中产生理论学习与实践相脱节的感觉，从而产生厌烦、逆反心理，通过有效安排法务实践活动，学生提早接触社会、观察社会，可以增强学生的社会责任感和法律职业认同感，同时，避免毕业后因为校园与现实的巨大反差从而产生心理落差，为其将来能够进一步适应社会环境和工作岗位奠定基础。

最后，可以让基地承担高校学生法学实践教育的任务，从而达到与法学实践教学基地的长期有效合作，实现资源共享、共用，促进学校和内江市中级人民法院联合培养法学人才新机制的建立。

**三、本专业卓越计划人才培养方案**

（含专业培养标准、人才培养模式、课程体系、校内外师资队伍情况等）

卓越计划下的西部基层法律人才培养模式是培养具有坚定的政治信念、扎实的法学专业基本素养，熟悉党和政府的民族政策，了解西部的社情民意，有较强的创新精神、实际操作能力、社会适应能力，能够扎根西部、乐于奉献、服务基层的高素质法律专门人才。因此，在卓越计划人才培养方案的制定过程中，我们不仅注重对其他学校法学专业培养计划的借鉴和参考，更重视对本校办学特色的认真研究，提出了具有内江师范学院特色的"卓越人才"培养方案，具体内容如下。

（一）专业培养标准

在实施过程中，拟以培养应用型、复合型法律职业人才为标准。

其一，具有坚实的理论素养。卓越法律人才的培养应是全面和整体的，在大学四年中法学专业的学生应始终贯穿政治、经济、社会、人文等方面的理论知识的学习，这样可以避免法学职业化教育与通识教育之间的冲突，避免法学专业学生知识结构的单一性，从而贯彻应用型、复合型的法律人才的培养标准，着力培养"精法律、通实务、懂政策"的法律人才。

其二，具有崇高的法律信仰。在卓越法律人才培养过程中，通过课程设置等措施，培养学生公平正义理念、崇高和献身法治的精神、清正廉洁的职业道德、忠于法律和维护法律的使命感与责任感，使"明法、修德、尚义、笃行"成为他们一生的信条和追求。这是法学创新人才的基本素质，也是立志西部基层法制建设的精神动力。

其三，具有系统的法律知识。法律人才培养既要注重法律教学体系的完整性，也要突出法律人才培养的特点，通过人才培养模式的改革及实践教学环节的设计，学生熟练掌握系统的法律知识，并具有某一方面的专长。

其四，具有熟练处理法律事务的技能。本科阶段的法律人才培养主要不是培养学术研究人员，本质上是培养高素质的法律职业人才。实施卓越法律人才教育培养计划，能够培养出一批熟练处理法律事务、具有操作业务能力的为社会所需要的实践性人才。

（二）人才培养模式

突出法学教育的实践性，采取"定制式""联动式"培养模式，改变以往单纯"经院式"教学的方法，除基础理论课程外，注重实践性教学方法的应用，采用模拟法庭、法律诊所、个案分析、实习见习等方式进行实践性教学，在部门法教学中注重案例教学，着重训练学生的综合分析能力、法律推理能力、逻辑思辨能力、实践操作能力、协调谈判能力等。

（三）课程体系

通识课：思想政治理论类、人文社会科学类、计算机应用类、外语等课程。

专业课：法学主干课程及选修课。

实践课：民法、刑法、经济法、行政法、诉讼法等案例分析与研讨课、法律文书写作课程、庭审观摩、义务咨询、个案分析、法律援助、模拟法庭、演讲与口才、非诉业务技巧实训、专业实习、专业见习等。

（四）校内外师资建设情况

学院法学专业始终坚持"理论教学与实践教育互通，专、兼职结合"的基本建设理念，以打造"教学、科研、实践兼容，创新、严谨、敬业兼备的高水平实践教学教师队伍"为目标，对实践教学队伍建设提出了以下措施：

（1）整合现有实践教学队伍资源，优化队伍配置。学院现持有律师职业资格证书的教师过半，通过激励政策其走到实践教学的第一线。另外，考虑本专业青年教师数量较多，可以鼓励青年教师担任实践教学工作，把青年教师担任实践教学工作的情况与其教学、科研成果的考核相结合，在其理论素质和理论教学水平提高的同时，一并提高实践教学水平。

（2）规范专兼职实践教师聘任工作，拓宽教师来源渠道，促进教师资源合理配置和有效利用。根据实践教学基地发展和教学、科研任务需要，通过多种途径和形式向校外聘请具有深厚基础理论知识、精通本专业业务、实践经验丰富的高水平专家担任兼职指导教师，同时加强兼职教师聘任和管理的规范化。目前内江市中级人民法院已向学校派出了四名兼职教师。

（3）鼓励教师在职参加司法实践、学历进修、专业技能培训、现代教育手段培训，逐步提高教师队伍的实践能力、科研水平、学历层次和业务素质。特别是鼓励教师到实践教学基地挂职锻炼和实习，从而积累丰富的实践经验。（本学期已派出教师到内江市中级人民法院挂职锻炼）

### 四、校外实践教学基地基本情况和建设方案

（需附上与实务部门签订的合作育人协议，有互派人员计划，有实务部门学习阶段培养方案。如申请建设"示范性实践教学基地"，双方需签订共建示范性实践教学基地备忘录，签章后随文上报）

（一）校外实践教学基地基本情况

内江市中级人民法院与内江师范学院在 2005 年就签订了实习基地协议，双方在实践教学环节方面已有了长期合作的基础与经验。同时，内江市中级人民法院在教育培训方面也取得了优异成绩，2012 年被最高人民法院批准为"全国法院法官培训现场教学基地"。

近年来，内江师范学院政法与历史学院与内江市中级人民法院的合作不断深化，双方联合成立了"青少年犯罪研究所"和"应用法学研究会"，学院副院长担任该研究会的副会长，双方共同举办的"天平杯"审判实践研讨会每隔两年举行，联合开展了"模拟法庭真庭审""《城市房屋拆迁管理条例》理论研讨会"等教学改革和科研活动。内江市中级人民法院近 3 年来共接收学校法学专业实习生 60 余人次，双方合作育人模式不断升华。2013 年 7 月双方签订了合作育人协议书和共建示范性实践教学基地备忘录。内江市中级人民法院为完善实习生管理印发了《内江市中级人民法院实习生接收和管理办法（试行)》的通知，为双方的进一步合作打下了良好的基础。内江师范学院与内江市中级人民法院已经签订互派人员协议并实施，学院的教师已经到市中级人民法院履职；中级人民法院已委派 4 名法官来校工作，负责本科学生的教学及实践环节的指导工作。

（二）校外实践教学基地建设方案

内江师范学院与内江市中级人民法院在共建、共享、共赢的基础上开展灵活多样的合作，在建设内容上主要包括以下几方面：

（1）内江市中级人民法院接收内江师院法学专业学生的实习、见习，并给予实践和技能上的指导。

（2）内江师范学院政法与历史学院在学校的支持下建成一定规模的法学图书、电子信息资料系统，可为实践基地单位提供便利的查询条件，实现信息资源共享。

（3）双方可建立疑难案件的研讨、论证机制，内江师范学院可提供专家咨

询意见及司法建议。

（4）双方不断加强科研合作，可开展一系列的横向课题研究和调研工作、论证工作。

（5）内江师范学院政法与历史学院发挥人才聚集优势，积极参与实践基地单位的业务素质培训规划和实施工作，并以成人教育和研究生教育为依托，为基地单位培养高层次人才。

（6）双方互通信息、交流成果，建立法学教学、学术研究、立法司法等最新信息的经常性沟通渠道。

（7）内江市中级人民法院通过适当方式为内江师院法学专业的理论教学与实践教学提供案例来源。

（8）内江师范学院法学专业教学积极探索教学内容与方式改革，如程序法与实体法统一的案例式教学。

## 五、改革措施

（一）具体措施

1. 课程设置改革

根据培养卓越法律人才的需要，对学生课程设置做一定的改革，其中重要的一项内容就是加强实务技能的训练和创新能力的培养。因此，除保留以往传统的庭审观摩、模拟审判、专题辩论、案例教学、演讲与口才等实务训练环节，还将增加诊所教育、谈判训练、法律援助中心等不同模块，以期从多方位、多角度对学生进行培养。另外，结合内江师范学院最新实施的双学位制度，鼓励学生选择其他学院开设的如行政管理、经济、人文、科学类等课程，进一步开阔视野，不断提升理论素养。

2. 学生分类培养

为了更好地发挥"示范性实践教学基地"的作用，我们决定在学生经过大一法学基础理论学科学习的基础上，对学生进行分类，分类的主要依据是学生的兴趣爱好和当前社会对法律职业的需求。本专业将分为三大类即司法法务类、政府法务类和其他法务类。在该分类的基础上，在校内建立模拟法庭、模拟行政执法部门、模拟企业等子系统，学生可以以法官、检察官、律师、公务员、企业法务人员的身份参加仿真实训；在校外根据学生的不同分类，为其提供相应的实践部门，形成校内校外实践教学的互动机制。

3. 扩大实践教学基地的范围

根据本专业先前人才培养目标的定位，我们建立的实践基地主要以法院、检察院、律师事务所为主，主要是为学生提供司法实务实践场所。在2013级本专业学生人才培养目标发生变化的情况下，我们将扩大实践基地的范围，在坚持以往"精、准"的方针下，逐渐将实践基地扩大到政府部门、企业、社区基层等与学生分类培养目标相符合的范围。学生通过不同领域、不同实践内容的体验，加深对国情、民情的了解，从而提高自身的观察、分析、辨别是非的能力。

4. 科学制定多层次的教学实践实施方案

以往的校外实践活动主要集中在大四第一学期，但由于学生要参加司法考试、找工作或是参加研究生考试，实际上参加实习的学生人数很少，时间也不能保证，效果大打折扣。为改变这种现象，可以根据法学实践基地所属机构的性质、学业年级的不同，制定周到细致的有针对性的实践方案。一年级学生以看为中心，主要通过观摩增加直观的经验感受。二、三年级以法律援助站、法律诊所教学、案例教学为平台，全程观摩基地实务导师处理案件的过程，与当事人直接接触，参与案件的讨论与研究。四年级以法院、检察院、律师事务所、政府部门、企业为平台，采取学徒制、助理制等方式，亲身参与案件调查、谈判、方案制定、非讼及诉讼业务的具体处置，参与地方立法的咨询、调研和论证工作，并接受基地导师的亲身指导。本专业学生专业实践实习的时间累计不应少于1年。

5. 实践教学内容多样化

"示范性实践教学基地"建立以后本专业将形成以校内实践基地为依托、充分利用校外实践基地开展丰富多彩的实践教学活动的机制。

（1）模拟法庭的应用。学生可以利用模拟法庭的场地开展各类法务模拟活动。该场地既可以容纳本专业学生进行现场学习，也可以容纳非专业学生进行观摩。开展活动期间从实践基地聘请兼职教师进行现场指导，让学生实现自我学习、自我提高，加深对法律理论和法律知识的理解。

（2）法律诊所的设立。以往学生实践环节的设计主要是注重法律实务的某一阶段，学生很少完整地参与整个事件的处理过程，通过法律诊所的设立，学生可以一切从零开始着手准备。他们就像律师那样从接受客户委托开始，在基地实践导师的指导下逐步解决现实问题。在处理整个事件的过程中，培养学生洞察世事、应用知识、进行判断的能力。

（3）法律援助站的建立。以平台为依托，学生得以深入社区，接触社会基层，为困难群体、普通百姓、帮教人员提供无偿法律服务。法律援助工作站以常规驻站与轮训相结合，学生参与法律援助服务。在指导教师的指导下，学生直接参与法律咨询、法律服务，甚至独立出庭代理案件。

（二）配套政策

学校承诺：一旦卓越人才培养计划申报成功，将成立以分管教学的副校长为组长的领导小组，领导小组包括各职能部门负责人、合作单位人员、相关二级学院负责人等，制定相应师资、设备等资源共享、联合招生、人才引进、教师考核等一系列具体政策，全力推进卓越法律人才培养计划，给予专项经费支持，促进"示范性实践教学基地"建设的顺利实施。

为鼓励教师积极参与教育教学改革与建设的积极性，对参与卓越人才培养计划的教师教学工作量按系数乘以 1.5 后计算，并且在职称评聘及各类评优时，同等条件下优先考虑。

## 六、保障条件

（包括组织保障、人员保障和经费保障等）

为保证四川省卓越法律人才教育培养计划校外示范性实践教学基地的有效运转，建立完善、高效的组织机构非常必要，经过与基地单位认真协商讨论，拟从组织、人员、经费三方面进行保障。

（一）组织保障

成立指导委员会：由双方人员组成，负责对基地工作的方向、工作重点进行把握，审核构建"示范性法学实践教育基地"组织结构和人员组成，审核各项管理机制、发展规划与年度工作计划，指导各项工作。

实践教学中心：由双方人员组成，具体安排各项工作，包括制定各项管理机制、制定发展规划、制订年度工作计划、落实高校与基地合作的各项具体工作，定期向建设指导委员会汇报各项重点工作的进展。由分管教学的副院长担任中心主任，全面负责实践教学工作。中心设副主任一人，负责校外基地的建设、联络与管理。

实习指导小组：为加强对学生的管理，政法与历史学院成立由指导教师与教学秘书组成的指导小组，统一负责工作。建立双方沟通的机制，落实实践教育基地的工作安排，做到职能互动、充分融合，切实履行职责。

（二）人员保障

该项目教学团队由 25 人组成，其中校内专职人员 21 名，副高及以上职称 15 人，讲师 6 人，博士 3 人，硕士 17 人，"双师型"教师 9 人，拥有丰富的教学和管理经验。实践教学基地聘请的法官、检察官、律师、政府机关工作人员、企业法律顾问等担任指导教师人数由进入实习基地的学生人数确定，尽可能做到 1 人 1 名指导教师，负责全程指导学生专业学习，单独或与学院专职教师共同系统讲授相关课程，开设专题讲座；提供典型案例，指导学生进行探讨和分析；指导学生模拟法庭活动；指导学生的各类课外法律实践与学术研究活动。整个教学队伍年富力强，精力充沛，具有很强的科学研究、实践操作能力。

（三）经费保障

基地资金主要来源于四川省教育厅、四川省政法委卓越法律人才资金、内江师范学院的配套经费支持，严格按照财政部与教育部制定的《"十二五"期间"高等学校本科教学质量和教学改革工程"专项资金管理办法》使用资金，建立专项资金管理制度和管理小组，专项专用、严格监督，确保经费的合理合法使用。

## 七、进度安排

总体安排上，本项目具体进度分为三个阶段：

第一阶段（2014 年 12 月—2015 年 6 月）：调查研究，与实践基地商讨共建示范性实践教学基地具体事宜，制定严格科学的法学专业实习培养方案。

第二阶段（2015 年 9 月—2019 年 7 月）：分析、调查、跟踪实习生实习情况，总结培养经验，调整和改进培养方案，在实践中不断总结和检验成果。

第三阶段（2019 年 7 月—2023 年 7 月）：总结经验与教训，推广研究成果。

## 八、成果与特色

（含预期主要成果、改革与创新点、推广价值）

（一）预期主要结果

完成西部基层法律人才"全科"式实习实训基地建设，造就一批"双师型"法学教育师资，推动法学类专业学生职业能力培养方案与模式的改革与创新，形成具有可操作性的法律职业技能培养模式和管理模式，建立一批协作关系良好、专业技能突出、师资力量雄厚、观念超前的实习实训场所与基地。

具体体现如下：

第一，在核心期刊上公开发表相关研究的学术论文 6 篇或编写实习实训教材。

第二，形成法学类专业学生职业能力培养的实习实训模式和管理模式。

第三，形成适用性广泛的高校学生法律素养培养方案和教师教育改革中教师法律人格养成方案并推广实施。

（二）改革与创新点

特色一：在省内开创性地建立"全科性"法律人才培养实习实训基地，彻底打破以往单一的实习实训培养模式。

特色二：培养起一批能带动青年学生和法律学子法律信仰形成、法治理念坚定、法律职业道德高尚的"双师型"教师队伍，对推动地方法律文化建设具有积极作用。

（三）推广价值

该项目立足地方，以地方高师院校为依托，既能为地方经济与法制建设发展提供高质量的法律专门人才，又能影响到一大批即将走上教师岗位的青年学子，对全社会法律信仰的养成具有重要作用，找到了一条与传统单一法学教育不同的校地共建、影响广泛、全院共享、互利共赢的有效途径。该项目的顺利实施必将带来良好的社会效益和现实意义。

综上而言，该项目定位准确，可操作性强，社会效益好，且经过学校的前期实践，已经形成相对成熟的操作模式。该项目从理论到实践层面都已具备推广的条件。

**九、经费预算**

（略）

**十、学校意见**

学校学术委员会审核意见：

校外示范性实践教学基地是在学校与内江市中级人民法院共建的"示范性实践教学基地"基础上建立的，是学校本科重点工程建设项目。该"基地"双方领导高度重视，基础工作扎实，切实履行共建协议，实践教学效果好。"基地"有一支结构合理、理念先进、积极探索、实践经验和教学经验丰富的实践教学队伍；在方案的设计上，紧紧围绕培养应用型、复合型的法律人才目标，通过多种教学手段的改进及强化，突出实践特色，服务地方法律建设；在"基地"运行机制上，充分体现了"共建"特色。总之，该"基地"定位准确，可操作性强，已形成相对成熟的操作模式，社会效益好。

申请内容属实，方案切实可行，同意推荐校级共建"示范性实践教学基地"申报四川省"校外示范性实践教学基地"，在今后的建设中，学校将给予更大的支持。

# 第二节　地方高校法学实践教学基地建设的措施与合作成果

2011 年 12 月发布的《教育部　中央政法委员会关于实施卓越法律人才教育培养计划的若干意见》（以下简称《意见》）充分重视实践教学，要求加大实践教学比重，在校内办好案例教学、模拟法庭、法律诊所，在校外建设法学实践教学基地。《意见》对于实践教学的具体开展模式指明了较为具体的方向和思路。习近平总书记在考察中国政法大学时指出："法学学科是实践性很强的学科，法学教育要处理好知识教学和实践教学的关系。要打破高校和社会之间的体制壁垒，将实际工作部门的优质实践教学资源引进高校，加强法学教育、法学研究工作者和法治实际工作者之间的交流。"① 内江师范学院与内江市中级人民法院在法学实践教学基地共建的过程中，共同探索具体操作模式与合作路径，加强双方优质资源的互利共享，真正使优质的司法资源融入法学实践教学的每一个环节及每一门实践课程的学习，有丰富实务经验的法官参与到法学专业人才培养目标的制定、课程体系的设计、实践基地的建设与实践课程的开展，实现法院优势资源在人才培养上的价值发挥，真正让优质的法治资源进入高校转化为优质的教学资源，同时内江师范学院也积极发挥学术研究优势，积极参与法院课题调研，取得了较好的成效。现将近年来双方合作的主要内容阐述如下。

## 一、签订"互惠互利，合作共赢"的双向合作协议

内江师范学院与内江市中级人民法院在合作之初，本着"互惠互利，合作共赢"的原则，签署了共建示范性实践教学基地备忘录，经过协商讨论，达成如下共识：一是双方一致同意共建卓越法律人才示范性实践教学基地；二是内江师范学院同意将该基地立项为校级卓越法律人才示范性实践教学基地，并投入建设经费；三是内江市中级人民法院同意在本院及下属两区（市中区、东兴区）法院设立示范性法学实践教学基地，双方将在人才培养、学术研究等方面开展全面合作。

在获批四川省卓越法律人才教育培养计划校外示范性实践教学基地后，为了进一步促进内江师范学院法学专业教育教学改革的深化，密切地方司法机关与高校法学专业的联系，加强双方的沟通和交流，使法学教育紧密联系司法实际，并提高法学教育为司法实践服务的能力，经内江市中级人民法院与内江师范学院政法与历史学院共同协商，双方就加强合作、协作培养卓越法律人才达成进一步共识：一是内江师范学院根据教学计划每年安排一定数

---

① 《立德树人德法兼修抓好法治人才培养　励志勤学刻苦磨炼促进青年成长进步——习近平在中国政法大学考察时强调》，《人民日报》，2017年5月4日，第001版。

量的学生到法院开展为期 3 个月的专业实习和为期 1 个月的司法见习；内江市中级人民法院将积极支持内江师范学院法学专业的人才培养，愿意设立内江师范学院示范性法学实践教学基地，安排优秀法官担任指导教师进行全程专业指导。内江师范学院有责任教育学生遵纪守法，遵守法律职业道德，保守工作秘密。二是内江市中级人民法院每年推荐法官担任内江师范学院兼职教师，内江师范学院选派优秀教师到法院进行挂职锻炼。三是根据共同协商，双方有计划地选取法学理论和司法实务中的热点问题联合组织学术论坛，邀请对方有一定理论造诣和司法经验的教学人员、司法人员参与讲座及进行其他学术交流活动。四是在一定条件范围内，双方可以建立资料、信息等资源共享平台，相互为对方提供方便。备忘录与合作协议书的签订，改变了之前校外实习基地单向为高校提供服务的做法。实习基地作为提供高校法学专业学生实习的重要平台，在继续为学生提供充分的实习指导的同时，高校也对实习基地的相应需求予以回应，给予实习单位智力与人力支持等。

## 二、探索建立高校与法律实务部门人员互聘制度

2012 年 7 月，最高人民法院出台了《关于建立人民法院与法学院校双向交流机制的指导意见》，进一步明确了加强人员相互交流、互派人员讲学授课、建立教育培养基地、建设实践教学基地、共同开展专题调研、联合开展在职教育等 6 种交流方式。2013 年 7 月发布的《教育部　中央政法委员会　最高人民法院　最高人民检察院　公安部　司法部关于实施高等学校与法律实务部门人员互聘"双千计划"的通知》要求推动高校与法律实务部门人员互聘，促进高等法学教育与社会主义法治国家建设实践的结合。2013 年至 2017 年，选聘 1000 名左右有较高理论水平和丰富实践经验的法律实务部门专家到高校法学院（系）兼职或挂职任教，承担法学专业课程教学任务；选聘 1000 名左右高校法学专业骨干教师到法律实务部门兼职或挂职，参与法律实务工作。

内江师范学院建立并切实实施高校和法律实务部门岗位人才交流机制，取得了较好效果。一是学校党委和行政高度重视，将其列入学校"走内涵式发展道路、强化师资队伍建设"的主要内容，在多方面给予大力支持；二是内江市委政法委、组织部大力支持学校与法律实务部门的人员交流和合作共建；三是由学校人事、教务、科研等职能部门牵头，政法与历史学院具体组织实施；四是学校与内江市法院系统建立了全面、深入、系统的合作机制；

五是学校根据法学教师的专业方向和研究领域，分别确定具体交流部门和交流时间（一般为一年），并接受和合理安排来自法院的法官兼职授课；六是法学教师到法律实务部门交流，除了完成实务部门安排的任务外，在酌情免除或减少工作量要求下必须完成一定调研工作量，保障教师的平均福利待遇以及在本校的职称评定及其他晋升不受影响；七是定期开展人员交流合作信息回馈，这是双方的义务与责任，也是学院和法律实务部门岗位人才交流机制得以顺利实施的保障，即在每一期交流的初期、中期、结束三个时段进行定期信息反馈，以及根据具体情况进行不定期信息反馈，所有派出人员都应向派出单位提供一份交流报告，详细地记录交流进程，阐述交流中的收获、发现的问题、对交流制度本身的看法，提出建议和意见供单位参考。同时双方定期举行座谈会，就交流制度的落实展开对话，发现不足，不断完善。

在2014—2018年5年时间里，内江市中级人民法院分别派出法院副院长、刑一庭庭长、民三庭庭长、执行局二处处长四名思想政治素质高，法律实务工作经验丰富，具有较高的职业素养和专业水平，实绩突出，法学理论功底扎实，对本专业领域法律问题有较深入研究的法官到校担任"刑法案例研究"和"民法案例研究"课程的讲授工作，并每年悉心安排组织学生到法院进行庭审观摩和模拟法庭审判，受到了学生的热烈欢迎。内江师范学院则每年派出一名法学专业教师到法院挂职锻炼，这5名教师分别挂职民二庭副庭长、刑一庭副庭长、民三庭副庭长、政研室副主任等职位，这些教师深入法律实务部门从事实证研究，对于提升其研究能力起到了十分重要的作用。另外，由于法学教师本身的理论素养相对较高和研究能力相对较强，对于法律实务部门人员的司法、执法能力的提升也起到促进作用，对于疑难、复杂、争议较大的案件的探讨和解决也发挥了智力支持作用，使理论联系实际，找到司法实践和理论研究的最佳平衡点。

参加互聘的法官表示，通过双向交流，密切了实务部门与高等院校、实务工作者与专家学者的联系，促进了理论与实践、法学研究与司法实务的结合，进一步提升了法官的司法能力和审判工作水平，进一步完善了人民法院监督制约机制，进一步增强了社会公众对人民法院工作的认同，较好实现了人民法院和法学院校、法学研究机构的互利双赢。

参加挂职的教师也表示，人民法院打开大门，允许专家学者来任职，就是为教师提供理论研究与司法实践相结合的平台。通过向实践部门学习，教师进一步提升了自己处理实际问题的能力和水平，在深入理解的过程中发现研究课题，进行理论评价，使理论研究达到一个新的高度。同时对于丰富人生阅历、拓宽学术视野、校正研究方向有着十分重要的意义。

## 三、确保学生在实习单位进行富有成效的实习活动

实习团队的整体风貌、集体意识以及每位实习学生日常生活中的一言一行，都直接影响着实习基地的建设。因此，内江师范学院对学生实习提出了几方面的要求：一是要求学生严格遵守实习单位的有关规章、制度和纪律，积极完成实习单位领导和指导教师交办的各项任务，向有经验的指导教师虚心请教，培养实际工作能力；二是要求学生不参加实习单位的与实习无关的活动；三是要求学生利用实习机会，观察社会，了解民情，对我国现行的司法现状进行独立的思考，也为毕业论文的写作收集第一手资料。

内江市中级人民法院也为实习工作做了大量深入细致的工作，首先在2014年制定了《内江市中级人民法院实习生接收和管理办法》，对实习生的接收和管理进行规范，除了常规的纪律要求外，特别对实习生的指导做了规范管理，规定各部门应参照导师制度，为每1名实习生指定1名指导法官，负责实习生在院期间的考勤、具体工作安排及其他日常管理工作；实习生的主要实习内容为协助指导法官完成相关辅助工作，熟悉法院各类案件审理程序及日常工作程序等。

与此办法相配合，法院每年都会举行实习开班仪式，对实习生进行岗前培训。实习学生入院前会先参观市法院的甜城法院赋浮雕、法治文化大厅、党建文化长廊、科技法庭、院史室、诉讼服务中心和图书室，实地感受法院文化氛围，对市法院的院史院情进行初步了解。每年的开班仪式上，为进一步强化实习生担任书记员的责任意识，整体提升实习生的书记员岗位技能，拓展实习生学习内容，法院政治部均举办了书记员及实习生岗位技能集中培训会，安排青年骨干法官围绕书记员的素质要求、行为规范、司法礼仪、工作职责、庭审记录技能等做详细讲解；安排司法技术信息室会同公司工作人员对科技法庭的使用技能进行现场培训；安排办公室工作人员从秘密等级、涉密文件相关要求、保密意识等方面，对法院保密纪律要求进行讲解，并与实习学生签订保密协议。培训时有法官讲解，有现场演练，使实习生对法院书记员的礼仪规范、工作职责、庭审记录，以及法庭和法院相关纪律有了初步的认识和了解，对激励全体实习生努力学习法律知识、提升自身法律素养、保质保量完成工作任务起到了积极作用。

为确保实习成效，避免实习让学生沦为"茶水工"，以装订卷宗等体力劳

动为主要工作内容的现象，市法院政治部对各接收实习生的部门提出相应的要求：一是两级法院的实习生接收单位和部门要切实做好学生在实习期间的保障性工作，尽快为每位实习生指定 1 名经验丰富、认真负责的指导教师，要从业务部门入额法官推荐人选中确定指导教师。要在司法理念、人格魅力、工作程序等方面做好传帮带工作，传递正能量，让实习学生学有榜样、干有标杆。二是科学合理安排实习内容，让学生感受司法全过程，参与具体法律事务工作，特别是对分配到综合行政部门实习的学生，可以通过组织庭审观摩等形式，为这部分同学提供亲身接触、感受、体验法律实践的条件和机会。三是加强管理，做好考核。督促所在单位或部门实习学生遵守各项规章制度，按期完成各项任务。原则上不得安排实习学生出远差。实习结束时，各接收单位、部门要对学生在实习期间的工作表现、实践能力做出客观评价，并出具实习鉴定。同时也要求全体实习生一是要珍惜学习机会，增添学习的动力和压力。二是要积极工作，主动思考，确保完成实习工作任务。三是要严守纪律，要严格遵守各项规章制度，特别是要严守保密规定，不得泄露审判工作秘密，工作场合不得拍照，严禁将与法院工作相关的图片、资料上传互联网。

## 四、加强学术交流，定期开展学术论坛与教学沙龙活动

2013 年以来，国家引导一批地方本科高校向应用技术型高校转型发展，鼓励地方高校根据地方经济和产业结构的特征优化学科专业布局，目的是更好地发挥地方高校的办学职能，在人才培养、科学研究等方面凸显应用性，在推动地方发展中发挥更加重要的作用、创造出更大的价值。内江师范学院必须扎根于地方、服务于地方、引领于地方，学校与地方合作的本质是相互之间优势资源要素的流动和优化组合，稳固而优质的合作必须建立在有助于推动彼此目标实现的基础上。通过合作整合优化资源，弥补各自资源要素的短缺，从而满足彼此的需求，是合作发展的动力。高校与地方法院共建深化应用法学理论学术研究具有十分明显的需求导向。不论从外部环境对地方高校和法院的现实要求，还是从各自发展的内在需求分析，高校与地方法院通过合作共建新型学术与教学研究活动，对地方高校和法院而言无疑是互利双赢的应时之举。应用法学的本质在于"解决实际问题"，重在寻求解决地方经济社会发展中的热点问题，地方高校必须推动与法院建立稳定、长效的合作关系，为知识的应用创造条件、搭建平台，让新型合作交流方式成为体现专

业办学特色和优势的亮点，在服务地方法院决策和推动自身发展之间实现互利双赢，不断提升竞争力、影响力。

作为所在区域的知识精英群体，内江师范学院法学领域的专家学者应积极为地方法院应用法学研究积极建言献策，但是，由于长期习惯关起门来搞基础理论研究，对参与地方法院疑难案件及热点问题研究的热情度不高、主动性不强，在为地方法院发展出谋划策、为地方经济社会发展把脉开方等方面不具备足够的应对能力，地方法院之前的学术论坛等活动经常缺少地方高校专家学者的身影。此外，法学专业教师由于研究问题常缺少现实导向、研究过程中缺少与地方实务部门深入的合作交流，在教学过程中也很难通过课堂教学、政策研究、社会实践的相互促进，提高学生对实际问题分析研究的能力和水平。因此，高校与法院合作共建新型学术与教学交流平台，将有助于法学领域的专家学者增强服务社会的责任感和使命感，通过聚焦地方重大现实问题，把学术研究成果有效应用到解决影响地方经济社会发展中的关键问题上，必将极大地促进法学领域专家学者提高自身的能力，更好地实现自身的价值。

高水平实践型人才的培养离不开具有丰富实践经验的"双师双能型"教师。法官与教师双方合作共同研究课题的现实导向和研究过程的合作交流，将有助于实现人才培养的社会应用目标。同时还可以通过积极吸收优秀学生参与共同合作的横向科研项目，教师将课题的科研成果及时反馈到课堂教学，能够让学生在接触真实问题、实用方法的过程中加深对理论知识的理解，提高学生综合分析问题、解决问题的能力，进一步拓宽学生的职业发展路径，从而为地方发展建设培养更多的了解地方风土人情、熟悉地方政策法规、愿意扎根地方的应用型、复合型人才。同时，高校要积极开展地方发展所需的继续教育和培训，及时将最前沿的理论方法以及解决现实问题的思路传授给法院干警及相关工作人员，并通过他们实现科研成果的应用与转化。通过应用法学研究与人才培养良性运行、互为促进，双方合作更接地气，充分发挥理论与实践相结合的优势，切实发挥双方在人才培养过程中的辐射作用，使实践教学基地成为一流的扎根地方人才的培养基地。

高校与法院共建要突出地方需求导向，找准高校与法院合作的最佳结合点。自2015年开始，内江师范学院协助内江市法院系统开展"天平杯"学术论坛活动。该论坛每两年举办一次，是内江法院系统与内江师范学院深入开展院校合作的成果展示，也是理论研讨与审判实务的重要交流平台。

2015年内江市法院系统第三届"天平杯"学术论坛活动在内江师范学院

举办，论坛主题为"审判权运行机制改革与刑事、行政审判研究"暨院长论坛主题"经济新常态与司法应对"，论坛顺利完成了各项议程，取得了圆满成功。该届论坛具备以下几个特点：一是效果好。论坛在学术氛围浓厚的内江师范学院举办，继续保持每届"天平杯"论坛在全市法院系统的高规格。参会的人员更多，有从事法律教育的专家学者、有审判一线的办案法官，还有正在接受法律教育的法学专业学生，这既是学术理论与审判实务的生动交流，又是思维碰撞与智慧启迪的互动融合。二是议题多，讨论深入。特别是各基层法院院长就经济新常态下司法如何应对，从不同的视角进行了阐述，为进一步贯彻落实党的十八届五中全会精神，推进"十三五"规划实施，进行了一次非常有益的交流。三是推动工作。论坛对推动内江市法院工作具有重要意义。在论坛闭幕式上内江市中级人民法院院长对全市法院工作从三个方面进行了展望（展望未来，还需进一步加强对新形势新任务的分析研判；展望未来，还需进一步规范审判权力运行机制；展望未来，还需进一步谋划法院事业的科学发展）。全市法院以该届论坛的召开为契机，按照讲话要求，立足本职，重视分析研判，规范审判权力，科学谋划审判工作，振奋精神、鼓足干劲，为加强公正司法、提高司法公信力，建设平安内江、法治内江、幸福美丽内江作出更大的努力和贡献。

2017 年内江市法院系统第四届"天平杯"学术论坛活动在内江市资中县法院举办，论坛主题为"民商事审判问题研究与司法责任制改革"暨院长论坛"供给侧结构性改革与产权司法保护"。论坛紧紧围绕如何深化司法体制改革与民事审判中的新情况新问题进行深入研究。与会发言围绕进一步优化司法资源配置，满足人民群众多元、高效、便捷的纠纷解决需求，全面提升司法效能，准确理解把握新的法律规定，进一步深化审判独任制有序运行，多措并举，将全省法院民商事审判工作会议精神落到实处进行沟通交流。同时，该届论坛举行了院长论坛"供给侧结构性改革与产权司法保护"交流发言。各基层法院院长在发言中指出供给侧结构性改革的基础就在于"结构性"，主要通过理顺政府与市场关系，调整产业间要素配置及生产结构，让资源更多地流向有需求、效益高的产业类型和经济形态，以激发经济增长新动力、新动能。知识产权是激励和保障科技、知识创新的工具，要创新知识产权法律制度，发挥好知识产权激励创新的工具价值，理顺激励创新中市场与政府的关系，让市场在创新资源配置中起决定性作用。在论坛闭幕式上内江市中级人民法院院长对论坛取得的成效给予了充分肯定，认为论坛对不断积累理论研究成果，培育法治人才，充分发挥审判实务理论研究起到了"智力"支撑作用，为深入推进幸福美丽内江建设，创造良好的法治环境提供优秀平台。

内江师范学院与内江市法院系统高度重视应用法学与审判实务理论研究，与内江市妇联等成立市青少年预防犯罪研究中心、联合调研课题组等，以论坛、征文、培训、沙龙等多种形式为载体，努力产出解决现实审判问题的高水平研究成果，通过法院和高校及相关地方机构的互信互助、共同努力，建立起地方热点法律问题研讨的良性循环，共同进行重点课题研究，形成法院、高校、政府机关之间人才交叉流动的格局，从而强化理论研究的实效性，增强提供政策建议的可接受性和可操作性，实现科学研究与决策咨询之间的有效衔接。

在学术论坛活动的基础上，内江师范学院与内江市法院系统还定期开展"审判案例公正课堂"案例互动教学沙龙，对案例进行现场教学。主讲人结合生效裁判文书，介绍案情，并提炼裁判要旨，同时围绕裁判要旨所涉及相关法学理论、审理思路进行案例解析教学。在第一次案例互动教学沙龙活动中，围绕双方横向课题调研和审判实务，内江市中级人民法院法官分析了"农村土地承包户内部土地分割致经营权分立变更纠纷解决程序规则"，内江市市中区人民法院分析了"未依法登记领取权属证书的房地产不得转让"，内江市威远县人民法院法官分析了"农村集体土地上房屋拆迁，购房人是否为行政案件的诉讼主体"的问题，参与本次沙龙的法学专业教师围绕主讲人裁判观点，从法律适用、审判方法、相关理论研究等进行互动式的案例点评教学，参与本次沙龙的学生均表示收获较大，学习效果较好。

## 第三节　地方高校法学实践教学
## 基地建设的学术研究合作成果

在共建四川省卓越法律人才教育培养计划校外示范性实践教学基地项目的过程中，法院和高校充分协商，允许高校的专家学者到法院挂职交流，以期充分掌握社情民意，了解地方发展与审判实务中存在的实际问题。同时，鼓励支持有丰富经验的法官进入高校担任兼职教师与研究人员，主持或参与相关重大调研课题研究，形成法院、高校之间人才交叉流动的格局，从而强化审判实务服务的人脉资源和实效性，增强提供的对策建议的可接受性及可操作性，实现科学研究与审判实务之间的有效衔接。

作为内江师范学院卓越法律人才教育培养计划校外示范性实践教学基地

项目的具体负责人，作者分别参与了双方合作的 2017 年四川省法学会刑法学研究会的征文活动，完成了《征地拆迁诈骗犯罪中"非法占有目的"认定的类型化实证研究》和《醉驾案件定罪量刑的情节运用机制研究——以内江市387 件案例为基础》两篇论文。2018 年双方合作开展了内江师范学院横向课题与全省法院司法统计分析重点课题"司法责任制下诉讼迟延问题的实证研究"专题调研。现将论文成果汇总如下。

**司法责任制下诉讼迟延问题的实证研究**
——以 N 市法院民事一审案件审限管理实践为样本
内江市中级人民法院、内江师范学院联合课题组①

## 引　言

当前，司法改革正在稳步推进，要努力让人民群众在每一个司法案件中都感受到公平正义。毋庸置疑，诉讼迟延问题极大地影响了人民群众对公平正义的判断，"迟来的正义非正义"，诉讼迟延是人民群众反映强烈的突出问题，也是影响司法公信力的一个重要原因。诉讼迟延是指诉讼时长在结果上超出了人们对诉讼应然状态合理预期的民事诉讼法律问题。由于诉讼迟延不仅事关司法资源的合理配置，更在实质上影响当事人实体权利的实现，最终制约司法公信力，因此诉讼迟延问题是诉讼理论研究的重要论题。② 如何解决诉讼迟延问题，切实提升审判效率，构建科学合理的审判管理机制，成了亟待解决的问题。基于此，我们试图从 N 市两级法院的实际出发，搜集有关诉讼迟延的第一手资料，通过实证研究的办法，考察N 市法院民事一审案件审限管理实践状况，分析存在的问题，提出对应的解决办法，以期对解决 N 市两级法院的诉讼迟延问题提供帮助和支持，并为其他西部中基层法院提供参考和借鉴。

---

① 课题组组长：四川省内江市中级人民法院党组副书记、副院长颜华；副组长：雷厉，内江师范学院政治与公共管理学院副院长、副教授；课题组成员：夏宇，内江市中级人民法院审判管理办公室主任；郑强，内江市中级人民法院政策研究室主任；李小勇，内江市中级人民法院审判管理办公室副主任；罗瑞，内江市中级人民法院司法统计员。

② 具体论述请参见任重：《民事迟延裁判治理转型》，《国家检察官学院学报》，2016 年 5 月第 3 期，第 144～155 页。

**一、现状考察：N市民事一审案件审理时间现状调查**

当前，司法改革正在深入推进之中，N市法院已经完成了首批员额法官入额工作，并已经出台了司法责任制改革的一系列文件规定。为了了解在当前司法责任制改革背景下，N市两级法院诉讼迟延问题的情况，课题组对部分案件进行了实证分析，考虑到民事、刑事和行政案件的审理程序不尽相同，诉讼期间差异很大，故课题组仅选取案件数量及比重最大的，2017年N市法院的民事一审案件，作为研究对象进行分析。

（一）平均审理时间分析

2017年N市法院共计结案2490件民事一审普通程序案件，其平均审理时间为67.81天。基层法院之间，平均审理时间差异较大，最多的为E法院，平均审理时间为84.42天，最少的为C法院，平均审理时间为54.10天，差距为30.32天。有三家法院的平均审理时间为68~69天。N市法院共计结案13135件民事一审简易程序案件，其平均审理时间为27.54天。基层法院之间，差异也较大，最多的为B法院，平均审理时间32.51天，最少的还是C法院，平均审理时间为22.17天，差距为10.34天。有三家法院的平均审理时间在30~33天。见表1。

表1

| 法院 | 简易程序结案数 | 简易程序平均审理时间 | 普通程序结案数 | 普通程序平均审理时间 |
|---|---|---|---|---|
| N中院 | / | / | 95 | 68.73 |
| A基层法院 | 2134 | 32.03 | 601 | 68.80 |
| B基层法院 | 2102 | 32.51 | 578 | 68.34 |
| C基层法院 | 2859 | 22.17 | 284 | 54.10 |
| D基层法院 | 3167 | 23.35 | 558 | 61.88 |
| E基层法院 | 2873 | 30.52 | 374 | 84.42 |
| 汇总 | 13135 | 27.54 | 2490 | 67.81 |

从数据对比可见，C和D基层法院的审限管理效果较好，无论是简易程序还是普通程序的平均审理时间，C和D基层法院均领先于其他兄弟法院。

（二）审理时间分布分析

从2017年N市法院的民事一审案件的审理时间分布来看，N市法院2490件民事一审普通程序案件中，1.5个月内审结的1070件，占比42.97%；1.5个月到 3 个月内审结的 657 件，占比 26.39%；3 个月到 4.5 个月内审结的 415 件，占比 16.67%；4.5 个月到 6 个月内审结的 348 件，占比 13.98%。见表 2。

表 2

| 法院 | 1.5 个月内 | 1.5~3 个月内 | 3~4.5 个月内 | 4.5~6 个月内 |
|---|---|---|---|---|
| N 中院 | 39 | 30 | 12 | 14 |
| A 基层法院 | 270 | 169 | 76 | 86 |
| B 基层法院 | 200 | 219 | 99 | 60 |
| C 基层法院 | 170 | 37 | 61 | 16 |
| D 基层法院 | 283 | 117 | 74 | 84 |
| E 基层法院 | 108 | 85 | 93 | 88 |
| 汇总 | 1070 | 657 | 415 | 348 |

N 市法院 13135 件民事一审简易程序案件中，1 个月内审结的有 7981 件，占比 60.75%；1 个月到 2 个月内审结的有 3959 件，占比 30.14%；2 个月到 3 个月内审结的有 1195 件，占比 9.10%。见表 3。

表 3

| 法院 | 1 个月内 | 1~2 个月内 | 2~3 个月内 |
|---|---|---|---|
| A 基层法院 | 988 | 854 | 292 |
| B 基层法院 | 1117 | 688 | 297 |
| C 基层法院 | 2082 | 622 | 155 |
| D 基层法院 | 2211 | 790 | 166 |
| E 基层法院 | 1583 | 1005 | 285 |
| 汇总 | 7981 | 3959 | 1195 |

按照省法院对审判效率的等级的评定，民事一审普通程序案件中约 85%能达到中高效结案等级，民事一审简易程序案件中约 90%能达到中高效结案等级。①

---

①　按照《关于全省法院案件流程管理的规定（修订稿）》中的定义，凡办结案件所用时间未超过法定审限二分之一的为高效结案登记，凡办结案件所用时间未超过法定审限三分之二的为中效结案等级。

（三）简易及普通程序比例分析

2017 年 N 市基层法院共有 2395 件民事一审普通程序案件，占民事一审案件总数的 15.42%；有 13135 件民事一审简易程序案件，占民事一审案件总数的 84.58%。在 2395 件民事一审普通案件中，有 1492 件民事一审案件是简易转普通程序案件，占民事一审普通程序案件总数的 59.92%。在 5 家基层法院中，简易转普通程序占比最高的是 A 法院，该比例高达 81.86%，最低的是 C 法院，该比例为 44.37%。见表 4。

表 4

| 法院 | 简易程序案件数 | 普通程序案件数 | 简转普案件数 | 简转普案件占普通程序案件比例 |
|---|---|---|---|---|
| A 基层法院 | 2134 | 601 | 492 | 81.86% |
| B 基层法院 | 2102 | 578 | 327 | 56.57% |
| C 基层法院 | 2859 | 284 | 126 | 44.37% |
| D 基层法院 | 3167 | 558 | 258 | 46.23% |
| E 基层法院 | 2873 | 374 | 289 | 77.27% |
| 汇总 | 13135 | 2395 | 1492 | 59.92% |

从数据对比可以发现，在民事一审案件程序选择上，简易程序远大于普通程序，且普通程序案件中相当大一部分是由简易程序转化而来。

（四）不同案由案件审理期限分析

对案件量较大的五类案由的案件进行了分类统计，其中，合同类案件 5728 件，占一审民事案件总数的 39.16%，普通程序的平均审理时间为 75.98 天，简易程序的平均审理时间为 26.21 天。民间借贷纠纷类案件共计 2185 件，占一审民事案件总数的 14.94%，普通程序的平均审理时间为 61.56 天，简易程序的平均审理时间为 34.46 天。机动车交通事故责任纠纷类案件共计 1176 件，占一审民事案件总数的 8.04%，普通程序的平均审理时间为 56.83 天，简易程序的平均审理时间为 33.14 天。离婚纠纷类案件共计 3370 件，占一审民事案件总数的 23.04%，普通程序的平均审理时间为 51 天，简易程序的平均审理时间为 25.18 天。劳动争议类案件共计 571 件，占一审民事案件总数的 3.90%，普通程序的平均审理时间为 87.63 天，简易程序的平均审理时间为 29.00 天。

总体上可以看出普通程序审理时间较长的是合同类和劳动争议类案件，

简易程序审理时间较长的是民间借贷纠纷及机动车交通事故责任纠纷类案件。

### 二、问题分析：民事一审案件迟延裁判的原因分析

（一）鉴定、评估、审计、送达等特殊情况突出

（1）鉴定、评估、审计时间长问题突出。审判实践中，机动车交通事故责任纠纷、医疗纠纷案件、工伤纠纷往往需要通过鉴定，鉴定等本身时间较长，而又基于种种原因，有些鉴定程序不能顺利、如期进行，鉴定结果出不来，导致案件没法进行，进而导致审限过长。比如医疗事故责任等，责任认定一般来讲时间都很长，而且允许进行二次鉴定，因此，此类案件审限过长的情况相当普遍。此外，部分案件需要鉴定的材料比较特殊，一时难以找到有鉴定能力的鉴定机构，个别案件为寻找鉴定机构，司法鉴定部门可谓绞尽脑汁，费尽周折。部分当事人对于司法程序不熟悉，委托鉴定事项的表述不清，或不能按要求及时提供鉴定所需的材料，移送材料不规范，这些都会直接导致鉴定无法及时正常开展。

（2）送达困难影响案件及时审结。在一些诉讼案件中，如不明抛掷物、坠落物损害责任纠纷，追索劳动报酬纠纷等案件涉案当事人数众多，这些当事人分布在多个地方，甚至有些当事人下落不明，一时难以找到确切地址，涉及公告、送达的时间又很长等。因此法院在查找补充证据、通知当事人方面花费的时间、精力较大。另外，部分民事案件涉及港澳台或涉外送达，送达周期长，时间无法主动掌控。如 N 市中院 2017 年有 13 件长期未结案件涉及涉外送达，需要层报最高法院后通过外交途径进行送达，待送达后才能处理。

（二）审限管理存在漏洞

（1）扣除中止等审限变更手续被广泛随意适用。课题组在调查中发现，超过一半以上的案件存在审限变更的情况，变更以暂停、扣除为主，而审限延长的案件较少，因为从程序上其审批手续更为严格，需要院长进行审签。其中审限变更次数最多的，普通程序案件多达 7 次，简易程序案件达 3 次。除去公告鉴定、申请和解以外，其他事项较多。从整体上看似无超审限案件，但无法排除承办法官是用审限变更的"技术处理"手段让超审限案件变为审限内结案。审限变更让承办法官在审限上有了相当大的操作空间，几乎不用担心案件是否超过审限，只需要找到合适的理由并办理扣除中止审限等变更手续即可。

（2）存在利用简易转普通程序规避审限。《中华人民共和国民事诉讼法》

对民事一审案件规定了简易程序和普通程序，其中简易程序的审理期限为 3 个月，而普通程序的审理期限为 6 个月，简易程序可以转化为普通程序，并且规定，人民法院在审理过程中，发现案件不宜适用简易程序的，裁定转为普通程序。对于不适用的情况则描述得过于模糊，在实际操作过程中给法官通过转化程序来规避审限留下了操作空间，导致有部分由简易程序审理的案件，是因为法官的个人拖延，而不是因为案情复杂或其他不宜使用简易程序的原因需要进行转换。通过上文简易转普通程序案件比例分析可以看出，N 市基层法院中简易转普通案件数占普通案件总数的 59.92%，有基层法院甚至达到了 81.86%，如此多的简易程序案件转换成了普通案件，可见简易转普通程序已经成了基层法院法官的习惯性操作，简易转普通程序也成了规避审限的方式之一。

（3）领导审签把关不严。由于审限变更的案件太多，而审签领导也是员额法官，手头也有较多案件和事务较为繁忙，无法对每个呈报审签的案件，都做到仔细审查变更的理由是否充分，而且，即使有时明知审限变更不符合条件，更多的时候出于整体利益的考虑，不审签就超审限了，不得不进行审签。审限管理在实践中流于形式，相应的处罚措施也落实不到位，审限管理的监督制约机制并不能给承办法官真正带来压力和紧迫感，直接造成了大量案件频繁使用审限变更手续，从而造成案件的审理周期过长，诉讼迟延现象频发。

（三）思想观念上司法责任意识不强

（1）习惯前松后紧的结案模式。长期以来，法院内部形成了一种前松后紧的习惯性操作模式，年初案件大量涌入法院，但结案较少，年终控制收案，并进行突击结案，收案和结案在年初和年底形成了剪刀差，如图 1 所示。这样势必会造成年初收的案件中相当一部分无法高效时间内结案，而又因审理期限所限，年初的案件必须在 3 个月或者 6 个月内审结，这样顺延下来也会导致年中收的案件无法在高效时间内审结，从此形成恶性循环，将案件的整体审理周期拉长。

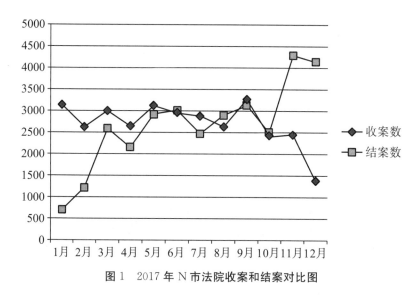

**图 1　2017 年 N 市法院收案和结案对比图**

（2）对于疑难复杂案件习惯性拖延或坚持调解。在案件调查过程中，我们发现，有相当一部分案件早已开庭结束，却迟迟未能进行判决，原因是审判人员希望将案件进行调解，并坚持多次调解，因此造成了案件的拖延。部分审判人员遇到疑难复杂案件，思想上存在畏难情绪，尤其承办法官考虑到个别案件当事人之间矛盾非常激烈，一旦处理不慎，一方当事人有可能走极端，后果不堪设想，对此产生顾虑，不敢及时作出判决，或者担心案件的判决产生纰漏，被上级法院发改或者被当事人上诉或者缠访。同时受法院内部服判息诉率、案件发改率、调解率等案件质效指标，以及评选表彰调解标兵的导向作用，承办人更倾向于将案件进行调解。

（3）高效结案的责任意识不强。受到我国传统司法观念重实体轻程序的深刻影响，多数法官只会将精力投入查清案件事实当中，往往认为只要是依法办案，努力办案，最终实体处理正确，不徇私、不枉法，案件早几天或晚几天审结无所谓，没有从思想上树立超期审理就是违法办案，就是对当事人利益的侵害的观念。办案时并没有注意案件的审限管理，有计划的办理案件，从而直接增加了案件的审理期限。

（四）审判任务繁重，审判辅助人员不足

司法改革以来，员额制法官入额等工作已顺利完成，较以往，能办理案件的法官人数大幅下降，且省法院规定，未入额法官不得再办理案件，且不得参与坐庭，进一步加大了员额法官的办案压力。N 市法院 2017 年共计 221

名员额法官，共计办案约 32021 件，人均结案数为 144.95 件。① 基层法院人均办案量更多，如 E 基层法院的人均办案量为 174.81 件。因为员额法官手头的案件太多，最多时累计数十件案件未结，而且新的案件还在不断地涌入，承办法官必须推进多件案件同时进行，严重违背了集中审理原则，在一个案件完成一个诉讼阶段后，法官往往需要又推进其他案件的进展，这就直接导致了案件与案件之间相互受到影响，整体上造成了诉讼迟延。

另外，N 市基层法院条件有限，员额法官与审判辅助人员远没有达到 1：1 的配比，且审判辅助人员老龄化现象严重，部分辅助人员已不能适应高强度的辅助工作，法官只能自己办理事务，除去开庭、撰写文书，还需要参加各类培训、会议以及其他活动，随着案件量进一步呈上升趋势，如果司法辅助人员仍然无法配齐的话，案多人少的矛盾将更加突出，将会严重影响办案效率，诉讼迟延问题将会进一步恶化。

（五）第三方等外部因素

（1）当事人原因。在案件的审理过程当中，有相当一部分当事人，为了达成自身的目的，利用诉讼法制度的设计，故意拖延诉讼时间，最大限度地拉长诉讼周期，从而造成诉讼迟延。比如有的当事人通过伪造证据材料，增加案件复杂程度，迫使另一方申请鉴定；或者实施证据突袭，以发现新证据为由要求多次开庭；或者假意调解，达成一致后又进行反悔，恶意拖延诉讼；或者恶意提起管辖权异议，重复要求鉴定等。这些都客观上使案件无法及时审结，拖长了案件审理周期。

（2）以另案为依据。在审理时间较长的案件当中，需要以另案为依据的案件也占了相当大的比重，因为有重要的案件事实需以另案的审理结果来认定，而其他案件的审理结果也不在该案承办法官的掌控之中，使得法官无法及时结案。有的案件审理过程又较为漫长，经过一审、二审或者再审等，都无法及时结案，这些客观上存在的困难也让承办该类案件的法官无能为力。

（3）政府及其他部门协调。人民法院作为国家的审判机关，审理各类案件，都与经济社会发展息息相关，服务经济社会发展大局也是法院工作的主题。在一些重大复杂敏感案件中，尤其是敏感尖锐的案件，为了防止出现突发事件，上级单位往往会从全局角度做出统一协调处理，于这类案件通常采取了暂时搁置的冷处理办法，比如一些重大的破产清算、房地产纠纷合同等

---

① 数据来源于审判质效系统，N 市首批入额法官共有 232 名，后有部分员额法官退出员额，此处以审判质效系统数据为准。

案件中，法院需要等待上级单位的安排。这势必会造成审理时间的延长，不可避免会形成诉讼迟延。

### 三、对策构想：解决诉讼迟延问题的对策建议

（一）试行诉前鉴定，加强鉴定引导

诉前鉴定是指当事人向法院提起诉讼，进行立案登记审查后立案前的申请司法鉴定。诉前鉴定将鉴定由诉中提前到诉前，可以极大地提升法院的审判效率，也可以降低当事人的诉讼成本。在机动车交通事故责任纠纷、医疗损害赔偿纠纷、工伤事故损害赔偿纠纷等案件中，鉴定程序必不可少，审判的结果也是以鉴定结果为准。当事人提前知道了鉴定结果，也会对审判结果产生合理的预期，会促成当事人之间自行的和解，给当事人降低了诉讼风险和成本，也给法院节省了审判资源。N 市 A 基层法院已经率先试行了《诉前委托鉴定管理暂行办法》，待初步实践成熟后，诉前鉴定的办法将会进一步在 N 市全市法院内进行推广。

法官应进一步加强对鉴定程序的引导，提示鉴定注意事项，并在鉴定环节充分行使程序指挥权，引导鉴定机构应该就何种事项进行鉴定，提示应当注意的问题，并规定鉴定活动必须在规定的时间内完成。避免部分当事人因委托鉴定事项的表述不清、移送材料不规范，而导致鉴定无法及时正常开展或者二次甚至多次鉴定的发生，进一步提升鉴定的效率。

（二）推动改革落地，严格审判管理

进一步推进司法责任制改革，组织全体干警认真学习《关于落实司法责任制的实施办法（实行）》及《关于院庭长履行审判管理监督职责的规定（试行）》[①] 等配套司改文件，明确办案法官及审判组织的职责与权限，明确院庭长责任清单、管理监督职责及程序性审批事项，严格办案责任追究机制，严抓审限变更的权利滥用。严格审限扣除、中止、中断、延长以及简易转普通程序的审批手续，统一各类案件和各级法院申请审限变更的审核审批权，审限变更手续应提前提出，而不是事后补签，由庭长及分管院长审签后报审管办备案。进一步依托信息化技术加强对审限节点的监督提醒，对审限时间即将超过中高效结案时间的案件进行提醒，审管办及时掌握各庭室案件总体审限变化情况，并及时进行提醒或对有关承办法官进行训诫谈话。实行审限公示制度，给予案件当事人充分的知情权。在立案送达起诉状时，将案件的审

---

① N 市法院已经相继制定了《关于落实司法责任制的实施办法（实行）》《关于院庭长履行审判管理监督职责的规定（试行）》文件推进司法责任制改革的落实。

理期限的一般规定、程序期间的说明，以及审限变更事项以通知书模式一并送达给当事人，充分保证当事人对审限期间经过的知情权，赋予当事人对法官违反审限制度的行为提出异议的权利，倒逼法官进一步规范操作，加快结案，重视并审慎使用审限变更程序。

（三）转变思想观念，纠正不良习惯

一是各级法院领导要充分重视诉讼迟延问题，提倡高效结案，强调快办案，办好案，从院领导到庭长法官要统一思想，转变观念，形成快办案的习惯。对于没有及时办结的案件，院庭长和审管办要适时进行提醒或采取训诫谈话，彻底纠正拖延办案的不良习惯。二是建立内部通报制度，定期对非中高效的案件、多次变更审限案件、存在隐性超审限风险的案件进行通报公示，用全员监督的方式促进提升审判效率。三是采用奖惩机制，奖优罚劣。对于办案多、办案快、办案好的法官给予表扬和奖励，在评优晋升中优选考虑；对于办案质量差、办案慢的法官要给予通报批评，不予评优晋升，甚至扣发奖金，从而树立起争先争优的意识，调动法官快办案、办好案的积极性。

（四）合理配置资源，提高办案效率

一是充实审判一线力量。以案定额，入额的法官必须编配进审判团队办理案件，并完成办案任务，员额法官必须全体办案，落实院长、副院长亲自办案制度，充分发挥院庭长审判经验丰富的优势，起到领导带头作用。继续严格执行员额法官退出办法，让无法完成员额法官办案任务的法官及时退出员额，并及时补充新鲜血液，调动一切可以调动的力量，服务审判一线工作。

二是科学编配审判团队。坚持专业化审判与人员结构相结合原则，以专业化审判为构建基础，促进员额法官审有所专、审有所长、审有所精。充分考虑人员年龄、法律知识、审判经验结构，保证老中青搭配合理、充分发挥个人工作职能。采取以案定额与案件折算相结合的原则。以各类案件数量为重要依据，根据以案定额的原则科学编配审判团队。对案件进行较为精细化折算，科学反映各类案件的难易程度，确保员额法官工作量均衡，杜绝闲忙不均的现象发生，规范审判团队的运行，突出员额法官在审判团队的主体地位，充分发挥审判团队的审判职能。

三是配齐司法辅助人员。努力争取政府及有关部门的支持，积极运用市场化手段配齐合同制书记员，继续大力公开招录聘用制书记员，并提高聘用制书记员的经济待遇，努力保持聘用制书记员队伍的稳定性。开展聘用制书记员专业技能培训，使其能承担更多司法辅助工作，适当减轻员额法官的工作压力。

（五）积极沟通协调，打击故意拖延

对于当事人故意拖延诉讼时间，人民法院绝不能听之任之，应当进一步加强对当事人故意拖延诉讼手段的识别，阻止其不正当目的的实现，保护另一方当事人的利益不受损害。对于伪造证据妨碍民事诉讼的行为，要依法进行处理，《中华人民共和国民事诉讼法》第一百一十一条规定了可以对妨碍民事诉讼的行为采取强制措施，予以罚款、拘留，构成犯罪的，依法追究刑事责任。对恶意提出司法鉴定申请，拖延诉讼，造成对方当事人新的损失，产生的交通费、住宿费等在对方当事人主张时，法院依法审查，并予以支持。对于假意调解的，在准确识别后，应马上停止调解，及时进行判决，对恶意拖延行为依法进行打击。

对于以另案为依据的案件，人民法院应主动进行积极沟通，如加强与上级法院或是兄弟法院的沟通，通过专案汇报、座谈会、工作纪要等方式推动案件的进展，并及时关注另案的进展状况，在得知另案审结后，第一时间了解另案的审理结果，并马上开展手头以另案为依据的未结案的审理。

对于政府和其他部门协调的案件，人民法院要依托政府及其他部门的力量，不能仅仅寄望于法院一家依法审判能解决一切问题。人民法院在受理该类型案件时，应主动发现实践中存在的问题，积极从法律层面提出解决方案和建议，和政府及有关部门进行沟通，寻求共同的解决途径。如企业破产类案件，牵涉职工安置、债权保护等一系列问题，处理不当极容易产生不良社会影响，这时必须依托政府及其他有关部门，积极进行沟通协调，共同维护社会稳定，促进经济发展。

## 征地拆迁诈骗犯罪中"非法占有目的"认定的类型化实证研究

内江市中级人民法院、内江师范学院联合课题组①

随着国家城镇化建设推进，涉及土地征收、房屋拆迁利益背后交糅着各种利益主体的冲突，引发各类纠纷与违法犯罪的矛盾十分尖锐，法律问

---

① 课题组主持人：王邦习，内江市中级人民法院党组书记、院长；雷厉，内江师范学院政治与公共管理学院副院长、副教授。课题组成员：钟扬，内江市中级人民法院党组成员、副院长；郑强，内江市中级人民法院政策法律研究室主任；曹志程，内江市中级人民法院政策法律研究室法官助理；曾雅兰，内江市中级人民法院政策法律研究室书记员。

题愈来愈多，尤以征地拆迁中骗取安置权益①等公私财产利益为甚。征地拆迁诈骗犯罪不仅侵犯公私财产、恶化社会风气，② 更是严重影响社会稳定，阻碍社会持续发展。本调研报告以中国裁判文书网上的征地拆迁中的诈骗案例裁判文书为样本，围绕当前司法实践中诈骗犯罪的"非法占有目的"认定难的实践问题，从类型化实证分析着手，研提一些认知看法。

## 一、近年征地拆迁诈骗犯罪案件特点

根据内江东兴区的调研数据，2016 年该辖区受理征地拆迁领域的诈骗案 19 件 21 人；2017 年 1—9 月受理该类型案件剧增至 63 件 87 人，案件件数、人数分别增长 232％、314％。这些案件主要是被征地拆迁人骗取超期过渡费、虚构安置人员、骗取还房面积，以及公职人员内外勾结骗取拆迁安置补偿费等。在中国裁判文书网上，课题组于 2017 年 9 月 17 日输入关键词"征地""非法占有""诈骗"共找到 285 个结果，输入关键词"拆迁""非法占有""诈骗"共找到 518 个结果。经合并和梳理，筛选出 166 件征地拆迁类诈骗及关联的刑事案件作为本次调研重点分析的样本。样本案例中，有罪判决 163 件，无罪判决 3 件；在罪名方面，诈骗罪 90 件，与诈骗罪关联案件 80 件，其中贪污罪 56 件，职务侵占罪 18 件，滥用职权罪 2 件，伪造国家机关证件罪 1 件，盗窃罪 1 件，合同诈骗罪 1 件，玩忽职守罪 2 件。下面，以梳理后的裁判文书案例为样本，从犯罪主体身份来分析该类案件的特点。

一是被征地拆迁人骗取拆迁补偿安置权益。该类案件 69 件 134 人，分别占 42.33％和 40.73％。有的隐瞒死亡人口、假离婚、假结婚、伪造户口簿等虚报户籍、违规分户，骗取补偿。如甘某某诈骗案③中，以虚报户籍资料、将一户房屋分为多户的方式，骗取国家拆迁补偿款。有的伪造转让协议或是冒用他人营业执照虚构生产经营骗取补偿款，如蔡某某诈骗案。④

---

① 有观点认为，房屋拆迁安置权益属于房屋所有权的综合性权能，一般包括房屋补偿款、搬迁费用、新建房屋补贴、新建房屋土地使用权等在内，应当以被拆迁房屋的所有权权属决定拆迁安置权益的归属。参见"胡田云诉汤锦勤、王剑峰所有权确认纠纷案"，载《最高人民法院公报》2011 年第 12 期。

② 征地拆迁安置补偿工作往往是涉众型工作，涉及征地拆迁区域内的居住群众，各种事务非常繁杂，工作量大，处理难度比较大。这在一定程度上给了少数人采取伪造、虚报、骗取、冒领等手段，牟取征地拆迁不法利益的冲动，以获取非法利益；同时，还存在个别公职人员工作责任心不强，登记补偿标准随意性较大，甚至以权谋私，与被征地拆迁户串通，虚增数据，事后分赃等现象。

③ 湖北省武汉市中级人民法院刑事裁定书（2016）鄂 01 刑终 1311 号。

④ 浙江省杭州市中级人民法院刑事裁定书（2016）浙 01 刑终 36 号。

有的虚构房屋、宅基地、土地使用权等事实，骗取国家拆迁补偿，如陈某某诈骗案。① 有的在房屋征收通告发布之后抢建翻新多骗补偿款，如刘某某、王某某、姚某某诈骗案。② 在征地拆迁过程中，被拆迁主体除了自然人之外，还包括一些参与拆迁工作或被拆迁的单位和企业，在巨大的经济利益诱惑之下，这些个别参与拆迁和被拆迁单位、企业的负责人在与政府或拆迁部门签订拆迁安置补偿合同中，虚构事实骗取高额安置补偿费用。

二是征地拆迁中公务人员与被征地拆迁人内外勾结骗取拆迁补偿安置权益。该类案件 25 件 65 人，其中公务人员 30 人，非公务人员 35 人。征地拆迁中公务人员与被征地拆迁人串通为骗取拆迁补偿款提供便利。如郭某诈骗案③中，其在棚户区改造项目征迁过程中，为使自己、亲属及朋友能够得到拆迁安置，采取虚假立户、借用拆迁范围内的他人户口、将他人住房冒充被拆迁人的住房以及开具虚假居住证明等方式，与建设局签订了多份《房屋拆迁产权调换安置协议》，骗取拆迁补偿款、临时安置补助费，取得保障房的申购权。

三是其他社会人员利用征地拆迁实施诈骗类犯罪。该类案件 55 件 104 人，分别占 33.74％和 31.61％。有的利用身份便利编造理由，向被征地拆迁人进行诈骗，如管某某犯诈骗罪一案，④ 其利用身份便利，向村民隐瞒办理"土地换城保"的正常程序，让部分村民按每人 40350 元的费用交给其去办理，先后骗取蒋某等 9 人所交"土地换城保"费用，用于偿还个人债务等支出。有的明知不符合被征地拆迁补偿资格，故意隐瞒真实情况，骗取补偿，如罗某某、赖某某诈骗案。⑤ 有的以能够办理特定事由诈骗，谎称自己具有或者能够购买土地或是获取拆迁安置房、内购房指标等理由进行诈骗。如赵某某、李某某、康某某诈骗案。⑥ 有的谎称投资合伙或是接受所谓的委托，向被害人索要活动费诈骗，如詹某某犯诈骗罪一案。⑦ 有的中介或委托人员在接受中介或委托事项中虚构事实，非法占有、骗取

---

① 广东省高级人民法院刑事裁定书（2014）粤高法刑四终字第 334 号。
② 黑龙江省哈尔滨市中级人民法院刑事裁定书（2015）哈刑二终字第 106 号。
③ 安徽省铜陵市中级人民法院刑事判决书（2015）铜中刑终字第 00081 号。
④ 江苏省淮安市中级人民法院刑事裁定书（2016）苏 08 刑终 203 号。
⑤ 江西省赣州市中级人民法院刑事裁定书（2015）赣中刑二终字第 253 号。
⑥ 河南省高级人民法院刑事裁定书（2015）豫法刑一终字第 169 号。
⑦ 河南省信阳市中级人民法院刑事判决书（2017）豫 15 刑终 212 号。

公私财产，如孙某某犯诈骗罪一案。[1]

## 二、征地拆迁诈骗犯罪之非法占有主观故意认定的理论阐述

诈骗罪等取得型财产犯罪是以行为人主观具有"非法占有的目的"为成立要件。从犯罪构成要件的理论而言，征地拆迁诈骗犯罪作为典型的取得型财产犯罪，与一般取得型财产诈骗犯罪并无多大差异。征地拆迁中，诈骗犯罪多发、频发，行为人的主观故意认定、欺诈行为程度、欺诈行为表现形式等往往不同，审理实践中面临着相比一般取得型财产诈骗犯罪更为复杂的情况，"非法占有"主观故意的认定情况往往成为法院审理中控辩双方争执焦点。

（一）学术梳理："非法占有的目的"与犯罪故意关系

在我国，"非法占有目的"是刑法中的一个重要概念，也是绝大多数经济犯罪、财产犯罪和贪污贿赂犯罪的行为人所追求的主观目的。刑法理论界对"非法占有的目的"多数人采用的意图占有说，即从字面含义来理解，所谓非法占有目的，无非指掌握控制财物的目的，这种从字面的、本来的含义上理解的非法占有目的，可以称为本义的非法占有目的。[2] 张明楷教授在《论财产罪的非法占有目的》中的观点认为，刑法上的非法占有目的，是指排除权利人，将他人的财物作为自己的所有物进行支配，并遵从财物的用途进行利用、处分的意思，即非法占有目的由"排除意思"与"利用意思"构成，前者重视的是法的侧面，后者重视的是经济的侧面，两者的机能不同。[3]

根据《中华人民共和国刑法》第十四条对犯罪故意的规定，学说上一般将故意这一责任形式具体分解为认识因素和意志因素。[4] 认识因素，是指明知自己的行为会发生危害社会的结果；而意志因素，则是希望或者放任危害结果的发生。[5] 认识因素与意志因素的有机结合，构成了故意这一责任形式的基本内容。[6] 从《中华人民共和国刑法》第十四条的规定来划分故意的种类，即直接故意和间接故意。从刑法理论上，故意种类的划分

---

[1] 吉林省延边朝鲜族自治州中级人民法院刑事裁定书（2016）吉 24 刑终 21 号。
[2] 刘明祥：《刑法中的非法占有目的》，《法学研究》，2000 年第 2 期，第 45 页。
[3] 张明楷：《论财产罪的非法占有目的》，《法商研究》，2005 年第 5 期，第 76 页。
[4] 陈兴良、周光权：《刑法总论精释》，人民法院出版社，2011 年版，第 323 页。
[5] 陈兴良、周光权：《刑法总论精释》，人民法院出版社，2011 年版，第 323 页。
[6] 陈兴良、周光权：《刑法总论精释》，人民法院出版社，2011 年版，第 323 页。

可以根据故意的认识内容的确定程度，分为确定故意和不确定故意；根据故意形成的时间，划分为临时（或者突发）故意与预谋故意；根据故意是否附加条件，划分为有条件故意和无条件故意；根据认识和希望、放任的结果形态，分为侵害故意与危险故意。①

在犯罪构成理论中，"非法占有的目的"与犯罪故意究竟是何关系？观点看似繁多，而有学者概括地认为，大体可划分为以下两个流派：犯罪故意内容说和主观超过要素说。② 这两个流派焦点在于，非法占有的目的在取得型财产罪的构成要件中，是否具有独立于犯罪故意以外的一席之地。这两个流派对峙也就常被归纳为非法占有目的不要说与必要说之争。③必要说以本权说为基础，认为盗窃等取得罪的本质是侵犯所有权及其他本权，所以要求行为人主观方面作为所有权者而行动的意思，即要有非法占有的目的。④ 相应地，在相关犯罪的认定中，只要证明客观犯罪行为以及犯罪故意的存在，原则上就可以推定非法占有目的的存在，而不需要额外的、单独的特别证明。⑤ 不要说以占有说为基础，认为财产罪的保护法益是占有本身，作为盗窃等取得罪的要件是对侵害占有的事实有认识（即有故意），并不要求行为人主观上有非法占有的目的。⑥ 也就是说，认为非法占有目的是"主观的超过要素"，不包含在犯罪故意之中，应当单独予以证明。以非法占有目的作为取得罪的特殊构成要件，意味着非法占有目的

① 张明楷：《刑法学》，法律出版社，2007年版，第214~215页。

② 《财产罪中非法占有目的要素之批判分析》指出，犯罪故意内容说这一学说的特点主要有二：第一，由于该说认为，非法占有的目的就是行为人希望在无合法根据的情况下取得对他人财物之占有的意图，故它完全是从"占有"的本意来理解"非法占有目的"中的"占有"。第二，由于盗窃等取得罪的客观构成要件表现为行为人将本由他人占有的财物变为自己或者第三人占有，而根据客观构成要件的故意规制机能，犯罪故意的认识要素应当与犯罪客观构成要件的内容相一致，故相关犯罪的故意就表现为行为人明知自己的行为会将他人占有的财物转归自己或第三人占有，并且希望或者放任这种结果的发生，于是，非法占有的目的就没有任何超出盗窃等取得罪之犯罪故意的内容，它完全可以被包含在后者之中。自20世纪90年代后期以来，不少学者在借鉴德国、日本刑法理论的基础上，提出应当将"非法占有的目的"解释为独立于盗窃等罪之犯罪故意以外的主观的超过要素。陈璇：《财产罪中非法占有目的要素之批判分析》，《苏州大学学报（法学版）》，2016年第4期，第86~100页。

③ 陈璇：《财产罪中非法占有目的要素之批判分析》，《苏州大学学报（法学版）》，2016年第4期，第86页。

④ 邓宇琼：《非法占有目的：犯罪成立体系的比较》，《昆明理工大学学报（社会科学版）》，2008年第9期，第59~67页。

⑤ 张明楷：《论财产罪的非法占有目的》，《法商研究》，2005年第5期，第69~81页。

⑥ 邓宇琼：《非法占有目的：犯罪成立体系的比较》，《昆明理工大学学报（社会科学版）》，2008年第9期，第59~67页。

对于取得罪的社会危害性具有决定性的影响。[①] 非法占有目的是否属于独立构成要件要素的关键就在于，是否某些涉及罪与非罪、此罪与彼罪的问题，[②] 必须要借助作为主观超过要素的非法占有的目的方能获得解决。本文倾向于诈骗犯罪的主观超过要素说和非法占有目的必要说观点。

（二）罪与非罪：征地拆迁诈骗犯罪"非法占有"的认定要素——"非法"

人的行为是受有目的的意志控制的，为实现某一目标而有目的地受操纵的事件。非法占有居于行为人的主观意志具有其某一"非法"要素的目的性，属于违法性要素中主观违法性要素。比如，一个欺诈行为侵犯法益，其侵犯的是民事上的法益，就不能够作为犯罪来认定；而一个欺骗行为侵犯法益，其所具有非法占有目的，侵犯的是刑事上的法益，就会把它作为犯罪来认定。因此，行为人没有非法目的，其行为不会被处于刑罚。"非法"要素的目的性决定行为人是否将承担刑事责任，体现了"非法"要素具有"有责性"，是主观故意中的意志因素。仅有"非法"的目的并不能够区分罪与非罪，重要的是在这种"非法"的目的下行为人的客观行为已经违反刑法规定。因此，在认定行为是否犯罪时，行为人的行为目的性和其主观故意意志的非法性或是违法性要素即是区分罪与非罪的关键。

具体到征地拆迁中，如何界定一个行为的行为人是否具有"非法"的目的和主观故意的"违法"意志，行为人往往是否定其主观的目的性。这需要从客观行为去判断主观性内容，而一个重要标准即客观的行为是否达到了刑法上的"非法"程度，就显得至关重要。而"非法"要素作为一个行为在法律上的法定评价，是需要我们将一个行为是放置在民法、经济法等前提法中去评价，还是将该行为放置在刑法这一后置法中来评价，这就要结合行为人实施行为的意志因素中究竟有没有非法占有的目的，并在这种主观故意的支配下，是不是已经外化于所实施的客观行为之中。也就是说，非法的目的属于行为人主观心理活动，往往通过其客观的行为体现，从行为人具体实施的客观行为事实来判断，某些行为本身就足以说明行为人主观上具有非法占有的目的，无须证明。

---

① 黄利坚：《"非法占有目的"理论探究》，《广东技术师范学院学报》，2007年第2期，第24页。

② 张明楷：《论财产罪的非法占有目的》，《法商研究》，2005年第5期，第69~81页。

（三）此罪与彼罪：征地拆迁诈骗犯罪"非法占有"的认定要素——"占有"

居于其"占有"要素的权能属性，对于非法占有的理解不尽一致。日本刑法理论至少存在三种不同的学说：非法占有目的＝排除意思＋利用意思，非法占有目的＝排除意思，非法占有目的＝利用意思。日本审判实践通说观点采取的是"非法占有目的＝排除意思＋利用意思"，认为其更加容易厘清罪与非罪的界限。[①] 国内刑法理论主要有非法占有说、非法获得说和非法所有说。非法占有说观点认为非法占有目的是指非法掌握控制财物的目的，非法占有中的"占有"此种即是民法所有权占有、使用、收益和处分四项权能之一的占有权，并非一定侵犯整体意义上的所有权，因此，这种观点强调非法占有只侵犯财物的占有权，即对财物进行事实上的支配和控制，刑法惩罚占有的目的就要保护民法上的占有，维护占有的稳定性。非法获得说的观点则认为，"非法占有为目的"中的"占有"是以利用并非法获利为目的，具有图利性，主观上并不以非法占有或者不法所有为目的。非法所有说的观点则是认为，这里的占有并非指短时间内的暂时控制，而是永久性的占有，完全排除所有权人事实上对财物行使所有权的可能性，而由自己或者第三人对财物进行占有、使用、收益，乃至处分。

对一般的诈骗犯罪而言，理论界对非法占有目的倾向于以非法所有说，但就征地拆迁诈骗犯罪中，被征收人实施诈骗行为中的"非法占有目的"，本调研报告中则认为因被征收人在征地拆迁中对土地、房屋的特殊权利主体身份，应有别于一般的诈骗犯罪，更倾向于此类诈骗行为中"占有"的非法获得说观点。众所周知，城镇化通常表现为旧城改造与城市扩张两种模式，旧城改造表现为城市房屋拆迁，城市扩张表现为农村集体土地的征收。城市房屋拆迁则是国有土地上的房屋征收，对国有土地使用权的收回，农村集体土地的征收则是将农村集体土地依照法定程序强制有偿转化为国有土地的行为。也就是说，征地拆迁就是表现为国家为满足公共利益需要，依照法律规定的正当程序，强制有偿地将私人利益收归公有，国家给予合理补偿。征地拆迁中，诈骗行为人常是征收法律关系中的被征

---

① 据此通说观点认为，占有排除意思和利用意思两部分意思组成了非法占有目的的内容。排除意思，是指将他人财物作为自己的所有物；利用意思，是指遵从财物的用途，对之进行利用或者处分。排除意思将盗窃、诈骗与盗用、占用区别开来；利用意思将盗窃、诈骗与故意毁坏财物犯罪相区别。

收人；被骗人常是地方政府拆迁部门或者征收项目的申请人或者说待拆迁地块的建设方，或者说是集体土地所有权的征收中的地方政府及其主管部门；被害人则是国家，因为土地征收中遭受的财产损失后果归属于国家，骗取的征收补偿款属于国家财产。从此种意义上讲，征地拆迁中，被征收人实施诈骗行为是一种三角诈骗，其非法占有的是一种征地拆迁的补偿性的获利财产，而非永久性地占有房屋、土地的财产权，被征收人在征地拆迁之前对所征地及所拆迁房屋依法已经占有，因国家征地拆迁导致其"依法占有"的状态发生改变，其居于已经依法占有事实谋取应依法补偿之外的获利意图十分明显。这体现了行为人在占有利益补偿之后，为实现自己获得非法利益导致国家财产损失的目的。而"非法占有说"虽然在一般诈骗中有其可取之处，但不能够完全地反映出该类型诈骗的基本特征，忽略了征地拆迁土地与房屋同"征地拆迁补偿利益"的前后关联性，对占有人之前于征收土地或拆迁房屋的"占有"状态没有充分考量，过于强调行为人对征地拆迁补偿利益作为国家公共财产的永久性侵犯。这与行为人超过正常补偿利益之外诈骗征地补偿利益，以企图获得更大财产性利益的主观性一致原则相比较明显过于牵强。

### 三、征地拆迁诈骗犯罪之非法占有主观故意认定的分类型讨论

犯罪构成要件的类型性决定了对刑法的适用能够从类型出发，使人们更直观地、整体地认识刑法与案件事实，从而保障刑法简洁性、正义性与安定性目标实现。在征地拆迁过程中，具有不同的参与身份主体，[①]而不同身份主体在征地拆迁诈骗中的"非法占有"目的与定性有差异。本调研报告将从不同参与身份主体实施诈骗的类型，对实践典型案例中的非法占有主观故意认定进行讨论。

（一）征地拆迁被征收人诈骗犯罪中的非法占有主观故意认定

**案例一：林某某、张某某犯诈骗罪一案**[②]

［案情介绍与焦点］张某某得知三道岭村部分土地将要被征占，与林某某商议到该村租赁土地种植花卉，以便占地时能够索要征地补偿金。后

---

① 概括地讲，包括征地拆迁的地方政府及其主管部门，拆迁人、被拆迁人、拆迁评估机构、拆迁单位，征用土地的农村集体组织及其经济组织成员。而征地拆迁诈骗犯罪主体，也主要以征地拆迁公务人员、拆迁人、拆迁单位人员、农村集体经济组织的村社干部及其组织成员为主，也有一部分拆迁评估机构以及其他社会人员虚构征地拆迁事实实施诈骗犯罪。

② 吉林省吉林市中级人民法院刑事判决书（2016）吉 02 刑终 166 号。

两人租赁了该村宋某甲家的两栋温室大棚，用于养殖花卉，并经与宋某甲商议后，将租赁日期提前到 2007 年 7 月 18 日。在发布《拟征地通知书》后，经现场踏查，二人认为应按照价值补偿，与经开区管委会发生争议。后二人商议，自行申请找评估公司进行价值鉴定。某公证处与某评估公司在未聘请花卉专家到场的情况下，未实际核查数量，直接按照所报的花卉种类、数量和年份出具了公证书，评估公司直接采信公证书中所载的花卉种类、数量等内容，其中将兰花种苗以成品苗作价评估。事后，二人弃管了其所租赁的大棚，导致花卉死亡。2011 年 5 月 3 日，二人以评估报告为依据向人民法院提起民事诉讼，后因被举报而未遂。经公安机关委托，重新对花卉价值进行鉴定。林某某、张某某在公证处和评估公司相关人员现场踏查温室大棚过程中，多报兰花 7500 余棵，每棵价值人民币 50 元，共计 375000 元。本案的焦点：如何理解被征收人的"以非法占有为目的"在刑法和民法上的不同含义。

1. 征地拆迁被征收人诈骗犯罪类型案件特点

该类型案件有以下特点：一是在犯罪主体上，实施诈骗的行为人是受到征地拆迁法律规定保护的受补偿利益主体。一般而言，行为人是土地征收的征用土地的所有权主体即农村集体经济组织或其成员，是土地承包经营权的经营户和土地使用权人，或是宅基地或拆迁房屋的所有人。被拆迁房屋的所有人、农村集体经济组织及成员均是被征地拆迁的受益人。二是在犯罪动机上，实施诈骗的行为人为了更多地获得征地拆迁利益补偿。三是在犯罪行为上，实施诈骗的行为人采取了欺诈行为，且欺诈行为的表现形式多样，例如，假结婚假离婚、虚报子女出生、抢种植物、违法分户、抢建房屋、虚增征收面积等。四是在被骗对象上，诈骗行为的被骗人是政府征地拆迁的管理部门、征地拆迁评估机构或拆迁单位。五是在犯罪对象上，诈骗行为的诈骗对象是征地拆迁补偿利益上的补偿性财产，[①] 受害人是国家。六是在犯罪主观上，实施诈骗的非法占有为目的的主观故意与民法上"非法占有为目的"的民事欺诈的主观故意认定上强调主观过错程度，更要求主客观相统一。

2. 征地拆迁被征收人"以非法占有为目的"在刑事诈骗和民事欺诈的区别

该类型案件在司法实践中，容易从围绕"非法占有为目的"的主观故意构成方面，争辩罪与非罪，在形式上不容易区分刑事诈骗与民事欺诈。如果不正确区分刑事诈骗与民事欺诈，势必带来两种后果：一种后果是可能将诈骗罪定性为民事欺诈，从而放纵了犯罪；另一种则可能将民事欺诈定性为诈骗罪，从而错误追究当事人的刑事责任。因此，认定是否具有刑法理论上的"非法占有为目的"是区分刑事诈骗与民事欺诈的关键。司法实践中，需要注意以下内容：

一是要从理论上，界定清楚"非法占有"在民法和刑法理论上的不同含义。民法理论上，占有在民法中仅仅是所有权的一项基本权能，民事上研究"非法占有"的目的是更多地体现对已经发生了非法占有行为如何进行权利救济，如返还、恢复原状、赔偿损失等，不需要研究非法占有行为人的主观想法，因此，往往表现为主体对物基于占有的意思进行控制的事实状态，是一个静态性的状态表现。刑法理论上，如本文前文分析，非法占有在刑法学界中理解上有各种论争，刑法学上的占有并非仅指民法中所有权的一项基本权能，如持非法所有说的观点中的"占有"并非指短时间内的暂时控制，而是永久性的占有，完全排除所有权人事实上对财物行驶所有权的可能性，而由自己或者第三人对财物进行占有、使用、收益直至

---

① 征地拆迁的补偿性财产主要是：（1）房屋的承租人及其同住人的补偿，范围仅限于执行政府租金标准的私有和公有出租房的承租人及其同住人。（2）搬家及拆迁期间其他支出的补偿，包括搬家补助、迁移补助和过渡期间安置补助等。（3）非居住房屋有关费用的补偿，主要是用于生产经营的房屋在拆迁时，货物、设备搬迁费用和停产、停业的适当补助。（4）集体土地上的建筑物、构筑物的补偿，包括宅基地上的房屋，集体土地上的水井、道路、水渠等农业设施，集体经济组织公益事业房屋、设施等。（5）青苗补助费，即土地上的农作物、出产物的补偿，归属于土地承包经营权人。（6）被征地农民的安置，包括农业安置，即城市规划区以外的失地农民应当重新获得承包土地；城镇化安置，即在城市规划区以内的失地农民应转为城市居民，纳入城镇就业和社会保障体系。此外还有异地移民、入股分红等安置方式。以上补偿费用和补偿条件都具有较大的经济利益，虚构、虚增补偿对象骗取补偿款或者安置条件是近年来征地拆迁领域犯罪的常见手段，但是，由于补偿款和安置条件在不同阶段权利归属不同，骗取、侵占补偿上述对象的钱物在刑法上的效果也会有所不同。

最后的处分。① 刑法学上对非法占有的理解是基于惩罚和预防犯罪的主要目的，从动态意义上以行为为中心进行的，包括非法占有行为的主观动机、行为类型、社会危害等方面，是为了更能够体现主客观相一致原则，也就是说，除了具有非法占有类型的具体犯罪的行为，还要求行为人在主观上具有"非法占有"的目的的主观心态。

二是要从主观上，合理推断"非法占有"目的对欺诈程度的影响。该类型的诈骗罪与民事欺诈都发生在征地拆迁过程中，两者都有对征地拆迁利益补偿财产的不法占有状态，客观上都采取了包括捏造或歪曲事实、隐瞒真相等欺骗的方法，主观方面都有使对方陷入错误认识从而谋取不法利益的意图，但毕竟是两种不同性质的违法行为，具有不同质的规定。诈骗罪的实质是"非法占有"，民事欺诈的实质则是"非法获利"。而非法占有目的只为一种主观要素，最终还要依赖客观行为来推定"非法占有目的"的有无，及"非法占有目的"对行为中的欺诈程度影响，从而更加能够辨析诈骗罪与民事欺诈在主观方面的差异。这需要从"非法占有"目的的"故意形态""故意内容""故意产生时间"来全面地进行合理推断。诈骗罪是目的型犯罪，其故意形态只能是直接故意，而民事欺诈则可以是直接故意也可以是间接故意。在故意内容方面，民事欺诈的"非法占有"故意只要求使被害人陷入错误认识而故意为之的一定意思表示，从而达到"妨碍对方意思表示自由"目的即可，对对方财产的企图意思并不同于诈骗罪的"企图占有对方财产的意图"的要求那么明显。而刑事诈骗的"非法占有"目的的故意内容就是企图永久占有和自由支配他人财产，从而最大化获取财产上的利益，主观过错程度更深，更不容易识破。在"非法占有为目的"的故意产生的时间方面，诈骗罪故意产生的时间更为复杂，存在事前故意、事中故意、事后故意，反映出诈骗行为人的主观心理态度并不是一成不变的。但就民事欺诈的"非法占有目的"的故意产生时间来看，只可能产生在行为之前或同时。但需要注意的是，在实践中，由于被征地人、被拆迁人为普通农民和居民，征地拆迁中，他们赖以生存居住的土地、房屋被征地拆迁关系到他们的基本生活。对于被征地人、被拆迁人虚构、虚增补偿对象，希望多分多得补偿款和安置条件的行为要区别对待，而不能够只要有虚构、虚增补偿对象，隐瞒事实等就推定具有非法占有目

---

① 曾细斌：《论合同诈骗罪之非法占有目的》，湘潭大学硕士论文，2005 年，第 6 页。

的，还应当全面结合是否与国家工作人员或中介机构人员串通、行贿等，是否可能对国家、集体财产造成重大损失等后续的行为以及行为所造成的后果严重程度来综合判断，对推定是否具有诈骗上的非法占有为目的的认定应当从严把握，对有合理怀疑的一般不能够推定为具有诈骗上的"非法占有目的"。

3. 案例评析

就该案件而言，其诈骗流程可以归纳为，诈骗行为人为被征地拆迁被征收人，其实施了提前土地租赁合同日期、抢种植的行为，在征地补偿中与被骗人负责征地拆迁的政府部门就补偿发生争执。自行进行公证、评估，在公证、评估等中介部门未尽职公证、评估的情况下，行为人据此评估报告就补偿争执提起民事诉讼，后因被举报而未遂。

主观上，二人是否具有诈骗罪构成的"非法占有为目的"的主观故意？有以下两种观点。

一种观点认为，根据辩护人意见，林某某、张某某二人不具有非法占有的主观故意，其行为是民事上的欺诈行为，不应定罪。二人在土地征收前，租用大棚养殖花木，意图获得征地补偿的目的本身不违法，而且投入成本20万元左右。二人与经开区管委会因补偿费用与其成本相差太多，二人自行评估并据此提起民事诉讼等程序，是为了维护自身合法权益，而不是以非法占有为目的。公证机关和评估公司的工作人员进行公证及评估时，未实际核查数量，直接按照所报的花卉种类、数量和年份出具了意见，导致公证和评估不客观、不真实，不应将过失归咎为二被告人的行为。民事诉讼过程中，对评估意见有异议的应当重新申请评估，不能仅凭过高地评估价格认定被告人有罪。

另一种观点认为，林某某、张某某主观上具有非法占有征地补偿拆迁款的目的，即二人在得知政府欲在三道岭村进行征地拆迁的信息后，为达到骗取拆迁补偿款的目的，到被划定拆迁范围内寻求租赁事宜，并把租赁大棚日期提前一年，以掩饰其进行抢栽、抢种的行为。客观上实施了虚报、瞒报花卉数量，提高评估价值的行为，即在进行公证及评估时，二人对花卉种类、数量进行不真实的虚报、瞒报。政府在征迁期间，已进行实地踏查并根据实际情况作出了合理的补偿意见，但二人不予接受，并借自行委托的公证及评估结论为由，对栽种的花卉放弃管理，导致花卉灭失。虽然因为实物灭失无法准确认定两名被告人实际种植的花卉种类及数量，但被告人虚报兰花数量多作价 132 万元这一事实的证据是确实充分的，且向开发区管委会主张了这部分拆迁款，因此应推定其具有非法占有的目的。

显然，本案中，从查明的事实可以作以下推断"非法占有为目的"故意构成诈骗罪而非民事欺诈上的主观故意。司法实践中，抢建房屋、抢栽抢种等以骗取征地拆迁补偿，若仅是申报，不隐瞒事实真相情况下，政府拆迁组工作人员或者拆迁人按照严格的内部程序应能够识别。若在征地拆迁补偿的审查阶段发现欺诈行为不补偿即可，一般未作诈骗罪未遂处理，事实上是默认了此种欺诈系一种民事欺诈行为，非犯罪未遂。但本案中，"非法占有"目的的"故意形态"是一种直接故意，而非间接故意，明知公证、评估结果不客观、不真实，积极通过民事诉讼的合法形式掩盖其非法占有补偿款的目的，以求实现。"非法占有"目的的"故意内容"并非单纯地妨碍政府错误认识而多作出补偿款，二人得知三道岭村要被政府征地的消息后，经预谋租地抢种，并将签订租赁合同的时间提前，且在就补偿事宜争执后，为实现占有目的自行申请，向公证人员、评估人员虚报、瞒报花卉数量，导致不客观真实的公证、评估，二人积极采取隐瞒真实情况的非法手段企图骗赔补偿款的故意意志因素十分明显，并积极通过民事诉讼的方式意图实现犯罪的目的，且并不容易被发现，其主观过错程度明显较深。二人已经查实的诈骗行为与其非法占有目的并不能截然分开，其行为客观存在的本身就是对非法占有目的认定所具有导向、强化甚至一定程度的认定效应，如若没有诈骗行为，就根本无法推导出行为人具有非法占有的目的，其结果就只会演化成民事欺诈。

（二）征地拆迁中公务人员的诈骗犯罪

**案例二：李某一、李某二、孙某、李某三诈骗案**[①]

［案情介绍与焦点］中石油北京管道公司在北京市原密云县境内实施大唐煤制天然气管道工程，在 2013 年 11 月至 2014 年 1 月期间，雷某、李某二、孙某、李某三明知拆迁补偿协议等相关材料系伪造的情况下，仍在相关手续上签字审批，李某一利用上述虚假材料骗取中石油北京管道公司拆迁补偿款共计 1127.23 万元并非法占有。公诉机关认为，李某二、孙某、

---

① 北京市第三中级人民法院（2016）京 03 刑初 71 号刑事判决书，北京市高级人民法院（2017）高刑终 22 号刑事判决书。

李某三身为国家工作人员，伙同李某一，利用职务上的便利，骗取公共财物，数额特别巨大，应当以贪污罪追究其刑事责任。一审法院认为，被告人李某一以非法占有为目的，伙同被告人李某二、孙某、李某三，虚构事实，隐瞒真相，骗取被害单位钱款，其行为均已构成诈骗罪，且数额特别巨大，依法均应予以惩处。李某一、李某二在共同犯罪中起主要作用，系主犯。孙某、李某三在共同犯罪中起次要辅助作用，系从犯。原公诉机关北京市人民检察院第三分院的抗诉意见：一审判决对被告人李某二等四人的行为性质认定错误、适用法律错误，李某二等四人的行为属于利用职务便利骗取公款，应当认定为贪污罪。二审法院判决，驳回北京市人民检察院第三分院的抗诉，维持原判。本案的焦点：如何认定征地拆迁中公务人员的"以非法占有为目的"，共同犯罪中"非法占有为目的"的认定是否影响定性。

1. 征地拆迁中公务人员诈骗犯罪类型案件特点

该诈骗犯罪类型有以下特点：一是在犯罪主体上，实施诈骗的行为人是征地拆迁中执行公务的人员。一般而言，包括：①地方政府及其国土、住建部门的公务员；②村集体组织人员；③拆迁人为国有企业、国有单位时，其中从事公务的人员；④征地拆迁管理部门委派到征地拆迁实施单位的人员等。二是在犯罪动机上，为了骗取、侵占征地拆迁补偿款，损害国家或被征地拆迁利益人的利益。三是在犯罪行为上，较为复杂，常表现为与被征地拆迁收益人或其他人内外勾结骗取征地拆迁中的补偿利益。而依法从事公务的人员往往可能利用职务便利，与被征地人、被拆迁人或其他第三人共同骗取、侵吞、截留、占用补偿款和安置条件等。[①] 四是基于内外勾结，主要都是构成共同犯罪，利用职务便利身份单独犯罪则往往不构成诈骗类犯罪而构成职务犯罪。五是该类型犯罪在是否构成职务犯罪的共犯还是诈骗类犯罪的共犯，往往实践争议较大，其"以非法占有为目的"的共同意思联络存在推定难度。

2. 征地拆迁中公务人员"非法占有目的"在诈骗犯罪和贪贿犯罪的认定

一是厘清诈骗犯罪与贪污罪中"非法占有目的"在主观故意上的细微

---

[①] 近年来，以被征地人、被拆迁人获得安置条件为犯罪对象的犯罪在征地拆迁领域日益多见，如办理农转非户口，加入小城镇保险、获得过度安置房等。这些安置条件关系到社会公共管理秩序且具有非常明显的非物质利益。

差异。这主要体现在占有所侵犯的对象上的差异、占有方式、占有方式上对职务便利的利用程度、非法占有目的的产生时间、非法占有侵占对象事后的处置情况等的不同。

从"非法占有"目的的占有所侵犯的对象看，诈骗罪中的非法占有目的的占有对象为公私财物，而贪污中的非法占有侵犯的对象是公共财物（包括本单位管理、使用或者运输中的私人财物）。

从占有方式看，诈骗罪的占有方式是用虚构事实和隐瞒真相的方法非法占有，而贪污罪的占有方式则包括侵吞、窃取、骗取及其他非法手段。[①]

从占有方式上对职务便利的利用程度上看，诈骗罪与贪污罪的非法占有都存在为他人和自己占有的情况，但贪污罪为自己和他人占有的情况主要是利用了行为人职务上的便利，而诈骗罪中为自己和他人占有的情况占有的方式上对职务便利的利用程度要求不高，往往只是在内外勾结的共同诈骗犯罪中存在诈骗行为分工中对职务便利条件的利用，在系列分工实施的行为中，利用职务便利的分工行为居于整个诈骗行为中的从属、配合、辅助地位，并非主导或单独仅仅只靠职务便利占有财物。若居于主导或只靠职务便利占有财物则构成了贪污罪上的非法占有。

从非法占有目的的产生时间看，一般而言都是事前产生的。具体到诈骗罪而言，非法占有目的的产生时间存在事前故意、事中故意、事后故意。而贪污罪非法占有目的的产生时间也存在事中故意或事后故意，但是，一旦占有的财物在事中、事后公私财产法律关系发生改变，导致非法占有财物的被害人发生变化，则不构成贪污罪，构成其他犯罪。当然，非法占有目的具体产生时间需要结合具体的案件情况，可能以具体的行为发生时间为参照判断，也可能以具体的事件发生时间为参照判断。

从非法占有侵占对象事后的处置情况看，取得财物后的处置情况能体现其主观目的，对侵占财物的事后处置情况是推定其是否具有非法占有目

---

① 侵吞是指行为人利用职务上的便利，将由自己合法管理、使用的公共财物，非法据为己有，实践中侵吞的方法主要有：将自己管理、使用的公共财物予以隐匿扣留，应当上交不上交，应当入账不入账，应当支付不支付；将自己管理、使用的公共财物非法转卖或者私自赠送他人；将追缴的款物或者罚没款物私自用掉或者据为己有。窃取是指行为人利用职务上的便利，采用秘密窃取的方法，将自己管理的公共财物非法据为己有，也就是通常所说的"监守自盗"。骗取是指行为人利用职务上的便利，采用虚构事实或者隐瞒事实真相的方法，非法占有公共财物的行为。"骗取"作为贪污罪的手段之一，其行为对象是出于他人合法管理之下而行为人又有权经手的公共财物。其他非法手段，是指侵吞、窃取、骗取以外的利用职务上的便利非法占有公共财物的方法。

的的关键，也是诈骗罪与贪污罪对财物处置情况细微差异的基础事实，侵占对象财物的处置情况能够清晰反映出行为人的事后态度，这能够结合行为人的具体行为全面分析其非法占有行为的定性。<sup>①</sup> 如最高人民法院《刑事审判参考》第292号指导案例"胡某某贪污案"的裁判理由中就明确指出：贪污罪中的非法占有目的需结合公款的具体去向及行为人的处置意思来加以综合认定，实践中应注意区分形式上的"侵占"行为与贪污罪中以非法占有为目的的侵吞行为，以免客观定罪。

二是认定公职人员内外勾结诈骗犯罪中"非法占有为目的"共同故意的意思联络。这主要是为了重点研究征地拆迁中公务人员与他人内外勾结共同实施骗取征地拆迁利益的行为定性问题。关于内外勾结利用国家工作人员的职务便利非法占有公共财物行为的定性问题在我国理论界争议较大，立法上前后也有明显变化，实务中，存在一定乱象。对于公职人员与非公职人员内外勾结共谋，利用职务人职权便利，骗取公款后伙分的，系共同犯罪，有以贪污罪定性，且也有的在定性上采取的是"主犯说"<sup>②</sup>。但对于公职人员与非公职人员内外勾结共谋，利用职务人职权便利，为非公职人员骗取财物后，公职人员不分赃的，目前司法认定较为混乱：一种是认定为贪污罪的共犯；一种观点认为，职务人定贪污罪，非职务人定诈骗；再有一种观点认为，职务人与非职务人构成诈骗罪共犯。

根据共同犯罪理论，共同犯罪在主观上必须具有共同的犯罪故意，有共同犯罪的意思联络，即是要有"共谋"。共谋就是各行为人对基于非法占有的犯罪目的，就犯罪性质、时间、地点、方式等内容的商议、策划和部署，本身即属于共同犯罪行为，体现了共同犯罪的行为人对犯罪结果积极追究的意志因素。我国司法实践不承认片面共犯，即是参与同一犯罪的人中，一方认识到自己是在和他人共同实施符合构成要件的违法行为，而

---

① 既要从客观推断主观，又要避免"客观定罪"，就是要抓住能够反映出行为人"处置意思"的客观行为。

② 1985年《关于当前办理经济犯罪案件中具体应用法律若干问题的解答》中明确规定，内外勾结贪污或者盗窃活动的共同犯罪，应按其主犯的基本特征定罪，如果共同犯罪中主犯犯罪的基本特征是贪污，同案中不具有主体身份的人，应以贪污罪的共犯论处，如果共同犯罪中主犯犯罪的基本特征是盗窃，同案犯中的国家工作人员不论是否利用了职务上的便利都应以盗窃罪的共犯论处。2000年最高人民法院《关于审理贪污、职务侵占案件如何认定共同犯罪几个问题的解释》第三条规定，不具有国家工作人员身份的人员与国家工作人员勾结，分别利用各自职务的便利，共同将本单位财物占为己有的，按照主犯的犯罪性质定罪。

另一方没有认识到有他人与自己共同实施犯罪。因此，在征地拆迁中，公职人员内外勾结诈骗犯罪中的"非法占有为目的"共同故意的意思联络的认定就十分重要，并可能影响公职人员实施犯罪行为的定性。

对于公职人员内外勾结共同犯罪的意思联络的具体认定，在实践中一般有三种情形：第一种是公职人员非法占有财物，且与非公职人员如征地拆迁受益人有意思联络，可以认定为公职人员与他人共谋利用职务行为帮助他人实施有骗取补偿款的诈骗犯罪，公职人员成立诈骗犯罪的共犯。而公职人员获取非法利益是判断共谋成立的重要因素。第二种情况是公职人员未占有财物，主观上明确认知到他人在征地拆迁中意图实施骗取补偿利益的犯罪，并合谋为其实施诈骗犯罪提供帮助的，积极配合，可认为公职人员与他人共谋利用职务行为帮助他人实施诈骗犯罪，成立诈骗犯罪的共犯。第三种情况是公职人员未占有财物，主观上未明确认知他人在征地拆迁中意图实施诈骗犯罪，客观上为他人犯罪提供帮助的，不宜认为公职人员与他人形成共谋，对公职人员以职务犯罪处理更为稳妥，不构成共同犯罪，他人构成诈骗犯罪的，以诈骗犯罪定罪处罚。

若定非公职人员成立贪污罪的共犯，从我国司法解释及相关文件看，对此有具体的规定，2000年的最高人民法院《关于审理贪污、职务侵占案件如何认定共同犯罪几个问题的解释》、2003年的最高人民法院《全国法院审理经济犯罪案件工作座谈会纪要》规定，无身份者与国家工作人员勾结，共同非法占有单位财物的行为，成立贪污罪共同犯罪。但需要明确的是，从我国的相关司法解释看，我国刑事司法对于非公职人员与公职人员构成共同的贪污犯罪的共犯，要求各行为人必须达成"通谋""勾结"，非公职人员需"指使或者参与策划"，对其提供的帮助行为要在贪污犯罪中的地位和作用进行衡量判断，即当其作用、地位达到相当重要程度，才以共犯论处。

3. 案例评析

就该案件而言，以非法占有为目的的共同犯罪意思联络对其定罪定性有关键性的影响，是界定共同犯罪行为构成贪污罪还是诈骗罪的一个重要主观故意构成的审查标准。

公诉机关坚持该案件李某二等四人的行为构成贪污罪，① 我们认为，从上述案件中，对非公职人员李某一与公职人员雷某、李某二、孙某、李某三等四人的"非法占有为目的"的故意认定上，是否是基于同一"非法占有目的"，不同身份人员的犯罪目的是否构成共同犯罪的意思联络的内容之一，"非法占有为目的"在共同犯罪中的意思联络过程和各行为人的主观目的的地位基于共同犯罪行为人中谁的主观意志为主导？显然，抗诉意见论证存在逻辑性矛盾，忽视了主客观相统一原则，从而导致以行为人身份和行为作用大小进行客观归罪定性。

我们与法院的定性观点一致，关于四被告人行为性质的认定，我们结合法院生效判决的裁判理由，来作解析。

一是从"非法占有为目的"的故意产生的时间看。本案犯意的提起者是李某一，其通过李某二的帮助从辽河一建分包到管道施工工程后，多次提出提高工程单价的无理要求，在遭拒后，遂要求李某二解决工程款，李某二多次向雷某汇报并征得雷某的同意后，决定使用拆迁补偿款支付李某一的工程款。这推定出李某一等人已经产生了"非法占有为目的"的犯罪故意，并有充分的共同犯罪意思联络。

二是从公职人员是否具有"非法占有为目的"在共同犯罪故意的地位上看。公职人员李某二等人员滥用职务权力行为可以推断出具有非法占有的目的，是为了实现和满足非公职人员李某一的非法占有目的。本案证据证实，中石油北京管道公司拨付给密云县市政市容委的拆迁补偿款必须专款专用，不得用于支付工程款。为了让李某一获取涉案钱款，李某二召集孙某、李某三、评估公司、PMC项目部等相关人员开会，商议为李某一制

---

① 其抗诉意见认为：第一，法院判决认定，被告人李某二等四人的行为系虚构拆迁事实，并以拆迁补偿款的形式诈骗公款。法院对于李某二等四人行为性质的认定与法院判决所认定的证据不符。李某二等对公款具有处分权的人员，并非因诈骗行为而产生错误认识，从而处分公款。本案中，雷某、李某二、孙某、李某三等四人身为原密云县大唐煤制天然气管道工程拆迁补偿工作人员，为帮助李某一非法占有公款，与李某一共谋，在明知山里来公司、田某园林公司并不存在真实拆迁补偿的情况下，仍然在虚假材料上签字确认及审批，最终导致公款以拆迁补偿款的形式被李某一非法占有。雷某、李某二等人作为对拆迁补偿款具有处分权利的人员，并非被李某一的诈骗行为欺骗，从而错误地处分了财产。因此，上述四人的行为不能以诈骗罪定罪处罚。李某一能够非法占有公款系李某二等人的职务行为所致，系雷某、李某二、孙某、李某三利用了自身负责原密云县大唐煤制天然气管道工程拆迁补偿工作的职务便利。如果不利用上述人员的职务便利，则虚构的拆迁补偿协议无法获得审批，也无法获得拆迁补偿款的拨付，即李某一的骗取行为必须依赖于上述人员的职权，没有职权的违法行使则无法实现非法占有公款的目的。因此，四被告人利用职务便利实施的犯罪应当认定为贪污罪。详见北京市高级人民法院（2017）高刑终 22 号刑事判决书。

作虚假拆迁补偿协议，在评估公司、PMC项目部明确拒绝的情况下，李某二提出以线外拆迁补偿的形式向李某一支付工程款。从这些公职人员的行为中，公职人员利用职务便利的主观目的并非公职人员为非法占有拆迁补偿款，而是配合李某一实现李某一非法占有拆迁补偿款的目的。

三是从非法占有为目的的侵犯财产对象的最后处置上看。本案中，李某二、孙某、李某三与李某一主观上具有共同诈骗的故意，客观上，四被告人分工负责，相互配合，通过提供虚假拆迁补偿协议的方式，从中石油北京管道公司骗取了钱款。但最终利用上述虚假材料骗取中石油北京管道公司拆迁补偿款共计1127.23万元由李某一非法占有。

综上所述，虽然李某二、孙某、李某三通过滥用职权的方式完成了诈骗行为，公款被骗取的后果与其职务有一定的关联，但本案犯意的提起者是李某一，赃款最终的占有者亦是李某一，因此，从非法占有为目的犯罪故意上解析，本案中李某一在共同犯罪中的地位和作用要大于其他人，故本案的定性应以李某一的行为为基准，对四被告人均认定诈骗罪更为准确、恰当。

（三）其他社会人员的诈骗犯罪

**案例三：王某某诈骗案**①

[案情介绍与焦点] 王某某自2009年以来，在襄阳注册成立了中金盟湖北某环保公司等六家"皮包"公司，没有开展实际经营活动，虚构拥有较强经济实力，以需要周转资金、为他人代缴土地税费等方式，诈骗他人钱款1736.7万元。公诉机关认为，应当以诈骗罪追究被告人王某某的刑事责任。法院判决认为，王某某通过实施盗窃、合同诈骗犯罪非法占有丰臣公司和朱某资金共计1479.50万元。其中，认定的盗窃事实：①2012年4月，深圳工业园退还丰臣公司200万元保证金，汇入丰臣公司中信银行账户。2012年5月10日，王某某使用丰臣公司印章开具转账支票将该款划转到中金盟湖北节能环保公司账户。该200万元被王某某占有、使用。②2012年8月，襄阳市国土资源局挂牌出让丰臣公司拟征用土地，丰臣公司竞拍取得土地使用权。吴某及江苏三环公司分别向丰臣公司建行账户汇款448万元、500万元、232万元，计1180万元，王某某分四次从丰臣公司账户合计划转1170万元到自己公司账户。后王某某向丰臣公司账户汇

---

① 湖北省高级人民法院刑事裁定书（2015）鄂刑一终字第00066号。

款合计 40.5 万元，用于丰臣公司缴纳土地契税、印花税、支付电力工程款等支出，剩余的 1129.5 万元被王某某非法占有。其中认定的合同诈骗事实：2013 年 2 月，王某某以让朱某承接丰臣公司建设工程为名，冒用丰臣公司名义与朱某签订招标意向协议，骗取 150 万元保证金，无力归还。其中未作犯罪事实认定的指控：公诉机关在起诉书中指控被告人王某某诈骗李某某 207.2 万元、张某 47.5 万元。经查，公诉机关及辩护人提供的证据能够证明，王某某向李某某、张某借款期间，确有在北京租赁办公场地、装修、发放公司员工工资等公司经营活动。王某某以自己公司和个人名义向李某某、张某借款，出具有借据。公诉机关提供的证据还表明，王某某向张某借款，有偿还记录。

本案属于典型的在征地拆迁中，其他人员利用征地拆迁中的可乘之机，实施犯罪的案例。但本案的争议焦点是如何认定王某某"非法占有目的"，诈骗罪、合同诈骗罪、盗窃罪中"非法占有目的"的主观分界，以及部分指控行为是否构成犯罪。

1. 征地拆迁中其他人员实施诈骗犯罪类型案件特点

该类主体实施的诈骗犯罪类型是典型的普通诈骗犯罪，其往往利用征地拆迁中的可乘之机，为实现非法占有他人公私财物的犯罪目的，骗取信任，隐瞒真相，侵占被害人财产。该类型案件有以下特点：一是在犯罪主体上，其是一般主体。基于本调研报告的类型分类，实施诈骗的行为人是征地拆迁中执行公务的人员、征地拆迁受益人以外的其他人员，这些人员本身与征地拆迁实施并无任何关系。二是在犯罪动机上，往往是利用被害人多获得补偿或是帮助被害人解决征地拆迁中的问题，骗取信任，隐瞒真相，巧立名目，捏造事实，从而利用征地拆迁中的可乘之机，企图非法侵占被害人的财产，其犯罪动机往往针对损害被征地拆迁利益人或征地拆迁陷入困境中的其他人或企业在征地拆迁中可能获得的直接财产利益或其他公私财产。三是在犯罪行为上，手段和方式较多，但往往是在骗取被害人信任后，从基于错误认识的被害人处取得财产，使得被害人遭受财产损失，符合一般诈骗犯罪的典型基本构造。[①] 四是被害人往往在该类案件中也是被骗人，存在投机、贪利、无知、疏忽等一般或是重大的过失，使得

---

① 诈骗类犯罪的基本构造：行为人以非法占有为目的的实施欺骗行为—对方因此而产生或者继续维持认识错误—对方基于错误认识而处分（或交付）财产—行为人获得或者使第三者获得财产—被害人遭受财产损失。参考张明楷：《刑法学（第四版）》，法律出版社 2011 年版，第 889 页。

诈骗行为人从而有机可乘。五是"非法占有目的"的犯罪行为在定性上容易在诈骗、盗窃、侵占罪、合同诈骗罪等此罪与彼罪方面产生定性上的分歧。

2. 其他人员"非法占有目的"在诈骗犯罪认定

一是诈骗行为人"非法占有目的"的有责性判断。犯罪论体系理论发展中，目的犯的目的一直是作为确认责任的要素，成为大陆法系的通说。[①]调研报告的前文中，我们也提及"非法"要素具有"有责性"。在此不再赘述，现就该类型案件中，如何对诈骗行为人的"非法占有目的"进行有责性判断，我们认为有以下几个方面：第一个方面是锁定行为定性的争议焦点，也就是说在认定行为人是否具有非法占有目的时，需要就案件中判断行为人的对财物的利用意思，如果行为人已经具有明显的利用乃至已经利用了财物，则需要判断行为人是否具有排除的意思。第二个方面从被骗人或被害人角度，判断被骗人或被害人过错程度与行为人行为对法益侵害的程度。如果行为人的行为非常拙劣、荒诞、容易识破，被骗人或被害人稍加注意就可以识破真相，因被骗人或被害人未尽谨慎义务仍然被骗，该行为的法益侵害性较低，则被害人则可能丧失了刑法上的需保护性。概括地讲，被骗人或被害人的过错程度越严重，行为人单纯的行为使他人陷入错误认识的可能性就越小，则行为人的行为的法益侵害性、危险性就越低；反之，被骗人或被害人的过错程度因行为人的骗技精妙，陷入错误认识的可能性就越大，法益侵害性、危险性就越高。第三个方面从行为人的行为看，行为人的行为是否巧妙繁复，是否容易使得被骗人陷入非真实意思下从而"自愿"交付财物。值得注意的是被骗人与被害人不是同一个人，则被骗人的"自愿"交付相对于被害人而言则是不知情的情况下，是否构成盗窃还是诈骗，争议比较大。诈骗罪要求被骗人具有处分被害人财产的权限或者处于可以处分被害人财产的地位。如果被骗人不具备处分被害人财产的权限而处分财产的，行为人属于盗窃罪的间接正犯，被骗人的"自愿"交付相对于被害人而言则是行为人秘密取得而其非公开取得。

二是诈骗行为人"非法占有目的"的具体司法推定的原则和要点。"非法占有目的"作为主观要素，在认定的时候通常采用司法推定的方式

---

① 邓宇琼：《非法占有目的：犯罪成立体系的比较》，《昆明理工大学学报（社会科学版）》，2008年第9期，第59～67页。

进行。在征地拆迁中，可以从以下几个方面推定诈骗行为人具有"非法占有目的"。

首先是在司法推定中需要遵守的原则。一是遵守既定的法定标准原则，有司法解释的，依照司法解释，没有司法解释的，可以部分参照司法解释办理。如我国就集资诈骗罪"非法占有目的"认定方法有专门的司法解释。二是坚持主客观相统一原则。司法推定的基础是通过已经存在的客观事实来推定隐藏在行为人内心的主观事实。要防止客观归罪现象，既要避免单纯地根据"结果"客观规罪，"结果"与"目的"之间并无一一对应关系，也不能够只凭被告人供述，允许被告人就"非法占有目的"的推定进行反驳，排除合理怀疑，因此，必须从主观方面和客观条件变化坚持综合考虑全面分析。三是适用推定的前提事实客观性原则。推定的前提事实必须要有充分的证据予以证明，以确保前提事实本身的真实性和可靠性，否则，因前提性事实不清楚，势必造成推定结论失真。

其次是在司法推定中的要点。我们认为，可以从五个层面推定行为人具有非法占有目的。第一个层面是行为人行为能力。诈骗行为人在诈骗行为中往往虚构自身具有完成某事项的行为能力和资源优势，采取一系列的虚假承诺、隐瞒真相、编造事实等手段，骗取对方信任。如果有证据证明行为人客观上确实具有完成某事项的行为能力和资源优势，且积极作为，则因其他条件发生变化，虽然经过努力仍然不能够体现出其声称完成该事项的行为能力和发挥其资源优势，则不能够推定其具有诈骗的非法占有的目的。第二个层面是行为人与被骗人或被害人之间是否具有双方真实意愿的合同约定。实践中，是否利用合同进行诈骗他人财物是区分合同诈骗罪与诈骗罪、侵占罪的关键所在。签订合同时，行为人主观上并无非法占有他人财物的故意，说明行为人根本就不是利用合同进行诈骗他人财物，则该行为不可能构成合同诈骗罪；若行为人签订合同后，基于主客观原因的变化产生了非法占有目的，进而虚构事实，隐瞒真相，骗取他人财物，则行为完全符合一般诈骗罪的构成要件，应直接认定为诈骗罪。若行为人签订合同及财物交付后，由于主客观因素的影响，产生非法占有目的，因合同是合法有效的，其取得财物是合法取得，其在取得财物之后产生非法占有目的，并拒不退还他人财物，应认定为侵占罪。第三个层面是行为人的具体行为方式。这是推定行为人具有非法占有目的的主要方式。从非法占有行为方式上看是公开的还是秘密的方式，是区分诈骗行为与盗窃行为的关键。从占有行为方式的具体内容形式上看，是贷款诈骗还是票据诈骗、信用证诈骗、信用诈骗、保险诈骗、合同诈骗，是区分一般诈骗罪与特殊诈骗罪的关键。第四个层面是行为人对取得财物的处置情况。无论是何种形式的诈骗犯罪，非法占有的占有对象均直接指向的是他人财物，并企图变为"己有"。因此，行为人取得财物之后的处置情况就如"一面镜子"最能够反映出其主观意图。事后将财物隐匿转移、个人挥霍、偿还债务、用于违法犯罪、急于变现、随意处置，推定行为人具有非法占有目的，一般不存在特别的疑问。第五个层面是行为人的事后态度表现。一般来说，如果行为人在骗得他人财物后，改变自己联系方式，自身隐匿、逃避，编造各种理由搪塞、推诿、拖延等，在没有相反的证据证明的情况下，应当推定其主观方面具有非法占有的目的。

3. 案例评析

本案公诉机关认定行为人构成诈骗罪，法院认为行为人以非法占有为目的，秘密窃取他人账户资金归自己使用，数额特别巨大的行为构成盗窃罪；以非法占有为目的，冒用他人名义签订合同，在订立合同过程中虚构事实，骗取他人钱财，数额特别巨大，其行为还构成合同诈骗罪。我们赞同法院判决对行为的犯罪认定。

第一，行为人具有非法占有的目的，骗取印章非法占有丰臣公司资金行为系秘密窃取财物的行为。王某某供述其得到丰臣公司的全权委托和江苏三环公司的授权委托，有权使用丰臣公司账户上的资金，不构成盗窃罪。但从案件的相关证据证明，王某某不是丰臣公司的股东，被害人方没有以公司名义为王某某出具过授权委托书，被害人方的公司印章是授权王某某办理丰臣公司减少注册资本工商登记事项，有证人证言证实王某某以此为由拿走了丰臣公司印章并没有交回公司，擅自控制丰臣公司的印章。这些查明的事实和相关证据足以证明行为人无权处置被害人方公司账户上资金。从以下方面，可以进一步推定行为人具有非法占有目的。从行为人的行为能力上看，因无委托授权，其无处置被害人公司账户上资金的行为能力；从行为人与被害人的双方关系看，不具有双方就资金处置的委托事项约定或授权；从行为人的具体方式上看，行为人擅自控制被害人方公司印章，隐瞒真实情况，利用控制公司印章的条件和利用被害人方公司管理漏洞，违背被害人方的意志将被害人方公司账户资金转移到自己公司账户并使用，其转移丰臣公司账户资金的行为不为丰臣公司所知晓，属秘密窃取；从取得财物处置情况看，向丰臣公司账户汇款合计 40.5 万元，用于丰臣公司缴纳土地契税、印花税、支付电力工程款等支出，剩余的 1129.5 万元被王某某非法占有，用于王某某自己公司宣传、租赁办公场地、发放员工工资等支出等。显然，本案中，因被害人的公司账户的财产非被害人被骗取得信任后交付，而是行为人利用控制被害人方公章的便利秘密窃取账户资金，其行为应定为盗窃罪而非诈骗罪。

第二，行为人冒用他人名义与被害人签订合同，骗取被害人财产的行为应定性为合同诈骗罪。行为人有诈骗被害人朱某的实行行为。行为人声称丰臣公司的建设工程准备开工，捏造事实，并以擅自控制丰臣公司印章，隐瞒真相，未经权利方授权，虚构委托书，以丰臣公司名义与朱某签订的《意向协议》、以丰臣公司出具的收取朱某 150 万元保证金收据，这足以推定行为人在签订合同之前就具有非法占有目的。客观上，行为人通过冒用丰臣公司名义与他人签订合同，虚构丰臣公司建设工程准备开工，其有权代理丰臣公司发包建筑工程的事实，实际已经骗取的被害人朱某 150 万元保证金，其行为不仅侵犯了他人财产所有权，同时还侵害了国家对合同的管理制度。因此，本案中，行为人在签订合同前就具有非法占有的目的，而非在签订合同后产生非法占有目的，对该行为明显具有以合同形式骗取他人财物的行为，该行为定性为合同诈骗更为妥当。

第三，行为人以自己公司和个人名义向他人借款，不具有非法占有的目的。就公诉机关指控被告人王某某诈骗李某某 207.2 万元、张某 47.5 万元。由于有证据能够证明，王某某向李某某、张某借款期间，确有在北京租赁办公场地、装修、发放公司员工工资等公司经营活动。这可以推断出行为人具有经营的行为能力，客观上确实在积极的作为，并具有完成借款用于经营活动的行为能力。且王某某以自己公司和个人名义向李某某、张某借款，不存在隐瞒事实，其出具有借据，并有证据还表明，王某某向张某借款，有偿还记录。这些行为足以合理排除其对李某某、张某借款具有非法占有的目的的推定。

**结　语**

鉴于目前征地拆迁诈骗犯罪情况特点与审判事务难点，建议最高人民法院出台专门的司法解释，即《关于审理征地拆迁中诈骗犯罪案件适用法律若干问题的解释》，并就征地拆迁诈骗犯罪的非法占有主观故意认定作出具体指导性规定。在非法占有主观故意认定方面，重点就征地拆迁人中被征收人的诈骗犯罪认定、征地拆迁中公职人员与非公职人员内外勾结共同诈骗犯罪认定、以上两类人员之外的其他人员利用征地拆迁过程中的漏洞实施诈骗犯罪或关联犯罪认定作出具体的指导性规定。同时，司法解释还应分别就征地拆迁中被拆迁人不宜追究刑事责任的欺诈情形，征地拆迁中诈骗犯罪与关联犯罪认定与惩处，以及"非法占有目的"推定的证据收集和审查判断等，结合审判经验的总结，作出相关规定。

## 醉驾案件定罪量刑的情节运用机制研究

——以内江市 387 件案例为基础

内江市中级人民法院、内江师范学院联合课题组[①]

危险驾驶罪是 2011 年《刑法修正案（八）》新增加的一个罪名，作为《中华人民共和国刑法》第一百三十三条之一规定的罪名，《刑法修正案（九）》对该罪又做了补充修改。根据《中华人民共和国刑法》第一百三十三条之一的规定，对于醉酒驾车危及公共安全的，不问情节如何，一律追究刑事责任，体现了对醉酒驾驶者从严归责的立法精神。

而随着国民经济的发展，人民生活水平的提高，机动车保有量也大幅提升，有些驾驶人员交通安全意识不强，酒后甚至醉酒驾车现象高发。据 2017 年统计数据，1—6 月全省共查获酒后驾驶违法行为 47838 起，其中醉酒驾驶 3992 起，饮酒驾驶 43846 起。与 2016 年同期相比，总量上升 9.96%，醉酒驾驶上升 71.40%，饮酒驾驶上升 4.32%。从查获酒驾总量看，南充、宜宾、自贡、成都、乐山、遂宁、达州和泸州人均查处量高于全省平均值。在查获醉驾数量中，成都、宜宾、遂宁、德阳、泸州、眉山、巴中、内江、攀枝花和广元等地查获量较大。[②]

文章以内江市人民法院办理的 387 件醉酒驾驶案件为样本，对醉酒驾驶的基本情况、发案特征、处罚情况等进行梳理和分析，以期提出有针对性的办案建议和立法对策。

---

[①]　课题组主持人：王邦习，内江市中级人民法院党组书记、院长；雷厉，内江师范学院政治与公共管理学院副院长、副教授。课题组成员：钟扬，内江市中级人民法院党组成员、副院长；曹志程，内江市中级人民法院政策法律研究室法官助理；曾雅兰，内江市中级人民法院政策法律研究室书记员。

[②]　四川 2017 上半年查获醉酒驾驶 3992 起　同比增七成 _ 大成网 _ 腾讯网，http://cd.qq.com/a/20170801/006867.htm，2017 年 8 月 6 日访问。

### 一、醉酒驾驶

所谓醉酒驾驶是指在醉酒状态下驾驶机动车在道路上行驶。根据国家质量监督检验检疫总局发布的《车辆驾驶人员血液、呼气酒精含量阈值与检验》（GB 19522—2004）中规定，驾驶人员每 100 毫升血液酒精含量大于或等于 20 毫克，并每 100 毫升血液酒精含量小于 80 毫克为饮酒后驾车；每 100 毫升血液酒精含量大于或等于 80 毫克为醉酒驾车。

### 二、醉酒驾驶案件的基本情况

2017 年 6 月 9 日登入中国裁判文书网，在检索栏中输入"危险驾驶"，在筛选中限定区域为"内江市"，获得搜索结果共有 407 件裁判文书。其中，中级人民法院有 10 件，基层法院有 397 件。在统计数据的过程中，发现有 20 件裁判文书不具备参考价值，认为可以予以排除，[①] 就余下的 387 件案例作为分析样本。[②]

（一）适用程序

在 387 件案例中，按适用程序来看，适用简易程序的 247 件，占比 63.82%；适用普通程序的 24 件，占比 6.20%；信息缺失的 16 件，占比 4.13%。说明在 N 市的危险驾驶类案件多是犯罪事实清楚、证据充分的案件。

按所属法院来看，市中区法院 119 件，占比 31.07%；资中县法院 92 件，占比 24.02%；隆昌县法院 81 件，占比 21.25%；东兴区法院 54 件，占比 14.10%；威远县法院 37 件，占比 9.66%。危险驾驶行为多集中于市中区、资中县、隆昌县，东兴区和威远县较少，如图 1 所示。

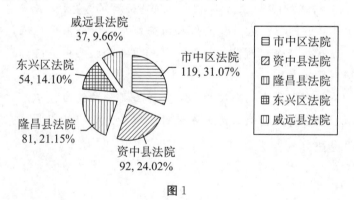

图 1

---

① 20 件予以排除的裁判文书情况：9 件为执行裁定书；3 件为被告有危险驾驶前科，文书与危险驾驶无关；2 份判决发回重审的判决；2 份撤回上诉的裁定书；2 份与其他文书重复；1 份文书被撤销；1 份因被告在审理中死亡终止审理的裁定。

② 因个别的裁判文书数据缺失，数据仅供参考。

（二）被告人身份信息情况

被告人性别比例差异巨大，以男性犯罪为主，有极少数被告人为女性（如图2所示）。被告人绝大多数为汉族，有一名为少数民族，还有16件案例民族信息空缺（如图3所示）。以实施犯罪行为的时间计算年龄，犯罪年龄集中于25岁（包含25岁）至40岁、41岁至60岁这两个年龄段（如图4所示）。被告人的文化程度大多集中于小学和初中这两个阶段（如图5所示）。被告人从事的职业以农民为主，居民其次（如图6所示）。有17名被告人有犯罪前科，1人有吸毒史。

综上所述，多数被告人年龄在25岁至60岁之间，汉族，文化为小学或初中的务农的男性。

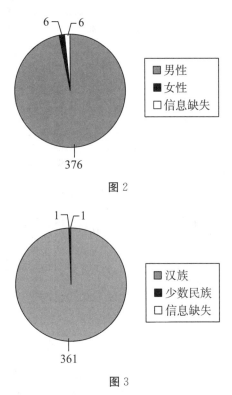

图2

图3

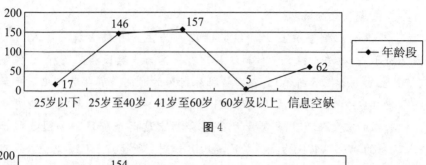

图 4

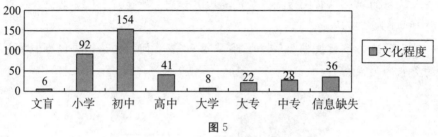

图 5

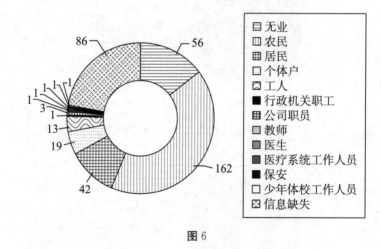

图 6

## 三、犯罪的情况

（一）挡获情况

在 387 件案例中，有 233 件是被告人醉酒驾驶机动车发生了交通事故，145 件是被告人饮酒后驾驶机动车被开展酒驾检测工作的民警挡获，可见醉酒驾车的危险性和交警部门持续开展酒驾检测工作的必要性（如图 7 所示）。

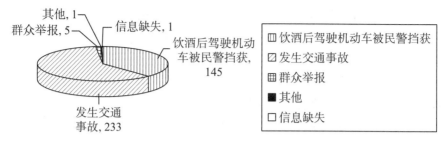

图 7

（二）被告人血液中乙醇含量

根据 2013 年 12 月 18 日由最高人民法院、最高人民检察院、公安部联合印发的《关于办理醉酒驾驶机动车刑事案件适用法律若干问题的意见》第一条"在道路上驾驶机动车，血液酒精含量达到 80 毫克/100 毫升以上的，属于醉酒驾驶机动车，依照刑法第一百三十三条之一第一款的规定，以危险驾驶罪定罪处罚"之规定，以及第二条第二款"血液酒精含量达到 200 毫克/100 毫升以上的，从重处罚"之规定，可知，被告人血液中乙醇含量达 80 毫克/100 毫升以上的，以危险驾驶罪定罪处罚，达 200 毫克/100 毫升以上的，属于从重处罚的情节。

在笔者收集到的 387 件有效案例中，387 件的被告人的犯罪性质都为醉酒驾驶，占总数据的 100%。其中，血液中乙醇含量达 80 毫克/100 毫升以上的被告人 301 人，占总人数的 77.78%；血液中乙醇含量达 200 毫克/100 毫升以上的被告人 86 人，占总人数的 22.22%（如图 8 所示）。

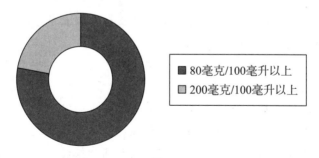

图 8

（三）驾驶车辆类别

被告人犯罪时驾驶的机动车车型也不尽相同，387 件案例中，有 127 名被告人驾驶小轿车，占总数的 32.82%；208 人驾驶二轮摩托车，占总数的 53.75%；7 人驾驶三轮摩托车，占总数的 1.81%；27 人驾驶客车，占总数的

6.98％；3 人驾驶货车，占总数的 0.78％；9 人驾驶越野车，占总数的 2.33％；4 人驾驶面包车，占总数的 1.03％；1 人驾驶大型铲车，占总数的 0.26％。①

在具体的犯罪事实中，还存在车辆无车牌号、套牌和被告人本人并未取得驾驶资格的情况。没有驾照的二轮摩托车 31 件、小轿车 5 件、越野车 1 件，没有车牌号的二轮摩托车 25 件、小轿车 5 件、三轮摩托车 1 件、货车 1 件，套牌的二轮摩托车 2 件（如图 9 所示）。

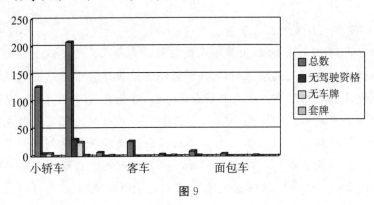

图9

（四）量刑情节及裁判结果

1. 量刑情节

（1）从重处罚。

参照《关于办理醉酒驾驶机动车刑事案件适用法律若干问题的意见》第二条的规定，醉酒驾驶机动车，具有下列情形之一的，依照刑法第一百三十三条之一第一款的规定从重处罚：（一）造成交通事故且负事故全部或者主要责任，或者造成交通事故后逃逸，尚未构成其他犯罪的；（二）血液酒精含量达到 200 毫克/100 毫升以上的；（三）在高速公路、城市快速路上驾驶的；（四）驾驶载有乘客的营运机动车的；（五）有严重超员、超载或者超速驾驶，无驾驶资格驾驶机动车，使用伪造或者变造的机动车牌证等严重违反道路交通安全法的行为的；（六）逃避公安机关依法检查，或者拒绝、阻碍公安机关依法检查尚未构成其他犯罪的；（七）曾因酒后驾驶机动车受过行政处罚或者刑事追究的；（八）其他可以从重处罚的情形。

本文所涉 387 件案例中的从重处罚情节主要包括：造成交通事故且负事故全部或者主要责任 140 人，血液酒精含量达到 200 毫克/100 毫升以上的 86

---

① 387 件案例中有 1 份文书中未载明被告人犯罪时驾驶机动车车型，故未做统计。

人，在高速公路、城市快速路上驾驶的 4 人，无驾驶资格驾驶机动车的 37 人（如图 10 所示）。

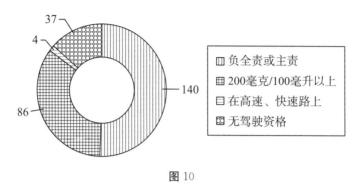

图 10

（2）从轻或减轻处罚。

参照《中华人民共和国刑法》第六十七条的规定，犯罪以后自动投案，如实供述自己的罪行的，是自首。对于自首的犯罪分子，可以从轻或者减轻处罚。其中，犯罪较轻的，可以免除处罚。

被采取强制措施的犯罪嫌疑人、被告人和正在服刑的罪犯，如实供述司法机关还未掌握的本人其他罪行的，以自首论。

犯罪嫌疑人虽不具有前两款规定的自首情节，但是如实供述自己罪行的，可以从轻处罚；因其如实供述自己罪行，避免特别严重后果发生的，可以减轻处罚。

参照《中华人民共和国刑法》第六十八条的规定，犯罪分子有揭发他人犯罪行为，查证属实的，或者提供重要线索，从而得以侦破其他案件等立功表现的，可以从轻或者减轻处罚；有重大立功表现的，可以减轻或者免除处罚。

在 387 个被告人中，有坦白情节的 314 人，有自首情节的 70 人，1 人立功（如图 11 所示）。在被民警查到醉酒驾驶或者造成交通事故之后，大部分的被告人都能配合公安机关的调查，如实供述自己的犯罪事实，认罪态度好。

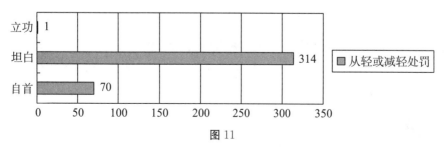

图 11

（3）酌情从轻处罚。

有84人积极赔偿被害人的损失并取得被害人的谅解，有66人初犯，属于可以酌情从轻处罚的情节（如图12所示）。

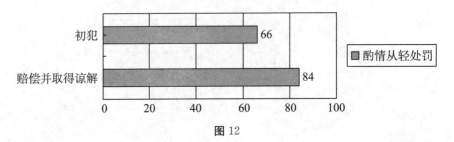

图12

2. 裁判结果

根据《中华人民共和国刑法》第一百三十三条之一关于危险驾驶罪的规定，醉酒在道路上驾驶机动车的，处拘役，并处罚金。

根据《中华人民共和国刑法》第四十二条拘役的期限，为一个月以上六个月以下。

本文统计的387件案例中，直接判处拘役的有160件。其中判处拘役一个月的73件，占比45.63%；判处拘役一个月十五天的11件，占比6.86%；判处拘役一个月二十天的1件，占比0.63%；判处拘役二个月的43件，占比26.88%；判处拘役三个月的23件，占比14.38%；判处拘役四个月的9件，占比5.63%（如图13所示）。没有判处拘役五个月或六个月的案例。

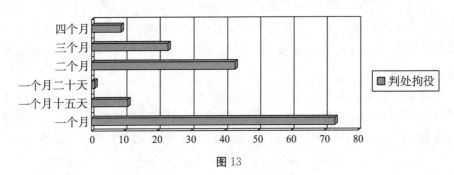

图13

在判处实体刑罚的160件中，判处罚金3000元以下的有94件，占比58.75%；判处罚金3000元（包含3000元在内）至5000元的有30件，占比18.75%；判处罚金5000元（包含5000元在内）至10000元的有33件，占比20.63%；判处罚金10000元（包含10000元在内）至30000元的有3件，占比1.88%（如图14所示）。

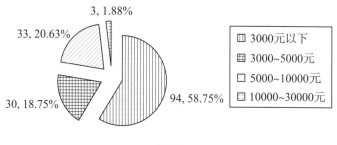

图 14

根据《中华人民共和国刑法》第七十二条关于缓刑的适用条件为对于被判处拘役、三年以下有期徒刑的犯罪分子，同时符合下列条件的，可以宣告缓刑，对其中不满十八周岁的人、怀孕的妇女和已满七十五周岁的人，应当宣告缓刑：犯罪情节较轻；有悔罪表现；没有再犯罪的危险；宣告缓刑对所居住社区没有重大不良影响。

本文所涉 387 件案例中就有 221 件适用了缓刑，占比 57.11%（如图 15所示）。

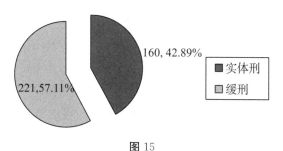

图 15

在判处缓刑的 221 件中，判处罚金 3000 元以下的有 55 件，占比24.89%；判处罚金 3000 元（包含 3000 元在内）至 5000 元的有 55 件，占比24.89%；判处罚金 5000 元（包含 5000 元在内）至 10000 元的有 49 件，占比22.17%；判处罚金 10000 元（包含 10000 元在内）至 30000 元的有 54 件，占比 24.43%；判处罚金 30000 元（包含 30000 元在内）至 50000 元的有 8 件，占比 3.62%。

通过横向比较判处实体刑和适用缓刑两种情况并处罚金金额，可以看出，适用缓刑的罚金明显高于判处实体刑（如图 16 所示）。在适用缓刑的案例中，罚金金额 10000 元至 50000 元这个区间内的 62 件案件，有 15 件被告人有 2 个以上从重处罚情节，存在以罚金代替刑罚的可能。

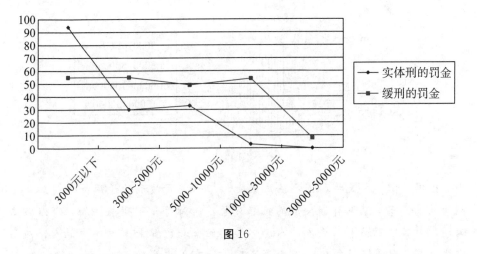

图 16

## 四、醉酒驾驶案件刑罚适用的主要争议

（一）酒精含量是否与拘役刑期长短挂钩

在立法与审判实践中都对酒精含量危害性有充分的认识，但酒精含量增加是否应与刑期的增加同步并没有统一规定，各地司法实践中在适用标准上也不统一。

江苏省高级人民法院、江苏省人民检察院、江苏省公安厅办理醉酒驾驶案件会议纪要（苏高法〔2013〕328 号，以下简称《苏会议纪要》）在第十六条做了较为明确的规定人民法院在对危险驾驶罪量刑时，被告人血液酒精含量达到 80 毫克/100 毫升的，量刑起点为拘役一个月，在量刑起点的基础上，被告人每增加血液酒精含量 50 毫克/100 毫升，可增加一个月刑期确定基准刑。

而 2017 年上海与浙江发布的关于办理醉酒驾驶案件的会议纪要里对此则没有明确规定。

（二）拘役刑期的长短是否影响到罚金刑的轻重

对醉酒驾驶并处罚金刑是刑法的明确规定，但最高人民法院、最高人民检察院、公安部《关于办理醉酒驾驶机动车刑事案件适用法律若干问题的意见》（以下简称《意见》）并没对罚金刑的具体适用做明确界定，各地均根据自身实际分别做了规定。

浙江省高级人民法院、浙江省人民检察院、浙江省公安厅办理醉酒驾驶案会议纪要（浙高法〔2017〕12 号，以下简称《浙会议纪要》）中规定并处罚金的，按处拘役一个月，并处罚金 2000 元计算，以此累加。

《苏会议纪要》在第二十条规定判处罚金一般应当与拘役刑期相对应，一个月刑期对应 1000 元罚金，同时要充分考虑被告人的家庭、经济等状况，综合评判后确定罚金刑的数额。

（三）车辆类型能否作为量刑的考量因素

《意见》中并没对犯罪人所驾驶的车辆类型是否影响到刑罚做明确的规定，从内江市人民法院的判决结果看，法官对车辆因素也没有作更多考量。但各地关于办理醉驾案件的会议纪要里均对"机动车"的认定做了专门的说明，反映出司法审判中有必要考虑不同车辆类型的危害程度。

《上海危险驾驶（醉驾）审判观点汇编（全）》①（以下简称《沪观点汇编》）中指出尚不宜将超标车认定为"机动车"，在道路上醉酒驾驶超标车，或者驾驶超标车追逐竞驶情节恶劣的，不构成危险驾驶罪。

《浙会议纪要》里规定刑法第一百三十三条之一中的"机动车"，按道路交通安全法第一百一十九条第（三）项和国家质量监督检验检疫局发布的《机动车运行安全技术条件》等有关规定执行，包括各类汽车、摩托车和轻便摩托车。并同时指出惩治"醉驾"犯罪，要坚持宽严相济刑事政策。应当重点打击醉酒在公路、城市道路、高速公路上驾驶各类汽车的行为，特别是对醉酒驾驶营运车、公交车、危险品运输车、校车、单位员工接送车、中（重）型货车、工程运输车的，应当判处较重的刑罚。在突出惩治重点的同时，要实事求是地处理好醉酒驾驶超标两轮电动车、摩托车问题，区别处理好其他情节较轻的"醉驾"案件，以取得更好的社会效果。构成犯罪的，应予入罪；对符合刑罚第十三条规定可以不作为犯罪处理的，不认为是犯罪。《浙会议纪要》还分别针对汽车、两轮三轮摩托车、超标两轮电动车缓刑适用条件、可以不起诉和免予刑事处罚的情节做了详细规定。

《苏会议纪要》里第四条也明确了机动车是以动力装置驱动或者牵引，上道路行驶的供人员乘用或者用于运送物品以及进行工程专项作业的轮式车辆。同时第十三条规定惩治醉驾犯罪，应当坚持宽严相济刑事政策，对于醉酒驾驶汽车的，一般应当定罪处罚。对于醉酒程度较低、犯罪情节轻微、认罪悔罪态度较好、被害人谅解等情形的，可以从宽处罚。第十四条规定在农村人员稀少、偏僻道路上醉酒驾驶摩托车，行为人血液酒精含量未超过醉酒标准 20%，且未发生事故，或者虽然发生交通事故但仅造成自伤后果或者财产损失在 2000 元以内的，可以认定为犯罪情节显著轻微，不作为犯罪处理。第十九条规定醉酒驾驶摩托车案件的量刑幅度可以依据上述标准，根据具体情形

---

① 《上海审判研究》2016 年第 22 期。

适当下调，以充分体现社会危害性大小以及罪责刑相适应原则。从以上规定可以明确看出将摩托车与汽车的社会危害性做了明确的区别。

（四）缓刑适用的情形

《意见》中只对可从重处罚的情形做了详细列举，并没有就缓刑的适用做详细说明，而司法审判实践中缓刑在醉驾案件中适用率较高，各地办理醉驾案件的会议纪要里对缓刑的适用做了详细界定，标准并不完全一致。

《沪观点汇编》指出，对于具有《意见》第二条第一项情节的，区分情形适用缓刑。对于造成交通事故后逃逸的，原则上不适用缓刑；造成交通事故致人轻微伤以上的，从严适用缓刑；其他情形可酌情适用缓刑。对于具有《意见》第二条第（二）至（五）项的单项情节的，可酌情适用缓刑；具有两项以上情节的，从严适用缓刑。对于具有《意见》第二条第（六）项情节的，从严适用缓刑；且具有该条第（一）至（五）项情节之一的，原则上不适用缓刑。对于具有《意见》第（七）项情节的，原则上不适用缓刑。

《浙会议纪要》里规定醉酒驾驶汽车，酒精含量超过 180 毫克/100 毫升的，或者虽然酒精含量在 180 毫克/100 毫升以下，但具有以下从重情节之一的，不适用缓刑：①造成他人轻伤及以上后果的。②在高速公路上醉酒驾驶的。③醉酒驾驶营运车、公交车、危险品运输车、校车、单位员工接送车、中（重）型货车、工程运输车等机动车的。④无驾驶汽车资格的（系指未取得及被吊销、暂扣、扣留驾驶证的情况。短期超出驾驶证年检期限及驾驶证被扣完分数的，不属于无证驾驶汽车资格）。⑤明知是不符合安检标准或者已报废的汽车而驾驶的。⑥在被查处时有逃跑、抗拒检查、让人顶替等行为，情节严重的。⑦在诉讼期间拒不到案或者逃跑的。⑧曾因酒后驾驶三年内、醉酒驾驶五年内被追究的。缓刑只对酒精含量在 180 毫克/100 毫升以下，无上述从重情节，且认罪认罚的被告人适用。醉酒驾驶机动车犯罪，同时构成其他犯罪的，依法以处罚较重的规定定罪处罚，并不得适用缓刑。"醉驾"犯罪分子有立功表现的，并不因此改变适用缓刑的标准。有重大立功表现的，可以免除处罚。

《苏会议纪要》规定，对于醉酒驾驶机动车情节较轻，符合《中华人民共和国刑法》第七十二条规定的被告人，可以宣告缓刑，但被告人曾因酒后驾驶机动车受过行政处罚或者刑事追究的除外。醉酒驾驶机动车，具有《意见》规定的从重处罚情节的，一般不得适用缓刑，对于摩托车醉驾案件，可以根据案件具体情况适当放宽缓刑的适用条件。

### 五、完善醉驾案件定罪量刑的具体建议

从四川省2017年上半年查获醉酒驾驶3992起，同比增七成的新闻中可以看出，醉驾虽然已经入刑，但随着时间的推移，公众的戒心逐渐松懈，醉酒驾驶行为仍然居高不下。因此进一步细化危险驾驶罪中醉驾定罪量刑的情节，确保危险驾驶罪的实施效果迫在眉睫。

（一）进一步细化"拘役并处罚金"的刑罚设置，尤其是使罚金刑的适用透明化

我国危险驾驶罪的刑罚中罚金刑是必须适用，法官在司法判决中没有选择。而《中华人民共和国刑法》对罚金刑的设定长期以来均采用多元化的标准，如第一百四十条生产、销售伪劣产品罪规定的"并处或者单处销售金额百分之五十以上二倍以下罚金"，第一百五十八条虚报注册资本罪规定的"并处或者单处虚报注册资本金额百分之一以上百分之五以下罚金"，第一百六十一条违规披露、不披露重要信息罪规定的"并处或者单处二万元以上二十万元以下罚金"等，这些规定一方面容易导致罚金刑的适用难以预测，也容易导致各地同罪不同判的现象发生。另一方面，立法者采取"拘役并处罚金"的设置，无非是想加大对危险驾驶人的处罚力度，起到最大限度的威慑作用，但罚金刑在司法实践中很容易因为犯罪人经济条件等原因不同或难以执行，引发一定程度上的不公平。同时这种立法模式也弱化了罚金刑仅限于弥补自由刑不足并使刑罚轻缓化的功能。

因此，为了弥补立法上的不足，可以根据一定的要素对罚金刑进行分类分级，如目前江苏、浙江将罚金数额与拘役刑期直接挂钩的做法。也可以依据犯罪人血液中的酒精含量的增加而加重，因为醉酒人血液中的酒精含量越高其行为的危险性越大，而目前江苏省的做法中已将酒精含量与主刑挂钩，罚金刑又与拘役刑期挂钩，此种做法使得罚金刑较为透明，值得推广。

（二）将车辆因素和实际损害结果作为加重自由刑的主要事实依据

我国刑法规定的醉驾入罪是抽象危险犯，即只要有醉驾的行为一律入罪。从目前所收集的案例来看，车辆因素对自由刑的影响不明显，犯罪人实际造成的损害结果（人身伤害、财产损失）对自由刑的加重影响更大。

前面我们提到了酒精含量对刑罚幅度的影响，同样道理，酒后驾驶大客车、货车等的危险程度远远大于摩托车、轿车等小型车辆，因此司法判决中有必要将所驾车辆类型作为量刑因素予以考量，尤其是醉酒驾驶营运车、公交车、危险品运输车、校车、单位员工接送车、中（重）型货车、工程运输车等行为应重点考量，因此江苏、浙江的相关规定较为合理。

（三）在醉驾案件缓刑适用较为普遍的前提下，科学设置不能适用缓刑的情形和刑事赔偿制度

现阶段在危险驾驶案件中大量适用缓刑，一方面避免了犯罪人因醉驾等原因被开除公职或失学，减少了社会矛盾和冲突；但另一方面也降低了刑法的威慑力，有违立法的初衷，无法平息被害人的伤痛。

从浙江、江苏、上海三地的规定来看，均结合《意见》中的从严处罚情形并结合前科、累犯制度做出了不适用缓刑的相应规定，值得借鉴。

同时，除了以罚金刑对醉驾犯罪人予以经济上的处罚，还应当确立刑事赔偿制度，责令犯罪人最大限度地弥补被害人的损失，取得被害人的谅解，促进社会的和谐。

（四）从立法层面上看，可以借鉴其他国家和地区的成熟经验，对危险驾驶罪做进一步完善

目前我国危险驾驶罪的主刑只有拘役，刑期最低1个月，最高6个月，不能很好地对应犯罪所造成的实际危害，同时不能适用刑法总则中累犯的规定。

我国台湾地区的不能安全驾驶罪的主刑是有期徒刑，刑期最短为2个月，最高为2年，同时若5年以内再犯有期徒刑以上刑罚者，成立累犯。[①]

日本现行《刑法》第208条之2规定了危险驾驶致死伤罪，将其作为伤害罪的特殊类型，对重大、恶性的交通事故进行处理，其最低刑为1年有期徒刑，最高可到20年有期徒刑。[②]

我国刑法在以后的修订中可以考虑在危险驾驶罪的刑罚中适当增加自由刑的刑种，采取结果加重犯的立法形式对其做出分层分类的处罚规定。

## 结　语

从近年来醉驾引发的危险驾驶案件来看，犯罪多样复杂化与法律条文简单模糊之间的矛盾较为突出，不能很好地把握定罪量刑的度。因此，在立法方面，相关部门应尽快以法律解释或实施细则等方式，明晰各类情况的具体适用，统一相关标准；而司法机关在面对醉酒驾驶案件时，做到具体案件具体分析，既要惩罚犯罪又要维护法律的威慑力和公平正义，切实阻断安全交通犯罪的危险，维护社会的和谐稳定。

---

① 贾长森：《醉驾刑罚完善之构想——以海峡两岸比较为中心》，《华东政法大学学报》，2016年第6期，第102页。

② 赖正直、朱章程：《日本刑法中的危险驾驶致死伤罪述评》，《中国刑事法杂志》，2012年第5期，第120页。

# 结　语

内江师范学院法学本科专业以培养实用性西部基层法律专业人才为重心，于 2015 年至 2023 年开展了四川省卓越法律人才教育培养计划校外示范性实践教学基地项目研究。笔者通过调研与实践，以及现阶段资料的收集与整理，发现法学专业实践教学体系构建和学校专业建设与实务部门合作制度具有创新性，同时也发现建设过程中存在一些问题。笔者认为，应该健全相关实践教学过程中的制度，进一步完善法律人才培养模式，落实卓越法律人才教育培养基地，健全法学院校教师和政法部门人员交流机制，达到追求优良法律实践教学教育体系的目的。

在未来高校与法院共建法学实践教学基地的实践中，我们将重点体现"共建""共管""共享"特色，即高校与法院应加强合作，共同制订实践教学计划，共同组织实践教学团队，共同开展课题调研，共同建设和管理实践基地，形成常态化、规范化和开放共享的新型实践教学基地机制。本着"优势互补、合作共享、互利互惠、共同发展"的基本原则，积极推进法学教育创新，强化高素质应用型人才的培养，为地方经济建设与社会发展服务。通过基地的资源共享，促进人才培养过程的优化，形成优势互补、服务社会、辐射周边、特色鲜明的基地资源开放平台，创建办学优势和特色，形成优良的育人环境，构建高水平的合作人才培养模式，推进法学教育的机制创新和可持续发展；通过面向地方开放实验实训基地，满足多种形式法学教育和培训的需要，提高基地的利用率，使之成为具有影响力的示范性法学人才培养基地。

# 参考文献

胡永平，龚战梅. 法学实践教学改革与创新研究——以法律职业能力培养为目标导向 [J]. 大学教育，2018 (1)：23-26.

刘迎霜. 论大学法学实践教学改革 [J]. 大学教育，2016 (10)：55-56.

焦富民，李云波. 经济全球化视野下的法学实践教学 [J]. 行政与法（吉林省行政学院学报），2006 (5)：101-103.

袁俊，曹昕，刘绍宁. 人文社科类专业校外实践教学基地的创建与管理——以成都理工大学文法学院法学专业为例 [J]. 成都理工大学学报（社会科学版），2011 (3)：98-100.

陈玺. 法学实践教学基地建设与运行的"西北探索" [J]. 法制博览，2022 (5)：6-8.

于志刚. 法治人才培养中实践教学模式的中国探索："同步实践教学" [J]. 中国政法大学学报，2017 (5)：38-51.

杨继慧. "卓越法律人才培养计划"视野下校外法学实践教育基地的建设与研究 [J]. 吉林广播电视大学学报，2021 (2)：92-94.

李晟. 地方高校与司法行政机关合作机制研究 [J]. 河南广播电视大学学报，2016 (1)：81-83.

张象林，杨锐锋. 地方高校与政府合作共建新型智库的动力机制及策略 [J]. 学术交流，2015 (12)：68-72.

张丽丽. 地方高校法学专业法院实践教育基地建设研究 [J]. 大学教育，2019 (8)：17-19+23.

徐芳. 论高校-法院共建实践教学基地的建设与管理——以教学运行、学生管理和开放共享机制为中心 [J]. 吉林省教育学院学报，2013 (10)：4-6.

崔双平，王军. 地方法院与地方法学院校双向交流的价值分析 [J]. 通化师范学院学报（人文社会科学），2013 (9)：127-129.

王莹. 利用教学沙龙促进高校教师发展 [J]. 西部素质教育，2017 (11)：173.

张付芝，潘晨，刘莹. 主题教学沙龙：高校教师专业发展的有效形式［J］. 中国医学教育技术，2015（6）：690－692.

谭笑风. 应用型本科院校实践教学运行机制研究［J］. 中州大学学报，2017（1）：116－120.

郭星. 高校实践教学模式及运行机制创新研究——以文科专业为例［J］. 科教导刊，2022（6）：22－24.

王曦. 高校法学课堂实践教学的运行机制［J］. 教育与职业，2013（8）：152－154.

彭中礼. 新文科时代法学本科实习的困境及其对策［J］. 当代教育理论与实践，2021（4）：35－41.

朱留虎. 法学类专业实习质量提升的探讨［J］. 安庆师范大学学报（社会科学版），2021（3）：115－118.

杨红霞. 如何提高法学专业毕业实习质量［J］. 文教资料，2019（29）：95－96.

肖义. "校地共建"法学实践教学考评环节的完善［J］. 法制博览，2020（14）：48－49＋52.

刘慧. "卓越法律人才培养计划"背景下地方高校法学教育的困境与出路［J］. 长江大学学报（社科版），2014（5）：142－145.

初立君. "卓越法治人才教育培养计划2.0"背景下的法律文书写作课教学改革［J］. 法制与社会，2019（25）：204－205＋213.

殷仁胜. 创新地方高校卓越法律人才培养模式探析——以三峡大学法学本科人才培养为例［J］. 湖北成人教育学院学报，2018（1）：41－44.

曹志瑜，曹欣. 地方高校法学本科教育改革构想［J］. 景德镇学院学报，2019（2）：40－43.

陈文兴. 地方高校法学专业实践教学存在的问题及对策研究［J］. 山东农业工程学院学报，2017（1）：186－189.

方玮，常立飞. 地方高校卓越法律人才培养教育探析［J］. 长春理工大学学报（社会科学版），2017（4）：152－157.

赵相林. 对法学本科教育改革的几点思考［J］. 中国高等教育，2002（7）：15－17＋12.

吴永科，史玲. 地方高校卓越法律人才培养模式改革与探索［J］. 渤海大学学报（哲学社会科学版），2015（4）：110－114.

刘作凌，龚志军. 法律文书写作课程教学方法探讨［J］. 当代教育理论与实践，2016（8）：35－38.

崔凯. 法学案例教学的时代元素、进阶要点及因应之策［J］. 湖北第二师范学院学报，2023（7）：13－19.

徐波. 法学实践基地建设——校地合作研究［J］. 东莞理工学院学报，2013（2）：101－104.

冯瑞琳. 法学实践教学平台运用中存在的问题及应对［J］. 河北工程大学学报（社会科学版），2020（2）：51－55.

毕京福，陈琳琳. 模拟法庭实践教学的目标定位及问题反思——以民事案例模拟教学为视角［J］. 德州学院学报，2021（2）：99－103.

李祖童，彭俊. 模拟法庭在法律硕士实践教学中的应用［J］. 教育教学论坛，2021（45）：145－148.

杨新绿. 情境式教学方法在高校法学教育中的运用——以“刑事法案例研究”课程为例［J］. 韶关学院学报，2022（8）：81－86.

刘博文，颜婷，孟凡星，等. 全方位刻画：自我导向学习能力框架的构建与验证［J］. 远程教育杂志，2022（6）：54－64.

郑海英，葛春荣. 省属高校法学实践教学现状分析及对策研究［J］. 北华大学学报（社会科学版），2014（5）：145－147.

张银花，尚艳春，其力木格. 新文科背景下人才培养方案的创新实践［J］. 高教学刊，2022（29）：168－171.

刘向红. 新建本科院校法学本科专业实践教学体系的构建［J］. 三明学院学报，2015（1）：11－16.

苏力. 中国法律技能教育的制度分析［J］. 法学家，2008（2）：30－39.

王利明. 关于法学教育教学改革的四点建议［J］. 中国大学教学，2010（11）：6－8.

安秀萍. 司法口才学教程［M］. 4版. 北京：中国政法大学出版社，2023.

滕龙江. 辩论技法与辩论口才［M］. 昆明：云南人民出版社，2020.

胡玉霞. 法学多元化实践教学模式与路径研究［M］. 北京：法律出版社，2019.

江陵燕，缪锌，杨帆，等. 法学教育改革探索文集［M］. 北京：知识产权出版社，2016.

刘旺洪. 法学专业实践教学改革［M］. 南京：南京大学出版社，2022.

史凤林，李麒，雷富春，等. 法学实践教学的改革与完善［M］. 北京：法律出版社，2021.

李和平. 地方高校法学教育与教育实践模式研究［M］. 长春：吉林人民出版社，2019.

何洪奇. 法律硕士实践教学研究——以我国西南地区部分法硕培养单位的实践教学为视角［D/OL］. 桂林：广西师范大学. 2011［2023－08－10］http：//kns. cnki. net. njtc. vpn358. com/kcms2/article/abstract?v＝3uoqIhG8C475KOm _ zrgu4lQARvep2SAkWGEmc0QetxDh64Dt3veMp0AN5y1uZVzO1Xoa2jBu5oWc7asSNVbnQL659YtXJAGC&uniplatform=NZKPT.

肖润娉. 法学实践课程的教学改革［D/OL］. 北京：首都师范大学. 2014［2023－09－15］http：//kns. cnki. net. njtc. vpn358. com/kcms2/article/abstract?v＝3uoqIhG8C475KOm _ zrgu4lQARvep2SAk9z9MrcM－rOU4mSkGl _ LWf9sktLoCQsiLEXemuVQUJJXK8yjOsqc8KxWvBSF715ce&uniplatform=NZKPT.

邵文涛. 我国本科法学教育中实践教学体系的构建与运行［D/OL］. 济南：山东师范大学. 2011［2023－07－10］http：//kns. cnki. net. njtc. vpn358. com/kcms2/article/abstract?v＝3uoqIhG8C475KOm _ zrgu4lQARvep2SAkAYAgqaTO4OyKkcOJ4w _ 0uO17v－3Pvtw3UFDU02InbhLM0by99rMLBdtkSmk7cRC4&uniplatform=NZKPT.